生徒指導提要
改訂の解説とポイント

積極的な生徒指導を目指して

中村　豊 ［編著］

ミネルヴァ書房

は じ め に

　教育とは人を育てることです。教育基本法第1条「教育の目的」は，「どのような目標に向かって人を育てるか，どのような人を育てることを到達の目標とすべきかについて規定[(1)]」しています。その構造は，「人格の完成を目指し」，「平和で民主的な国家及び社会の形成者として必要な資質を備えた心身ともに健康な国民の育成を期して行われなければならない」となります。

　「人格の完成」とは，「個人の価値と尊厳との認識に基き，人間の具えるあらゆる能力を，できる限り，しかも調和的に発展せしめること[(2)]」と解説されています。それを踏まえ日本の学校では，教員が学習指導と生徒指導を両輪とし，児童生徒の人格教育，人間性の教育なども担ってきました（図）。

　このように生徒指導は，戦後の占領下における教育改革において，新たな教育方法である「guidance and counseling[(3)]」として導入され，「1947年に学籍簿の改正に関する委員会が発足して，指導要録が法定公簿として学校に保存されるこ

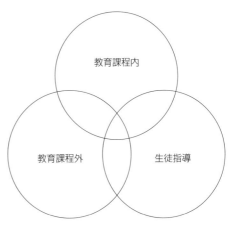

図　人格の完成を目指し社会の形成者として必要な資質を育む学校教育

（1）　文部科学省「昭和22年教育基本法制定時の規定の概要」
　　　https://www.mext.go.jp/b_menu/kihon/about/004/a004_01.htm（2023年2月1日アクセス）
（2）　文部省（1947）「教育基本法制定の要旨」1947年5月3日文部省訓令第4号
　　　https://www.mext.go.jp/b_menu/kihon/about/003/a003_05.htm（2023年2月1日アクセス）
（3）　*Report of The United States Education Mission to Japan, submitted to The Supreme Commander for the Allied Powers*, Tokyo 30 March 1946, p. 12

とになった(4)」ことに伴い，生徒指導という用語の使用が始まりました。

　また，学習指導に必要な教育課程編成の基準となる学習指導要領は，1947年に試案として作成され，1951年には改訂版がつくられます。1958年以降は大臣告示となり，それ以来，ほぼ10年毎に改訂され現在に至ります。

　日本の元号が，昭和から平成，令和と変わる中で，日本社会は大きく変化してきました。そして，学校教育は社会からの様々な影響や要請を受けてきました。それは，教育内容および教育方法だけにとどまらず，教員に求められる資質能力や，教員養成に係る教職課程，教員採用にまで及びます。

　たとえば，中央教育審議会(2022)(5)の答申では，「令和の日本型学校教育」という用語を用いて，今後の教員に求められる資質能力を提言しています。また，文部科学省は「公立の小学校等の校長及び教員としての資質の向上に関する指標の策定に関する指針」を2022年8月31日に改正しました。そこでは，各自治体が指標内容を定めるに当たり，指標の柱を次の5項目に整理しています。①教職に必要な素養，②学習指導，③生徒指導，④特別な配慮や支援を必要とする子どもへの対応，⑤ICTや情報・教育データの利活用。

　このように，日本の学校教育に係る様々な教育施策が次々と進められようとしている中で，生徒指導提要(2010)は12年ぶりに改訂されました。

　提要とは，「物事の要点・要領を取り出して示すこと。また，その書物(6)」を意味します。生徒指導提要(2010)の内容を改めて読み返してみると，「第Ⅱ部　個別の課題を抱える児童生徒への指導」は13節から構成され，第3節以降で挙げられている諸課題については，それぞれ2〜3頁で要点を示していました。しかし，学校教育の最前線にいる教職員からは，要点に加えて，個別具体的な指導援助の理論と方法に関する情報提供が求められるようになります。

（4）　中村豊（2010）「特別活動と生徒指導」関西学院大学教育学部『教育学論究』第2号，pp. 106-107
（5）　中央教育審議会（2022）「『令和の日本型学校教育』を担う教師の養成・採用・研修等の在り方について〜『新たな教師の学びの姿』の実現と，多様な専門性を有する質の高い教職員集団の形成〜（答申）」。ここでは，第Ⅱ部各論の第1章「『令和の日本型学校教育』を担う教師に求められる資質能力」において，「教師に求められる資質能力の再整理」を行っている。
（6）　小学館（2022）『大辞泉』

　この背景には,「いじめ防止対策推進法」(2013),「義務教育の段階における普通教育に相当する教育の機会の確保等に関する法律」(2016) をはじめ,生徒指導に係る諸法の改正や成立により,生徒指導のあり方について,新たに確認するための生徒指導の基本書を切望する教育関係者の声がありました。

　また,教員免許更新講習が廃止された現在,教職員にとって,生徒指導提要 (2022) は必携の書であり,その内容について理解し,児童生徒の健やかな成長を促し,発達を支持する生徒指導が求められています。

　生徒指導提要 (2022) では,生徒指導提要 (2010) において指摘されていた,同一書内における概念・用語の不統一や,家庭訪問に関する取扱いに加えて,2010年以降に成立した重要関連法規,チームとしての学校のあり方等,全面的に見直しが図られ,改善されました。また,DX への対応としてデジタルテキストにしたことも大きな特色です。それにより,適宜,テキストのアップデートが可能となることから,今後の更新状況にも着目していくことが必要となります。

　本書『生徒指導提要　改訂の解説とポイント』は,生徒指導提要 (2022) 作成の主担当である「生徒指導提要の改訂に関する協力者会議委員会」座長の八並光俊先生並びに副座長の新井肇先生にも執筆に参加いただきました。また,学校臨床における理論と実践の往還を体現され活躍されている研究者,藤平敦先生・金澤ますみ先生・阪中順子先生・天野幸輔先生に各専門とされている章を担当いただき,不登校・ひきこもり相談の専門機関である開善塾教育相談研究所所長の藤崎育子先生および編著者の研究仲間である先生方に分担執筆いただきました。本書が研修会や教職科目のテキストとして生徒指導提要を補完することができれば執筆者一同の望外の喜びです。

パンデミック（COVID-19）4 年目の春に

編著者　中村　豊（東京理科大学）

　註　本文の（頁数）は,生徒指導提要 (2022) からの引用頁数を表す。

目　次

本文イラスト：大塚文子

序　章

生徒指導の積極的な意義

［1］　積極的な生徒指導を目指すということ

　日本の学校教育に生徒指導の概念が導入されたのは，占領下における戦後の教育改革期でした。生徒指導という用語が公的に使用されるのは1949年以降であり，それは，法令や通知等の中に見ることができます。

　また，「生徒指導は，学校がその教育目標を達成するための重要な機能の一つである[1]」と示したのは，『生徒指導の手びき』（1965）でした。その後，中学校学習指導要領（1969）総則では，「教師と生徒および生徒相互の好ましい人間関係を育て，生徒指導の充実を図ること[2]」との記述において，初めて生徒指導という用語が使われます。これ以降の学習指導要領は，総則等において生徒指導の用語が使用されるようになり，現行の学習指導要領に至ります。

　松田（2022）[3]は「生徒指導の概念整理」として文部省の通知や生徒指導資料集を分析する中で，「時代とともに用語の意味が変化することは自然なことである」とし，生徒指導の機能や意義に関する解釈や，定義の経緯について論じ，次のように整理しています。「生徒指導は，教育自体が働きかける人格を核と

（1）　文部省（1965）『生徒指導の手びき』大蔵省印刷局，p.1
（2）　文部省（1969）「中学校学習指導要領」第1章総則第1－9－(3)に記されている。
　　　https://erid.nier.go.jp/files/COFS/s44j/chap1.htm（2023年2月10日アクセス）
（3）　松田素行（2022）「生徒指導の概念整理」研究代表者 中村豊・研究指導者 佐々木正昭 平成30～令和3年度科学研究費補助金（基盤研究 (C)）報告書『特別活動と積極的な生徒指導──社会の形成者としての資質を涵養する特別活動』（課題番号：18K025485）

しながら，個の幸福が社会や他者との関わりの中で生まれているものであることを踏まえ，個と社会（他者・集団）との二つの視点すなわち二軸に支えられた感覚の上に立つ概念であることが示されているのである。」

また，中央教育審議会（2021）「『令和の日本型学校教育』の構築を目指して（答申）」において，「積極的な生徒指導」という用語が見られます。これは，「消極的な生徒指導」の対義語として使用されています。消極的な生徒指導は，『生徒指導の手びき』の「まえがき」および本文「生徒指導の意義は，このような青少年非行の対策といったいわば消極的な面にのみあるのではなく，積極的にすべての生徒のそれぞれの人格のよりよき発達を目ざす」の中に見られます。

これ以降の生徒指導資料集は，生徒指導を消極的・積極的という2軸から説明し，筆者も著書や論文等で積極的生徒指導という用語を使うこともありました。しかし，生徒指導提要（2010）では，積極的・消極的の用法がなくなり，次のような説明となります。「各学校においては，生徒指導が，教育課程の内外において一人一人の児童生徒の健全な成長を促し，児童生徒自ら現在及び将来における自己実現を図っていくための自己指導能力の育成を目指すという生徒指導の積極的な意義を踏まえ，学校の教育活動全体を通じ，その一層の充実を図っていくことが必要です。」

このような生徒指導概念の変化を踏まえて，松田（2022）は積極的な生徒指導について，生徒指導ではぐくむ資質に視点を当て以下のように説明しています。

「学校が，一人一人の児童生徒に内在する様々な個性を発見し磨く機会と，教育活動の単位として準備される多様な活動集団（社会）において，個別の活動による指導と集団活動による集団と個別の指導との中で，生徒指導が強力に

（4） 中央教育審議会（2021）「『令和の日本型学校教育』の構築を目指して〜全ての子供たちの可能性を引き出す，個別最適な学びと，協働的な学びの実現〜（答申）」p. 49.「成長を促す指導等の積極的な生徒指導の充実」を確認できる。
　　　https://www.mext.go.jp/content/20210126-mxt_syoto02-000012321_2-4.pdf（2023年2月11日アクセス）
（5） 註（1）と同じ
（6） 文部科学省（2010）『生徒指導提要』教育図書，p. 1
（7） 註（3）と同じ

推進されることが期待される。このとき，これを『積極的に生徒指導を行っている』とし，効果的に生徒指導の原理が作用する様を『積極的な生徒指導』と呼ぶことにする。」

　生徒指導提要（2022）では，生徒指導を2軸3類4層構造と再構築しました。しかし，本書では生徒指導提要の原点である『生徒指導の手びき』および生徒指導提要（2010）に示された「積極的」に着目し，「積極的な生徒指導を目指して」を副題として添えました。

2　積極的に生徒指導を行っている学校に関する考察

（1）自己指導能力をはぐくむという視点

　生徒指導提要（2022）は，第1章に生徒指導の定義および生徒指導の目的を置いています。そこでは，これまでの生徒指導の概念を継承しながら，学校教育を取り巻く社会の変化を踏まえて，新たに生徒指導を定義しています。[8]

　他方，「生徒指導の目的を達成するためには，児童生徒一人一人が自己指導能力を身に付けることが重要です」と述べられているように，生徒指導によりはぐくまれる資質能力は自己指導能力である点が示され，自己指導能力について，次のように説明しています。「児童生徒が，深い自己理解に基づき，『何をしたいのか』，『何をするべきか』，主体的に問題や課題を発見し，自己の目標を選択・設定して，この目標の達成のため，自発的，自律的，かつ，他者の主体性を尊重しながら，自らの行動を決断し，実行する力。」[9]

（8）　文部省（1965）『生徒指導の手びき』は，生徒指導を定義せずに生徒指導の5つの意義を挙げている。その後に刊行された各生徒指導資料集においても，生徒指導を定義することはされなかった。しかし，文部省（1988）生徒指導資料第20集『生活体験や人間関係を豊かなものとする生徒指導』は，「生徒指導とは，一人一人の生徒の個性の伸長を図りながら，同時に社会的な資質や能力・態度を育成し，さらに将来において社会的に自己実現ができるような資質・態度を形成していくための指導・援助であり」と定義した上で，「個々の生徒の自己指導能力の育成を目指すものである」と，生徒指導の目的・目標を示した。その後，生徒指導提要（2010）が「生徒指導とは，一人一人の児童生徒の人格を尊重し，個性の伸長を図りながら，社会的資質や行動力を高めることを目指して行われる教育活動のことです」（p.1）と明確に定義した。
（9）　文部科学省（2022）「生徒指導提要」p.13

このように，自己指導能力は，現行の学習指導要領が目指す方向性も反映さ⁽¹⁰⁾せた内容となっています。

なお，生徒指導提要（2010）では，「生徒指導を通してはぐくまれていくべき資質や能力」⁽¹¹⁾として，「自発性・自主性」，「自律性」，「主体性」を基本的な資質や能力として挙げ，それらが育成されていく過程で自己指導能力もはぐくまれていくこと，そのために教員は3つの指導観（「場や機会の提供」，「自己決定と参加・役割・責任感」，「教員のかかわり方」）に基づいた適切な指導を行うことが大切であるとされていました。

生徒指導提要（2022）の第2章において，学校教育では，学習指導との相互作用により，児童生徒一人一人の自己指導能力の育成を視点とした生徒指導に取り組むことの重要性が示されました。

このことは，積極的に生徒指導を行っている学校の指標になるとともに，戦後に生徒指導の概念が導入された際，すでに触れられていた点でもあります。次は，戦後の生徒指導導入に伴うガイダンス研究について述べていきます。

（2）戦後のガイダンス研究とその成果

① 『中学校・高等学校の生徒指導』作成の背景

日本が連合国軍総司令部の占領下にあった1947年，学籍簿の改正に関する委員会が発足し，指導要録が法定公簿として学校に保存されることになります。その後，日本の中学校・高等学校では，民間情報教育局（Civil Information and Education Section：CIE）の指導によりガイダンスの研究が始められました。

（10）　文部科学省（2017）「学習指導要領」の「改訂に込められた思い」は，現行の学習指導要領について，以下のように説明している。

　「学校で学んだことが，子供たちの『生きる力』となって，明日に，そしてその先の人生につながってほしい。これからの社会が，どんなに変化して予測困難な時代になっても，自ら課題を見付け，自ら学び，自ら考え，判断して行動し，それぞれに思い描く幸せを実現してほしい。そして，明るい未来を，共に創っていきたい。『学習指導要領』には，そうした願いが込められています。これまで大切にされてきた，子供たちに『生きる力』を育む，という目標は，これからも変わることはありません。一方で，社会の変化を見据え，新たな学びへと進化を目指します。」https://www.mext.go.jp/a_menu/shotou/new-cs/1383986.htm#section3（2023年2月14日アクセス）

（11）　註（6）と同じ，p.11

4

このガイダンス研究の過程において，生徒指導の考え方や機能などについての検討が行われ，ガイダンス研究の成果として，文部省（1949）『中学校・高等学校の生徒指導』が公刊されます。その序文には，「この手引は，高等学校中学校における生徒指導を発展させ，これを効果的にするために，学校の教育にたずさわる人々の参考に供しようとして編纂されたものである。生徒指導の仕事が，学校，特に中等学校において非常に重要なものと考えなければならないということは，必ずしも，今日新しく始まったことではない。しかし従來行われていた生徒指導に対して新たに教育基本法の描く教育の理念と人間像を目標として，最近の教育学や教育心理学の原則を考えるときは，一層注意深く生徒指導の目標や方法を研究しなければならない。ここに本書の編集が思い立たれたのである[12]」と述べられています。

②　生徒指導の起源：戦後のガイダンス研究

これ以降，中村（2010）[13]の論考を参照・引用しながら，生徒指導の起源ともいえる戦後のガイダンス研究の成果について確認します。

『中学校・高等学校の生徒指導』は，新たに施行された633制による中等教育を対象とし，生徒指導を組織的計画的に実施することの意義，学籍簿を行政的な記録から生徒についての的確な教育記録に転換するための方法，具体的な内容から構成され，5部17章に付録（A～C）を含めた全367頁です。その中で，「教師の重要な役目である生徒指導」を以下のように説明しています。

「生徒の成長と発達，生徒の要求・好み・才能・素質・興味・理想・態度・技能・才幹・知識問題の理解，生徒の人格の尊重，学校における集団生活との協力，学校と家庭並びに地域社会との協力的な計画と実践，生徒の円満な発達への一手段としての教科における成績，生徒の将来の要求を決定するために時々行う進歩の評価，そして究極的には生徒の全人格的完成[14]」を目指す指導。

続いて指導方法について，「初めから正しい態度の型を形造り発達させるよ

（12）　文部省初等中等教育局編（1949）『中学校・高等学校の生徒指導』日本教育振興会，序文

（13）　中村豊（2010）「特別活動と生徒指導」関西学院大学教育学部『教育学論究』第2号，pp.105-116

（14）　註（12）と同じ，p.3

うに生徒を導き，できるだけ思わしくない適応を形成することを阻止するように努める積極的な面」，「思わしくない適応型を発見し，矯正して行くように努める面」を挙げています。この2軸による指導観は，『生徒指導の手びき』（1965）にも見られることから，ガイダンス研究の成果が継承されていると思われます。

　また，生徒指導の機能は，「健全な生徒の人間的指導とはあらゆる努力を払って（左の）諸事項を行うことである」とし，以下の4点を挙げています。[15]

　ア）　正常の生徒を正常のままに保ち，各人が人格的，教育的，社会的，公民的，職業的関連において，自己の要求興味に従って，その人の最大限の線にまで彼の能力を発揮することができるように発達することを助ける。それは又各人にますますよく人を理解させ，自分の問題を解決し，又より十分に又効果的に自己指導を行うことができるようにする方法を知らせる。

　イ）　生徒が人格的・教育的・社会的・公民的・職業的の各方面において永久的に適応不十分の傾向をつくることがないようにする。又それはつくられている普通の適応不十分の例を生徒に気付かせるのに役立ち，いよいよ気を付けてそのような傾向を作らないようにするのを助ける。

　ウ）　不適応を初期のうちになおすために矯正法を行うこと。そして生徒が自分に不適応を生ずる傾向があることを発見するように指導し，遂には生徒自身の努力でそのような傾向を矯正することができるように導く。

　エ）　指導者としての教師が処理することのできないような事例は，必要な助力を与えることのできる訓練された専門家があればそこに委託する。

　ここでは，生徒指導の2軸（積極的な面・消極的な面）に基づき生徒指導の機能が述べられています。ア）「自己指導を行うことができるようにする」こと，エ）「訓練された専門家があればそこに委託する」としていますが，そこには当時のアメリカにおける教育制度をモデルとした研究であることが示唆されています。しかし，日本で戦後の新制教育制度が始まると，教員が学習指導と生

表序 - 1　生徒指導に係る指導場面等

対　象	課題解決的な指導	積極的な指導
集団指導	・全体指導（朝会，集会など） ・講話（説諭・説教など） ・教職員への連絡・調整 ・リーダーシップ（判断，指示） ・ミドルマネジメント　　　　等	・わかる授業の展開（教科等） ・学級・ホームルーム経営 ・児童会・生徒会活動 ・クラブ・部活動 ・学校行事　　　　　　　　等
個別指導	・チーム学校：多職種連携 ・校内コーディネーター ・心理学の知識と技法 ・福祉学の知識と技法 ・法学の知識と技法 ・医学の知識と技法　　　　等	・総合的な学習（探究）の時間 ・進路指導（キャリア教育） ・学校教育相談 ・自己理解・他者理解 ・特別な支援を要する児童生徒へ 　の合理的配慮　　　　　　等

徒指導を担うという日本型教育の中で，日本独自の生徒指導の理論と方法が発展していくことになります。

このような生徒指導の歴史において，自己指導能力のルーツが示されるとともに，現在の多職種連携に基づいた「チーム学校」につながる視点が述べられていることは重要な点であると考えます。

（3）積極的に生徒指導を行っている学校の指標

本節では，積極的に生徒指導を行っている学校像について論考するために，今までに自己指導能力の視点や，生徒指導の起源と考えられるガイダンス研究の成果について述べてきました。ここでは，積極的に生徒指導を行っている学校の指標について考えていきます。

まず，教員は児童生徒一人一人の人格を尊重することが大前提となります。加えて児童生徒の背後にある保護者，ともに指導に当たる同僚，関係職員等に対しても同様に人格が尊重されていること，児童生徒間および児童生徒と教職員間，大人相互に人権意識が共有されていることは，生徒指導体制の基盤となります。

次に，教員が担う生徒指導は，児童生徒の発達の段階により異なることも考えられます。小学校低学年・中学年・高学年，中学校，高等学校では，それぞれの段階に応じた指導が求められます。つまり，教員は児童生徒の成長・発達

という時間軸に対応した指導を，適切に行っていることが問われます。

　また，同じ校種であっても，「落ち着きのある学習環境」・「荒れた状況」のように，その学校の実態に応じた生徒指導が必要となります。学校は安心安全な場でなければなりません。在籍する児童生徒一人一人が物理的・心理的に安心安全が保障されていると実感できることが必要です。その他，多様な指標が考えられますが，具体的な指導場面等を整理して例示したものが表序 - 1 です。

３　積極的に生徒指導を行っている学校の実践事例

　本節は，前節で考察してきた積極的に生徒指導を行っている学校の指標および表序 - 1 に示した生徒指導に係る指導場面等を踏まえ，筆者が関わった積極的に生徒指導を行っている学校の事例を紹介します。まず，首都圏にある公立のＡ中学校における取組みについて述べ，次に関西圏にある公立のＣ小学校における取組みについて述べます。

（１）地域有数の「荒れた学校」から「落ち着きのある学習環境」の学校へ

　Ａ中学校は，Ｂ県内において「荒れた学校」として広く知られていました。特に，「児童生徒の問題行動等生徒指導上の諸問題に関する調査」（当時）の項目では，暴力行為の発生が著しく，授業妨害も日常化している等，目の前の問題行動に対応せざるを得ない対症療法的な指導に終始していました。

　最上級生の３年生が卒業した後は，次の学年も同様に問題行動を繰り返し，新しく入学してきた新入生もやがては問題行動を継承するといった，問題行動を再生産する状況が続きます。このようなＡ中学校でしたが，Ｘ年の人事異動で着任した管理職の優れたリーダーシップと指導により，生徒指導のあり方について，大きく見直されることになりました。そして，学校の正常化を図るという目的のために，教員間で共有された目標が３つありました。

　まず，「わかる授業」が挙げられました。このことを達成するために，授業者は担当の授業に専念するという校内指導体制が構築されます。その一例は「自習授業」の廃止です。自習ではなく授業を振り替えることが原則となり，授

業妨害等への対応は授業者以外が担うようになりました。また，年に最低一度の研究授業を全員が行うことも実践されました。その際には，外部より専門分野の講師が招聘され，本格的な研究授業の機会が設けられることになりました。

　次には，「特別活動」の活性化が挙げられました。そのために，校務分掌の特別活動や生徒会を担当する教員には，学ぶ場として他校の研究発表会への参加や，管外視察等，研修の機会が設けられました。研修の成果をフィードバックした成果は，Ａ中学校の生徒会活動や学校行事の充実が図られるとともに，生徒たちが自信をつけていく様子を間近に感じられるようになりました。

　最後は，「地域との連携」が挙げられました。特に，「朝のあいさつ運動」と「地域懇談会」の継続は勤務時間外での活動でしたが，地域社会の中の学校であり，地域の生徒を預かっているという自覚を高めることに貢献しました。

　これら３つの目標が共通理解され，共通行動となる中で，問題行動は漸減していきます。３年後には，学力の向上や，部活動の活性化・活躍が目覚ましくなりました。問題行動は見られるものの平均的な学習環境となり，５年後には「落ち着きのある学習環境」が維持され，７年後には地域でも有数の落ち着きのある学習環境の学校として評価されるようになりました。

（2）「学級がうまく機能しない状況」から秩序を回復させた下町の小学校

　Ｃ小学校は，港湾都市Ｄ市の下町にあります。経済的に厳しい家庭が多く，地域の教育力も高いとはいえない学区です。学校の実態は，基本的な生活習慣や，年齢相応の社会性が身に付いていない児童が多く，児童間のけんかやトラブルが絶えません。また，経験年数の浅い教員が大半を占めるという年齢構成でした。教員の中には，どのように児童を指導すればよいのかがわからないという声や，「学級がうまく機能しない状況」に疲弊している姿も見られました。

　Ｃ小学校の管理職は，「学級がうまく機能しない状況」を改善するために，中堅のＥ教諭を研修主任とし，生徒指導担当教員とともに，校内研修の活性化を図るためにＤ市教育委員会の研究委託事業に手を挙げ，児童の社会性を高める教育活動の開発に取り組むことにしました。

　このような経緯からＣ小学校は，Ｄ市教育委員会の研究委嘱を受け，Ｙ年か

ら児童の社会性を高めるための実践研究に取り組みます。その中心となり研究を推進したE教諭は，児童の社会性を高めるための教育活動の開発において，道徳教育および特別活動（学級活動）における題材開発を柱に，教員を3つの研究組織に分けることでボトムアップ的な研究体制を構築しました。

　また，教員の指導力向上に資する「回覧板研修」という独自の研修方法を考案し，次の内容で実施しました。「給食指導」（5月），「宿題忘れ指導」（7月），「運動会練習の複数指導」（9月），「関心意欲の評価の仕方」（11月），「無言清掃」（12月）。翌年度は，「話を聞かせる小技」（4月），「おしゃべりが止まらない子」（6月），「運動会の表現演技の構成や曲選びの仕方」（11月）。翌々年度は「朝の会のおすすめメニュー」（5月），等。

　このような回覧板研修の実施は，日頃はあえて聞くまでもないと感じるような小さなことや，他の人に聞きにくいこと等であっても，気軽に意見を出し合える場として，教員間の同僚性を高めることに貢献することになりました。また，「チーム支援会議」や，全職員参加の生徒指導部会を通して情報共有を深めることができるようになると，学年を超えて助け合える雰囲気が醸成されていきました。

　委託研究では，心理教育的プログラムを援用しながらC小学校の既存の学習活動と関連付けながら社会性を高めるための基本的な社会的スキルの習得並びに定着が図れるように全学級・全教員が同一目標を共有し，共通理解を基盤としながら学校全体で取組みを進めていきました。その効果は，児童のみならず，同じ方向を目指して組織的に取り組むことで教員間の会話が増加し，結果的に教員間の人間関係を深めていくことになりました。

　C小学校は研究を始めて2年後には，学級の秩序が戻り，児童間の諍いや，問題行動に対する指導の回数が実感できるほどに減少しました。このように，教育活動ベースで児童の社会的な資質をはぐくむ取組みは，研究期間が終了した後にも継続され，Y+3年までの4年間にわたり実践されました。

　以上，2つの事例を紹介しましたが，A中学校並びにC小学校で取り組まれた積極的な生徒指導の取組みは，生徒指導提要（2022）において，新たに示さ

れた生徒指導の構造である「2軸3類4層構造」の「常態的・先行的（プロアクティブ）生徒指導」（日常の生徒指導を基盤とする発達支持的生徒指導と組織的・計画的な課題未然防止教育）に当てはまります。本章では，問題行動対応のイメージの強い生徒指導の積極的な意義を論じることで，第1章への導入的な内容とすることにしました。

　4　　生徒指導における理論と実践の往還を支える基本書の意義

　21世紀以降に進められてきた教育改革に伴う各施策は，生徒指導に関する分野に対しても，これまでのあり方を変えてきました。その変化は，児童生徒の教育の多くの部分を担ってきた教員，保護者，地域社会にも及び，今後の生徒指導について大きな転換を迫っています。

　たとえば，教育課程外ではありますが，学校教育の一環であると位置付けられていた部活動のあり方が喫緊の課題となっています。この背景には，少子化問題や，教員の「働き方改革」等，様々な社会問題が錯綜しており，きわめて困難な問題となっています。しかし，2023年以降に体制の整った自治体毎に順次実施される中学校部活動の地域移行や，チーム学校で示されている部活動指導員等専門スタッフの充足など，新たな取組みが求められるとき学校は無関係でいることができません。[16]

　また，生徒指導提要（2022）の改訂中には，校則が社会問題となりました。メディア上では「ブラック校則」という見出しで様々な意見が寄せられていました。本章を執筆している時点では，大きな変化はみられませんが，かつて男子生徒の丸刈り校則が撤廃されたことや，学校週五日制により土曜日が休業日

（16）　スポーツ庁 運動部活動の地域移行に関する検討会議（2022）「運動部活動の地域移行に関する検討会議提言〜少子化の中，将来にわたり我が国の子供たちがスポーツに継続して親しむことができる機会の確保に向けて〜」

　　　文化庁 文化部活動の地域移行に関する検討会議（2022）「文化部活動の地域移行に関する検討会議提言〜少子化の中，将来にわたり我が国の子供たちが文化芸術に継続して親しむことができる機会の確保に向けて〜」

となったこと，健康増進法の施行により社会全体の禁煙が標準になったように，これまで多くの人が当たり前と思っていた学校の制度が気付いたら変わっていたということになるかもしれません。その渦中にある教員には，変化の潮目を読める「魚の目」が求められているように思います。

　また，教育には一回性と多様性の視点がありますが，よりよい教育の場を児童生徒に保障していくということが教育改革の根本には欠かせません。「そのためには，生徒指導に係るさまざまな法令や施策等について正しく，自分事として理解していくことが大切です」。⁽¹⁷⁾

　生徒指導には，「生徒指導提要」という教職員の基本書があるにもかかわらず，多忙な教育現場においては，その存在すら忘れがちになっていたというのが実情でした。たとえば，筆者は学校にうかがう機会が多くありますが，生徒指導提要の名前は憶えていても，教員採用試験後には見たことがないという先生が少なくなかったことや，日常の学校生活の中で急に生徒指導の定義や，生徒指導の機能について問われても，的確に理解されている人は少数であり，一般市民同様に〈生徒指導＝問題行動対応〉と認識されている教員が多くみられます。

　また，一方では，生徒指導に関係する重要法案の成立をはじめ，ICT 機器の急速な普及とこれまでになかった SNS に関連する新たな生徒指導上の課題の出現等に対して，教員が旧態依然のままではどうにもならない状況が生じてきました。まさに，生徒指導に関する知識や技術のインプットが必要となっており，それなしには適切なアウトプットはないともいえます。このことを理論と実践の往還に置き換えるならば，理論に当たるのが生徒指導提要となります。

　生徒指導提要（2022）は，デジタルテキストとして作成されましたが，その最大のメリットは携帯性にあります。

　本書は，次章以降，生徒指導提要（2022）各章について改訂の解説とポイントを整理しましたので，デジタルテキストの参考書として活用いただけることを願います。

---

(17)　中村豊（2019）「『生徒指導提要』とポスト平成——新しい教育課程と生徒指導上の諸課題等への対応」『月間生徒指導』第49巻第 4 号，pp. 62-65

第 I 部

生徒指導の基本的な進め方

「生徒指導提要」が文部科学省から公表されたのは2010年3月です。これ以前に，文部省は生徒指導の考え方や方法についての手引書として，『生徒指導の手びき』(1965)，『生徒指導の手引（改訂版）』(1981)を刊行しています。その後の学校教育を取り巻く状況は，「生徒指導提要」が作成される30年の間に大きく変化してきました。

　このことについて，社会全体の都市化，少子化，情報化等の進展に伴い様々な課題が生じていることを挙げるとともに，「生徒指導提要」は，「これまで，小学校段階から高等学校段階までの生徒指導の理論・考え方や実際の指導方法等について，時代の変化に即して網羅的にまとめた基本書等が存在せず，生徒指導の組織的・体系的な取組が十分に進んでいないこと[1]」を踏まえて，「生徒指導に関する学校・教職員向けの基本書」として取りまとめたとされています。

　生徒指導提要作成後の社会状況には新たな変化がみられます。東日本大震災の発生とその後の復興に係る諸課題，生徒指導に関連する新たな諸法の成立，学習指導要領の改訂，新型コロナウイルス感染症への対応，GIGA スクール構想など枚挙にいとまがありません。このような様々な変化を受けて今回の改訂が行われました。第Ⅰ部では，生徒指導の理論と，生徒指導の方法として，生徒指導と教育課程およびチーム学校による生徒指導体制についての考え方が述べられています。

（1）　文部科学省（2010）「まえがき」『生徒指導提要』教育図書

第1章

生徒指導の基礎

第1章では，生徒指導を理解する上で，基礎となる生徒指導の意義，構造，方法，基盤，取組み上の留意点が説明されています。第1節の意義では，生徒指導の定義と目的が示されました。第2節の構造では，「2軸3類4層」から成る重層的支援構造が示されました。第3節の方法では，児童生徒理解の重要性やチーム支援のポイント等が説明されています。第4節の基盤では，教職員間の同僚性の重要性，生徒指導マネジメント等が説明されています。第5節の取組み上の留意点では，児童生徒の権利の理解，ICTの活用，幼児教育との接続や社会的自立への支援等が説明されています。この第1章は，生徒指導提要（2022）の全体を貫く考え方や方法，および留意点を示している幹に相当します。

1 児童生徒主体の発達支持的生徒指導の充実

児童生徒主体の総合的個別発達支援としての生徒指導

生徒指導というと，従来から校則指導にみられる規律指導やいじめ，不登校，暴力行為，飲酒・喫煙の不良行為，非行行為などへの教職員の指導と捉えられがちです。確かに，学校現場の生徒指導の実態が部分的に反映されていますが，文部省（1965）『生徒指導の手びき』，文部省（1981）『生徒指導の手引（改訂版）』，生徒指導提要（2010）において，生徒指導は児童生徒一人一人の健全な発達を促す教育活動であることが示されてきました。また，生徒指導は，全ての教育活動に機能し，学習指導と並んで重要な教育活動として意義があるとされてきました。生徒指導提要（2022）でも，その考え方は引き継がれています

が，明確な違いは以下のように生徒指導を定義付けている点にあります（p. 12）。

　　　生徒指導とは，児童生徒が，社会の中で自分らしく生きることができる存在へと，自発的・主体的に成長や発達する過程を支える教育活動のことである。なお，生徒指導上の課題に対応するために，必要に応じて指導や援助を行う。

　この定義の前段から，生徒指導は，児童生徒の「自発的・主体的に成長や発達する過程を支える教育活動」であることがわかります。つまり，生徒指導の主役は，児童生徒自身であることと，教職員は，児童生徒の成長や発達を支える専門的なサポーターであることがわかります。また，後段では，児童生徒が，いじめや不登校などの生徒指導上の諸課題に苦戦している場合は，教職員は課題対応のための指導や援助を行います。さらに，この定義を受けて，生徒指導の目的を次のように示しています（p. 13）。

　　　生徒指導は，児童生徒一人一人の個性の発見とよさや可能性の伸長と社会的資質・能力の発達を支えると同時に，自己の幸福追求と社会に受け入れられる自己実現を支えることを目的とする。

（１）　文部省（1965）『生徒指導の手びき』の第１章「生徒指導の意義と課題」第１節「生徒指導の意義」において，次のような記述があり，生徒指導が児童生徒一人一人のよりよき発達を目指していることがわかる。「生徒指導は，学校がその教育目標を達成するための重要な機能の一つである。（中略）生徒指導の意義は，このような青少年非行の対策といったいわば消極的な面にのみあるのではなく，積極的にすべての生徒のそれぞれの人格のよりよき発達を目ざすとともに，学校生活が生徒のひとりひとりにとっても，また学級や学年，さらに学校全体といったさまざまな集団にとっても，有意義に興味深く，そして充実したものになるようにすることを目ざすところにある」（p. 1）。

（２）　生徒指導提要（2010）の第１章「生徒指導の意義と原理」第１節「生徒指導の意義と課題」1「生徒指導の意義」では，「生徒指導とは，一人一人の児童生徒の人格を尊重し，個性の伸長を図りながら，社会的資質や行動力を高めることを目指して行われる教育活動のことです」（p. 1）とあり，個性の伸長と，社会的資質や行動力の向上が目指されている。

　また，生徒指導の目的達成において，児童生徒一人一人の自己指導能力の獲得が重要となります。この自己指導能力は，次のように定義されています（p. 13）。

　　児童生徒が，深い自己理解に基づき，「何をしたいのか」，「何をするべきか」，主体的に問題や課題を発見し，自己の目標を選択・設定して，この目標の達成のため，自発的，自律的，かつ，他者の主体性を尊重しながら，自らの行動を決断し，実行する力

　児童生徒は，学校から社会に移行していきます。児童生徒の日常的な学校生活ばかりでなく，将来の社会的自立と職業的自立の中核的な力となるのが，自己指導能力だといえます。
　生徒指導の目的を，その定義との関係で読み解くと，次のようになると思われます。
①児童生徒一人一人が自分らしく生きるという観点から，「個性の発見」と「よさや可能性の伸長」を支えるということです。2007年から始まった特別支援教育では，発達障害の児童生徒に対しても，発達上の特性を生かした個別最適な学習の保障と同時に，生徒指導とキャリア教育が重要です。
②学校卒業後のキャリア実現を想定すると，目的達成においては，自己指導能力の獲得に関わる社会的資質・能力の発達を支えていくことが大切となります。
③社会の中で生きる存在という観点からは，児童生徒一人一人の「自己の幸福追求」（ウェルビーイング：Well-being）と，多様な他者の存在を認め，共生していく社会的な自己実現を支えることが目的となります。
　以上のことから，生徒指導は，児童生徒一人一人の学習面での発達，心理・社会面での発達，進路・キャリア面での発達，健康面での発達を総合的にサポートし，なおかつ，その発達過程で生じた諸課題への解決・対応をサポートする総合的個別発達支援だといえます。

生徒指導を実践する上での4つの留意点

生徒指導は，全ての教育活動に働きかけますが，児童生徒の自己指導能力の獲得を支えるためには，日常の学習指導や学級・ホームルーム経営において，どのようなことに留意することが求められるでしょうか。生徒指導提要（2022）では，実践上の留意点として，以下の4点が示されています。

（1）自己存在感の感受

児童生徒は，一日の大半を授業による学習活動に費やしています。まずは，児童生徒自身が，授業に主体的に取り組み，他の児童生徒との協働的学習などを通して，参加しているという実感をもつことが大切です。つまり，児童生徒自身が，「自分も一人の人間として，大切な存在なのだ」という自己存在感を抱くことです。また，「他の友達にも，役立った，認められた」という自己有用感や「ありのままの自分でよいのだ」という自己肯定感を抱くことも，非常に重要です。

（2）共感的な人間関係の育成

学校での児童生徒同士の出会いや，児童生徒と教職員の出会いは，児童生徒が自ら選択できるものではない場合が多いです。そのため，お互いの人間関係は希薄であり，集団としてのまとまり（凝集性）は低いです。こうした状況では，いじめや不登校などが生じやすいのです。そうならないためには，児童生徒一人一人が，「自分の大切さとともに他の人の大切さを認めること[3]」ができる人権感覚を高めながら，お互いの違いを認め合い，相手の立場になって考え，行動できる受容的，共感的，支持的な人間関係をつくりあげていくことが重要

（3）　人権教育の指導方法等に関する調査研究会議（2008）「人権教育の指導方法等の在り方について［第三次とりまとめ］」の第2章・第1節「学校としての組織的な取組と関係機関等との連携等」1「学校の教育活動全体を通じた人権教育の推進」(3)「人権尊重の理念に立った生徒指導」において，生徒指導による児童生徒への人権尊重の働きかけが，人間関係の深まりを高め，ひいては生徒指導の諸課題の防止につながることを，次のように指摘している。「学校においては，学級・ホームルーム活動における集団指導や，様々な場面における個別指導等の中で，自己指導能力の育成を目指した積極的な生徒指導の活動の展開を図り，児童生徒間の望ましい人間関係を形成するとともに，これらの取組を通じて［自分の大切さとともに他の人の大切さを認めること］ができる人権感覚を涵養していくことが重要である。また，このことは，暴力行為やいじめ等の生徒指導上の諸問題の未然防止にも資することとなると考えられる。」

です。

（3）自己決定の場の提供

　主体的・対話的で深い学び（アクティブ・ラーニング）では，学習テーマに関する調べ学習や友達との議論や協働活動を通して，仮説や方法の選択や結論の決定をしていきます。また，学級・ホームルーム活動での話し合いにおいて，自ら考え，選択して，決定して自分の意見を述べることや，児童会・生徒会活動での役割やルールの決定も，自らが了解して，責任をもって果たすことは，自己指導能力の獲得にとって重要な経験となります。そのような自己決定の場を，より多く児童生徒に提供することが求められます。

（4）安全・安心な風土の醸成

　学級・ホームルームが，安全・安心でないと落ち着いて学習活動や学校生活が送れません。具体的には，暴力的ないじめがないこと，嘲笑やあざけり，無視などの心理的ないじめがないことが大切です。また，いじめがなさそうであっても，スクールカーストと呼ばれる児童生徒間の序列化に注意する必要があります。教室内で，児童生徒間に上下関係ができてしまうと，共感的な人間関係の形成が阻害されます。自由で，創造的な活動を行う上で，安全・安心な学級・ホームルーム風土をつくりあげていくことが大切です。

重層的支援構造モデルによる計画的・組織的な生徒指導

　生徒指導の定義と目的に基づいて，生徒指導を組織的・計画的に実践します。そのときの拠り所となる実践モデルが，図1-1の2軸3類4層から成る重層的支援構造モデルです。分類基準は，次の通りです。

①2軸とは，時間軸からの分類で，常態的・先行的（プロアクティブ）生徒指導と即応的・継続的（リアクティブ）生徒指導です。わかりやすくいうと，前者は，いじめ防止教育や自殺防止教育などの未然防止教育を含む，日常の授業や体験活動を通した「育てる」生徒指導です。後者は，諸課題に直面した場合の事後対応的な「直す・関わり続ける」生徒指導です。

②3類とは，課題性の高低からの分類です。発達支持的生徒指導，課題予防

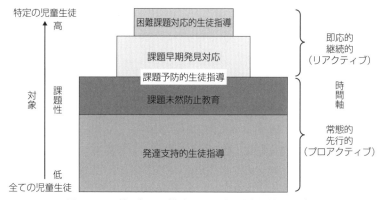

図1-1　2軸3類4層構造による重層的支援構造モデル

出所：生徒指導提要（2022）p.19, 図2

的生徒指導，困難課題対応的生徒指導の順番で，生徒指導の課題性は高くなります。

③4層とは，児童生徒の対象範囲からの分類です。全ての児童生徒を対象とした「発達支持的生徒指導（1層）」と「課題予防的生徒指導〔課題未然防止教育〕（2層）」，諸課題の初期状態にある一部の児童生徒を対象とした「課題予防的生徒指導〔課題早期発見対応〕（3層）」，諸課題を抱えている特定の児童生徒を対象とした「困難課題対応的生徒指導（4層）」です。

　従来の生徒指導は，いじめ，不登校，暴力行為などの深刻な課題に直面している特定の児童生徒を対象にした困難課題対応的生徒指導や，軽度の課題を抱えている一部の児童生徒を対象にした課題の早期発見と早期対応を行う課題予防的生徒指導〔課題早期発見対応〕が主でした。共通するのは，事後対応的な「直す・関わり続ける」即応的・継続的なリアクティブ型生徒指導です。

　リアクティブ型生徒指導は重要ですが，課題が起きてからでは，解決に至るまでに多くの時間と労力を要します。とりわけ，いじめを原因とする不登校や精神疾患などは，解決までに困難を極めます。また，自殺という最悪の事態は何としても，食い止めなければなりません。

　そこで，生徒指導提要（2022）において重視しているのは，全ての児童生徒を対象とした発達支持的生徒指導と課題予防的生徒指導〔課題未然防止教育〕

です。これらは，「直す・関わり続ける」生徒指導に対して，「育てる」生徒指導といえます。日頃の授業や体験活動（常態的）などを通して，児童生徒の自己存在感や共感的人間関係を育むことは，児童生徒一人一人の発達を支援すると同時に，言語や人間関係に起因するいじめの防止や不登校にも効果的です。

　また，コミュニケーション能力や人間関係能力といった社会的スキル教育プログラムの実施や，いじめ防止教育，非行防止教室，SOSの出し方教育，自殺防止教育などの課題未然防止教育を計画的に行います。このような生徒指導は，将来を見据えた先手型のプロアクティブ型生徒指導です。今後の生徒指導においては，発達支持的生徒指導の充実が求められます。同時に，発達支持的生徒指導の充実によって，困難課題対応的生徒指導や課題予防的生徒指導の軽減が図られ，教員が児童生徒と向き合う時間の確保や授業への注力が期待できます。生徒指導は，教員の働き方改革にも寄与します。

［2］　児童生徒理解に基づく組織的なチーム支援体制

多面的・複眼的な児童生徒理解

　生徒指導は，個に始まって，個に終わるといわれます。別の表現をすると，生徒指導は，児童生徒理解に始まって，児童生徒理解に終わるといえます。それほど，生徒指導においては，児童生徒理解は重要であり，この理解の深さが生徒指導の成否を左右するといっても過言ではありません。児童生徒理解のポイントとしては，次の2点があります。

（1）多面的な児童生徒理解

　児童生徒一人一人の生育歴，家庭環境，学力，心理特性，社会性，健康状態，障害特性，進路希望，友達関係，部活，習い事，趣味，各種調査結果など，多面的できめ細かい情報が得られると生徒指導がやりやすくなります。児童生徒理解においては，児童生徒の学習面，心理・社会面，健康面，進路面などの個人と，家庭・学校・地域環境などの環境面から総合的に理解していくことが重要です。たとえば，授業で手を挙げない孤立的な児童生徒がいた場合，学級で

疎外感を感じているから授業に積極的に参加できない，学習内容がわからないので手を挙げない，間違った発言をすると友達に笑われるので手を挙げない，先生が好きでないので手を挙げないなどの理由が考えられます。理由がある程度特定できれば，対応方針も解決方法も見いだせます。その意味で，児童生徒に対する教員の日頃の観察に基づく主観的理解，成績やアンケート調査などからの客観的データ分析による客観的理解，教育相談や雑談からの共感的理解を通して，児童生徒をトータルに把握することが大切となります。

（2）複眼的な児童生徒理解

　児童生徒理解を，学級・ホームルーム担任のみで行うのは望ましくありません。教員といえども，勤務年数や校務分掌によって，生徒指導の経験や力量には違いがあります。たとえば，不登校の背景に，いじめや発達障害，児童虐待などがある場合，それに教員が気付かない，あるいは，気付けないことがあります。そのことが，重大な事態を招くことになりかねません。そこで，学級・ホームルーム担任だけでなく，学年主任，生徒指導主事・担当，教育相談コーディネーター・担当，養護教諭，スクールカウンセラー（以下，SC），スクールソーシャルワーカー（以下，SSW）などの複数の眼による専門的な児童生徒理解が重要です。

集団指導と個別指導による生徒指導

　生徒指導の方法としては，大きく集団場面での集団指導と，教職員と一人一人の児童生徒との間で展開される個別指導があります。生徒指導では，校則指導や問題行動対応をイメージして，その対象となる児童生徒個人への個別指導に眼が向きがちですが，むしろ，全ての児童生徒を対象にした集団指導が問題行動の未然防止も含めて大切になります。

（1）発達支持的生徒指導と集団指導

　集団指導では，学級・ホームルーム単位や授業において，児童生徒の学校生活への適応や信頼的で支持的な人間関係を自ら築けるように支援します。また，現在および将来の生き方を考え，主体的な選択・決定をする態度の形成や能力

の獲得を支援します。諸課題の未然防止教育も，集団指導で行います。重層的支援構造の発達支持的生徒指導では，この集団指導が主となります。

（2）ガイダンスによる計画的・組織的な取組み

集団指導は，主にガイダンス（授業型の生徒指導）によって計画的・組織的に行われます。たとえば，いじめ防止教育などの課題未然防止教育は，生徒指導部を中心に検討され，年間指導計画に位置付けられて計画的に展開されます。同様に，児童生徒の自己理解やコミュニケーション能力などの社会的スキルの発達を支援する教育プログラムを，道徳科や特別活動に組み込んで意図的・計画的に実施するガイダンスプログラム[4]があります。これは，授業型の生徒指導といえます。アメリカのスクールカウンセリング[5]では，生徒指導の重要な要素です。

（3）カウンセリングによる個別指導

個別指導は，主にカウンセリング（教育相談を含む）によって，児童生徒一人一人の教育上の問題等について，本人または保護者などにその望ましいあり方についての助言を通して，児童生徒のもつ悩みや困難の解決を支援し，なおかつ，児童生徒の発達に即して，好ましい人間関係を自ら築き，学校生活によりよく適応するよう成長や発達の支援を図ります。カウンセリングの実施に当たっては，教育相談担当や教育相談コーディネーターを中心に，SC や SSW の専門家と連携・協働しながら，個々の児童生徒の多様な実態や一人一人が抱

---

[4]　ガイダンスプログラムに関しては，八並光俊・國分康孝編（2008）『新生徒指導ガイド──開発・予防・解決的な教育モデルによる発達援助』図書文化の第4章「ガイダンスカリキュラム」において，解説や実践が紹介されている。また，先駆的な実践としては，横浜市教育委員会の子どもの社会的スキル横浜プログラムがある。
　　https://www.city.yokohama.lg.jp/kurashi/kosodate-yoiku/kyoiku/plankoho/yokohama-program.html（2023年2月3日アクセス）

[5]　日本の生徒指導は，アメリカではスクールカウンセリングに相当する。同国のスクールカウンセリングの国家基準では，提供システムとしてカウンセリングだけでなく，ガイダンスカリキュラムと呼ばれる全ての児童生徒の発達レベルに応じた知識やスキルの促進を図る意図的・計画的な集団指導がある。参考文献としては，米国スクール・カウンセラー協会，中野良顯訳（2004）『スクール・カウンセリングの国家モデル──米国の能力開発型プログラムの枠組み』学文社がある。

える課題やその背景などを把握し，早期発見・早期対応に留意することと，深刻な課題の場合は，教育委員会，病院，警察，児童相談所などの関係機関等への相談や連携が大切です。課題予防的生徒指導〔課題早期発見対応〕や困難課題対応的生徒指導では，カウンセリング（教育相談を含む）による個別指導が主となります。

リアクティブ型生徒指導とチーム支援

　生徒指導では，2000年代以降，問題行動や非行などの低年齢化，深刻化，背景の複雑化の中で，教員単独や学校単独の対応から，児童生徒一人一人の適切な児童生徒理解に基づく学校と関係機関等の行動連携によるチーム支援体制の構築と実践が，取組みの主流となっています。課題予防的生徒指導〔課題早期発見対応〕や困難課題対応的生徒指導のリアクティブ型生徒指導においては，チーム支援が基本的対応となります。リアクティブ型生徒指導のチーム支援は，以下のような特色をもっています。

（1）個に対する組織的対応

　チーム支援の対象は，生徒指導上の課題を抱えた児童生徒一人に対して，学校内の複数の教職員や関係機関の専門家あるいは保護者が支援チームを編成して，多職種の連携・協働によって組織的に課題の解決や切れ目のない対応を図ります。また，支援チームには，スタッフ間の連絡・調整役としてコーディネ

（6）　少年の問題行動等に関する調査研究協力者会議（2001）が『心と行動のネットワーク――心のサインを見逃さない「情報連携」から「行動連携」へ』（報告書）を公表した。同報告では，①平素まじめな「よい子」が起こす問題行動も含めて，児童生徒の「心」のサインを見逃さない対応，②児童生徒の心の発達過程を理解し，彼らの発するサインを早期に捉え，適切に関わっていくこと，③学校の対応としては，社会性を育むプログラムの開発や体験活動の充実，④教職員がチームを組み，児童生徒の心の相談・指導を行う生徒指導体制の構築，⑤地域のネットワークを活用した学校と関係機関の専門家から構成されるサポートチームによる「行動連携」の重要性が指摘されている。

（7）　生徒指導におけるチーム支援研究の動向に関しては，八並光俊（2006）「学校心理学部門応用実践期におけるチーム援助研究の動向と課題――チーム援助の社会的ニーズと生徒指導との関連から」『教育心理学年報』第45集，pp. 125-133，八並光俊（2017）「チーム学校と今後の生徒指導の方向」『生徒指導学研究』第16号，pp. 16-23がある。

ーターがいます。たとえば，コーディネーターは，生徒指導主事，教育相談担当コーディネーター，特別支援教育コーディネーターなどです。

（2）システマティック・アプローチ

チーム支援は，計画的・系統的なプロセスを有しているシステマティック・アプローチに最大の特色があります。チーム支援のプロセスは，〔チーム支援の判断とアセスメントの実施→課題の明確化と目標の共有→チーム支援計画の作成→支援チームによる実践→点検・評価に基づくチーム支援の終結・継続〕となります。簡略化すると，〔アセスメント→プランニング→チーム支援→評価〕となります。ポイントは，アセスメント⁽⁸⁾と呼ばれる実態把握と支援仮説の生成段階にあります。前述の児童生徒理解が，広く，深ければ，何が原因か，背景要因は何かがみえてきます。それによって，何を支援目標に，誰が，どこで，どのような支援を行うかが決まります。詳細は，第3章「チーム学校による生徒指導体制」にあります。

3　生徒指導の基盤と取組み上の留意点

教職員の同僚性とメンタルヘルス

生徒指導というと，その対象となる児童生徒に注目が集まり，サポーターである教職員のあり方や業務負担の観点がぼやけます。学校のブラック化が指摘されていますが，いじめや不登校など，いつ，どこで，誰が起こすか予測不可能です。一度，起きれば解決までに多くの時間とエネルギーを要します。特に，教員は授業をやりながら，児童生徒や保護者との面談，家庭訪問，ケース会議，関係機関とのやりとり，関連する記録の作成など，通常業務を圧迫します。働き方改革以前は，生徒指導に起因した長時間労働が実態としてありました。教

（8）　神奈川県立総合教育センター（2007）『子どものニーズの解決に向けた多職種協働チームの行動連携の在り方——『ニーズを抱えている子どもの問題解決のためのアセスメントチェックリスト』及び『支援のための行動連携シート』の開発とその活用について』において，アセスメントチェックリストや行動連携シートが提示されている。

職員の生徒指導での心身の疲弊は，過去から現在までの大きな課題です。

　他方，2019年に兵庫県神戸市の公立小学校での教員による教員へのいじめが大々的に報道され，話題となりました。教員が，同僚教員に無理やり激辛カレーを食べさせる動画が拡散しました。教員集団の中でいじめがあることは，児童生徒間のいじめ同様，決して許されることではありません。また，こうした同僚関係において，チーム支援が成立しないことは自明です。そこで，生徒指導提要（2022）では，次の2点を指摘しています。

（1）教職員の受容的・支持的・相互扶助的な人間関係

　教職員の勤務年数，雇用形態，専門性，コミュニケーション能力や人間関係形成能力などの社会的スキルなどは多様です。そのような多様性を受け入れながら，お互いが助け合える温かい人間関係が生徒指導やチーム支援では重要です。教職員集団内部でのいじめやハラスメントは，絶対に許されません。

（2）教職員のメンタルヘルスの維持とセルフ・モニタリング

　生徒指導による実務上の負担だけでなく，対応がうまくいかない場合の精神的な悩み，児童生徒や保護者からのクレームに対する精神的な悩みなどは，教職員自身のメンタルヘルス[9]に負の影響を与えます。最悪の事態としては，病気休職や辞職もありえます。その意味で，平素からのメンタル面の自己チェックやおかしいと感じたらすぐに病院を受診することが大切です。教職員の心身の健康あっての生徒指導です。

生徒指導マネジメントと家庭・地域の参画

　生徒指導は，突発的に生じるいじめや不登校への対応だけではなく，予め計画的に展開されます。たとえば，学校生活を振り返ると，教育相談週間，いじめアンケート調査，非行防止教室など，年間の行事予定が示されていたと思います。また，学校のホームページでは，生徒指導の全体計画や学校評価の結果

---

[9]　文部科学省（2022）『令和3年度公立学校教職員の人事行政状況調査』によれば，教育職員の精神疾患による病気休職者数は，5,897人で全教育職員数の0.64％を占め，過去最多となっている。

などが公開されています。このように，生徒指導は，計画的に構想されて，実施され，関係者からの評価も受けて実施されています。これを生徒指導マネジメントといいます。要点としては，以下の2点があります。

（1）PDCA サイクルによる生徒指導マネジメント

マネジメントは，経営や管理という意味で，組織運営というように捉えてよいです。生徒指導においては，企業経営でもよく耳にする PDCA サイクルで運営をします。具体的には，生徒指導計画（Plan：P）を策定し，計画に基づいて実施（Do：D）し，年度末に点検・評価（Check：C）を行い，次年度の改善（Action：A）につなげていきます。このサイクルを繰り返して，生徒指導の質を向上させます。

（2）家庭と地域の参画

生徒指導マネジメントで大切な点は，このサイクルを学校の教職員だけで運用するのではなく，家庭の保護者や地域住民にも参加してもらい，熟議を重ねて，共通理解を図った上で，展開することです。つまり，学校と家庭・地域がパートナーシップを築いてチーム学校として，社会総がかりの生徒指導を行います。その具体的仕組みが，コミュニティスクール（学校運営協議会制度）と地域学校協働活動です。前者は，保護者や地域住民の意見を反映する合議制の機関です。後者は，学校のマンパワーや多様な活動を提供・補完するものです。

生徒指導の取組み上の留意点

生徒指導の取組みにおいて，見落としてはならない留意点として，以下の4点が指摘されています。

（1）児童生徒の権利の理解

「児童の権利に関する条約」の理解です。児童とは，18歳未満の全ての者で

---

(10)　文部科学省（2022）『令和4年度コミュニティ・スクール及び地域学校協働活動実施状況』によると，全国の公立学校におけるコミュニティ・スクールの数は，15,221校で，導入率42.9％である。また，全国の公立学校において地域学校協働本部がカバーしている学校数は，20,568校で57.9％に相当する。

す。生徒指導提要（2010）では，扱われていません。日本は，1994年に批准して効力が生じています。同条約では，第一に児童に対する差別の禁止，第二に児童の最善の利益を考えること，第三に児童のいのちや生存，発達が保障されること，第四に児童は自由に自分の意見を表明する権利をもっていること，という4つの原則が規定されています。同条約の理解と実行は，児童生徒，教職員，保護者，地域の人々にとって必須となります。同様の内容は，2022年に公布されたこども基本法の第3条「こども施策の基本理念」にも反映されています。

（2）ICT の活用

GIGA スクールや令和の日本型学校教育により，学校での ICT 活用が常態化しつつあります。生徒指導においても，児童生徒の成績，出欠情報，健康情報，学習履歴，各種調査データを，ICT を活用した教育データの可視化システムによって，瞬時に比較検討ができます。それによって，児童生徒の悩みや課題の早期発見や対応が可能になります。また，不登校児童生徒は，ICT を活用したオンライン学習を通じて出席扱いにもなります。ICT によって，児童生徒の多様な学びの機会が確保できます。

（3）幼児教育との接続

小学校におけるいじめや暴力行為の多発を低減するには，小学校入学以前の幼児教育において，感情のコントロールや共感性，思いやりや協同性などを身に付けることが重要です。その意味で，幼児教育と小学校教育の円滑な接続が，今後の生徒指導では求められます。

（4）社会的自立に向けた取組み

生徒指導は，定義や目的にもあったように，児童生徒が社会の中で自分らしく生きることや，自己の幸福追求と社会に受け入れられる自己実現を支えます。換言すれば，児童生徒の社会的自立に向けた支援を行うことにほかなりません。したがって，生徒指導とキャリア教育は相即不離の関係にあるといえます。

第2章

生徒指導と教育課程

教育課程[(1)]とは，「学校教育の目的や目標を達成するために，教育の内容を子供の心身の発達に応じ，授業時数との関連において総合的に組織した学校の教育計画であり，その編成主体は各学校である」とされています。また，学校生活の多くを占める教育活動は，教育課程内の授業と，教育課程外の教育活動として行われます。

第2章は，学校教育目標を実現させていくために，教育課程の編成や実施において，学習指導と生徒指導を相互に関連付けることが教育課程の充実を図ることを，現行の学習指導要領に示された「児童（生徒）の発達を支える指導の充実」を踏まえて説明しています。

1 児童生徒の発達を支える教育課程

学習指導要領「総則」と生徒指導

現行の学習指導要領[(2)]では，「よりよい学校教育を通してよりよい社会を創る」という目標を学校と社会が共有し，それぞれの役割を果たすことができるように，「子供一人一人の発達をどのように支援するか」という児童生徒の発達を支える視点に立つことの重要性が示されました。

このことは，総則に示された次の4点に具体的に示されています。①学級

（1） 中央教育審議会初等中等教育分科会教育課程企画特別部会資料「論点整理」
https://www.mext.go.jp/b_menu/shingi/chukyo/chukyo3/siryo/attach/1364306.htm （2022年12月1日アクセス）
（2） 小学校学習指導要領（2017年告示），中学校学習指導要領（2017年告示），特別支援学校小学部・中学部学習指導要領（2017年告示），高等学校学習指導要領（2018年告示），特別支援学校高等部学習指導要領（2019年告示）

（ホームルーム）経営の充実，②生徒指導の充実，③キャリア教育の充実，④指導方法や指導体制の工夫改善による個に応じた指導の充実。

　これらのことは，日本の生徒指導が戦後の教育改革の中で新制中学校および高等学校の教育方法として導入された際に，「guidance and counseling」の訳語として生徒指導という教育用語を当てたことと重なる点です。生徒指導提要(2022) では，児童生徒の発達を支える視点に立つことを，以下のように説明しています（p.41）。

> ガイダンスとカウンセリングにより，常態的・先行的（プロアクティブ）及び即応的・継続的（リアクティブ）な活動を通して，「児童生徒一人一人の個性の発見とよさや可能性の伸長と社会的資質・能力の発達を支えると同時に，自己の幸福追求と社会に受け入れられる自己実現を支える」という生徒指導の目的を達成することにもつながります。

学習指導と生徒指導

　これまで，「生徒指導は学校の教育目標を達成する上で重要な機能を果たすものであり，学習指導と並んで学校教育において重要な意義を持つ」ものとされてきました。生徒指導提要（2022）では，**中央教育審議会の答申**を援用しながら，さらに学習指導における生徒指導の意義を以下のように述べています

（3）　*Report of The United States Education Mission to Japan, submitted to The Supreme Commander for the Allied Powers*, Tokyo 30 March 1946，p.12 は次のように記述されている（下線筆者）。

　　　Every possible device must be employed, if an accurate knowledge of a student's abilities is to be obtained. It is not an accident, but the direct result of the ideal of providing equal educational opportunity for all, that <u>guidance and counseling</u> are given such a prominent place in many post-war plans for educational reconstruction.

（4）　中央教育審議会（2021）「『令和の日本型学校教育』の構築を目指して〜全ての子供たちの可能性を引き出す，個別最適な学びと，協働的な学びの実現〜（答申）」（中教審第228号）p.5。学校が学習指導のみならず，生徒指導等の面でも主要な役割を担い，様々な場面を通じて，子どもたちの状況を総合的に把握して教員が指導を行うことで，子どもたちの知・徳・体を一体で育む「日本型学校教育」は，全ての子どもたちに一定水準の教育を保障する平等性の面，全人教育という面などについて諸外国から高く評価されている。

（p. 41）。

　　学習指導要領では，知・徳・体にわたる「生きる力」のバランスの取れた
　　育成を重視しており，学習指導と生徒指導との関連を意識しながら，日々
　　の教育活動を充実していくことが重要です。このことは，学習指導を担う
　　教員が同時に生徒指導の主たる担い手にもなるという日本型学校教育の特
　　徴を最大限に発揮させることでもあります。

　続けて，深い児童生徒理解に基づき，学習指導における生徒指導の実践上の
視点として，次の 4 点を挙げています。「安全・安心な学校・学級の風土を創
り出す」，「児童生徒一人一人が自己存在感を感じられるようにする」，「教職員
と児童生徒の信頼関係や児童生徒相互の人間関係づくりを進める」，「児童生徒
の自己選択や自己決定を促す」。
　また，GIGA スクール構想[5]の施行と「一人一人のキャリア形成等も踏まえた
発達支持的生徒指導の視点」を踏まえ，以下のように示されています（p. 41）。

　　学習指導要領の趣旨の実現に向け，全ての子供たちが自らの可能性を発揮
　　できるように「個別最適な学び」と「協働的な学び」を一体的に充実して
　　いく上で，特に発達支持的生徒指導の考え方を生かすことが不可欠です。

　このように，個別の問題行動等への対応といった課題早期発見対応および困
難課題対応的生徒指導にとどまることなく，全ての児童生徒を対象にした課題
未然防止教育，発達支持的生徒指導の視点に留意することが重要です。

学級・ホームルーム経営と生徒指導

「教育課程における活動は，学級・ホームルームという土台の上で実践され

（5）　文部科学省（2019）「GIGA スクール構想の実現へ」
　　　https://www.mext.go.jp/a_menu/other/index_0001111.htm（2022年12月 1 日アクセス）

ます。学級・ホームルームは，学校における生活集団であり，学習集団であり，生徒指導の実践集団であると捉えることができます。」

　また，学級・ホームルームは学校生活の基盤となるものです。それゆえ，児童生徒にとって学級・ホームルーム集団内の人間関係や雰囲気などは，一人一人の学校生活に大きな影響を与える要因として作用することとなります。

　生徒指導提要（2022）では，教員が行う学級・ホームルーム内での個別指導や集団指導の工夫として，次の点を挙げています（p. 42）。

　・集団としての質の高まりを目指したり，教員と児童生徒，児童生徒相互のよりよい人間関係を構築しようとしたりすることが中心的な内容である。
　・担任は，学級・ホームルーム経営の目標・方針に即して，必要な諸条件の整備を行い特別活動に留意して学級・ホームルーム経営を展開する。
　・学級・ホームルーム経営で行う生徒指導は，発達支持的生徒指導と課題未然防止教育を実践することである。

　これらの実践は，年間指導計画に基づいて取り組まれます。

　また，学校教育において喫緊の課題であり，社会問題化しているいじめや，暴力行為等の未然防止教育について，自己指導能力の育成や，キャリア教育で目指す基礎的・汎用的能力の育成を学級・ホームルーム経営の中に位置付けて実践する必要性に関しても言及されています。

教育課程編成上の留意点

　教育活動の充実を図るためには，学校教育目標の設定が重要となりますが，その際の留意点として以下の3点が挙げられています（p. 44）。

①「この教育目標の達成に向けて協働したい」と全教職員が思えるような目標を設定すること
②保護者や地域からの協力が得られるように目標の共有に努めること
③教育目標に照らしながら各教科等の授業のねらいを改善したり，教育課程の実施状況を評価したりすることが可能になるような具体性のある教育目標を設定すること

［2］　教科の指導と生徒指導

　生徒指導提要（2022）では，「道徳科を要とした道徳教育における生徒指導」は第2章第3節にありますが，本書では本節において道徳教育を解説することとします。

個に応じた指導の充実
　「児童生徒が学習内容を確実に身に付けることができるようにするためには，児童生徒や学校の実態を考慮し，個に応じた指導を充実することが重要です。」ここでは，知識・技能である学習内容の習熟の程度に加えて，学習への興味・関心・意欲，「学習上のつまずきの原因の把握など，児童生徒一人一人の学習状況のきめ細かな把握に努めること」の必要性について，「継続的で確かな児童生徒理解に基づく個に応じた指導の充実」が生徒指導の面からも欠かせないことが説明されています。

児童生徒理解を基盤とした教科の指導
　教科指導に児童生徒理解を通じて得た情報を生かすために，情報収集方法の例を以下の通り紹介しています（pp. 45-46）。
　①授業観察からの主観的情報の収集
　②課題・テスト・各種調査・生活日誌等からの客観的情報の収集
　③出欠・遅刻・早退，保健室の利用などの客観的情報の収集
　④ICTを活用した客観的情報の収集
　次に，「チームによる分析と共通理解」の具体例として，学年会・教科部会，生徒指導部会，教育相談部会，ケース会議などを挙げ，担任個人，他の教職員との連携・協働，全教職員が共通して実践する等の対応方法が示されています。

教科の指導と生徒指導の一体化

「授業は全ての児童生徒を対象とした発達支持的生徒指導の場」と位置付け，「教員が学習指導と生徒指導の専門性を合わせもつという日本型学校教育の強みを活かした授業づくりが，児童生徒の発達を支えます」と捉えています。そして，生徒指導の実践上の視点として，以下の4点を挙げています（pp. 46-48）。

　(1)自己存在感の感受を促進する授業づくり

　(2)共感的な人間関係を育成する授業

　(3)自己決定の場を提供する授業づくり

　(4)安全・安心な「居場所づくり」に配慮した授業

　上に挙げた(1)(2)(3)は，これまでにも生徒指導資料集や生徒指導提要（2010）において，教員の指導上の留意点として挙げられてきた内容が継承されています。生徒指導提要（2022）では(4)の視点が加わりました。これまで集団指導において「安心して生活できる」とされていた留意点が整理されたことによります。

道徳科を要とした道徳教育における生徒指導

　小学校・中学校では，学習指導要領等の一部改正（2015年3月）により，道徳の時間が「特別の教科　道徳」となりました。また，高等学校における道徳教育は，学校の教育活動全体を通じて，適切な指導を行うこととされており，新設された「公共」，「倫理」，特別活動を中核的な指導の場としています。

　このような学習指導要領の改訂を踏まえ，生徒指導提要（2022）第2章第3節の「道徳科を要とした道徳教育における生徒指導」は，以下の3つの項で構成されています。

　2.3.1　道徳教育と生徒指導の相互関係

　2.3.2　道徳科の授業と生徒指導

　2.3.3　道徳科と他の教育活動との関連の充実と生徒指導

『生徒指導提要　改訂の解説とポイント』　正誤表

2023 年 4 月 18 日作成

ミネルヴァ書房編集部

『生徒指導提要　改訂の解説とポイント』の本文中に下記の誤りがありました。お詫びして訂正させていただきます。

【98 ページ　16 行目】

誤

少年非行は、これまでに 1951 年、1964 年、1984 年、そして 1989 年をピークとする 4 つの波がありました。これらの波は、（以下略）

正

少年非行は、これまでに 1951 年、1964 年、1983 年という 3 つの大きな波がみられました。平成期においては、1996〜98 年および 2001〜03 年にそれぞれ一時的な増加がありました。これらは、（以下略）

　各項の要約（引用）として，以下の 2 点に整理しましたので，生徒指導提要
（2022）本文を参照する際には参考にしてください。

・道徳教育で培われた道徳性を，生きる力として日常の生活場面に具現化で
　きるよう支援することが生徒指導の大切な働きとなる。
・道徳科の授業では，その特質を踏まえ，生徒指導上の様々な問題に児童生
　徒が主体的に対処できる実効性ある力の基盤となる道徳性の育成が求めら
　れており，道徳科の授業と生徒指導には以下に示すような相互補完関係が
　ある。
　⑴道徳科の授業の充実に資する生徒指導
　　①道徳科の授業に対する学習態度の育成
　　②道徳科の授業に資する資料の活用
　　③学級内の人間関係や環境の整備，望ましい道徳科授業の雰囲気の醸成
　⑵生徒指導の充実に資する道徳科の授業
　　①生徒指導を進める望ましい雰囲気の醸成
　　②道徳科の授業を生徒指導につなぐ
　　③道徳科の授業展開の中で生徒指導の機会を提供

　生徒指導上の課題の防止や解決につながる道徳性を養う上で，道徳教育の要
となる道徳科と各教科等をはじめとする他の教育活動との関連を相互に図り，
学校の教育活動全体として効果的に取り組むことが重要です。

☐3　総合的な学習（探究）の時間・特別活動における生徒指導

　「総合的な学習（探究）の時間における生徒指導」は生徒指導提要（2022）第
2 章第 4 節，「特別活動における生徒指導」は第 2 章第 5 節として構成されて
いますが，本書では教科外教育としてまとめ，第 2 章第 3 節として解説します。

総合的な学習（探究）の時間における生徒指導

　小学校・中学校の総合的な学習の時間および高等学校の総合的な探究の時間

は，「他の教科等以上に，知識や技能を自ら求めていく人間像が想定されている」とされています。このことは，生徒指導の定義で示された「社会の中で自分らしく生きることができる存在へと児童生徒が，自発的・主体的に成長や発達する過程」と重なります。

　また，総合的な学習（探究）の時間で育成を目指す資質・能力の一つである「探究的な学習に主体的・協働的に取り組むとともに，互いのよさを生かしながら，積極的に社会に参画しようとする態度を養うこと」（「探究に主体的・協働的に取り組むとともに，互いのよさを生かしながら，新たな価値を創造し，よりよい社会を実現しようとする態度を養うこと」）は，生徒指導の定義に通じることから，総合的な学習（探究）の時間を充実させることは，生徒指導の目標に直接または間接に資する活動になります。

　「総合的な学習（探究）の時間における生徒指導」の節は，以下の３つの項で構成されています。

　2.4.1　総合的な学習（探究）の時間と生徒指導

　2.4.2　総合的な学習（探究）の時間で協働的に取り組むことと生徒指導

　2.4.3　総合的な学習（探究）の時間において自己の（在り方）生き方を考えることと生徒指導

　各項の要約（引用）について，「道徳科を要とした道徳教育における生徒指導」と同様に，以下に整理しました。生徒指導提要（2022）の解説として参考にしてください。

- ・児童生徒の学習状況に応じた教員の適切な指導は，発達支持的生徒指導である。それゆえに，総合的な学習（探究）の時間を充実させることは，その目標を達成するにとどまらず，自己指導能力の育成にもつながり，ひいては生徒指導の充実を図ることにもつながる。
- ・総合的な学習（探究）の時間の学習過程は，主体的に取り組むこと，協働的に取り組むことを重要視しているが，このことは生徒指導の目的と重なるものである。
- ・総合的な学習（探究）の時間における学習活動において，自己の生き方を考えることとは，生徒指導の目的にも通じるものである。

特別活動における生徒指導

　特別活動は，戦後の633制により新しく教育課程に位置付けられた特別教育活動と，戦前から取り組まれていた学校行事が，1968年から1970年の**学習指導要領改訂**(6)に伴い１つに統合されたことで誕生した教科外の教育活動です。特別活動の特質は，教科書がないことと，集団活動を通して「**なすことによって学ぶ**」(7)ことを方法原理としていることです。

　特別活動と生徒指導との関係は，『生徒指導の手びき』（文部省，1965）「第５章　生徒指導と教育課程」の「第４節　特別教育活動と生徒指導」「第５節

（6）　「教育内容の現代化」を目指し，時代の進展に対応した教育内容の導入を図るとともに授業時数が最大となった教育課程である。

（7）　佐々木正昭（2021）「『なすことによって学ぶ』という用語についての考察」『日本特別活動学会紀要』第29号。佐々木は，「なすことによって学ぶ」ことを次のように論考している。「learning by doing は，旧来の learning by teaching，つまり教師・教科書・学校中心の教育ではない，『デューイの生活教育』の特徴，もしくは学習方法を表現したものとしてよく知られている。」

　　　文部省（1951）「学習指導要領試案　中学校」では，「特別教育活動」の新設理由を次のように示している。「教科の学習においても，『なすことによって学ぶ』という原則は，きわめて重要であり，実際にそれが行われねばならないが，特に特別教育活動はこの原則を強く貫くものである。」

学校行事等と生徒指導」に始まり，『生徒指導の手引（改訂版）』（文部省，1981）「第5章　生徒指導と教育課程」の「第4節　特別活動と生徒指導」，生徒指導提要（2010）「第2章　教育課程と生徒指導」の「第4節　特別活動における生徒指導」等に示されてきました。

　特別活動は教育課程内の教育活動ですが，授業時数は「学級活動（ホームルーム活動）」のみ学習指導要領において定められているものの，「クラブ活動」（小学校のみ），「児童会活動・生徒会活動」，「学校行事」は，内容について示されているだけで活動時数は定められていません。また，他の教科等と比べると，活動内容が4つ（中学校・高等学校は3つ）と多岐にわたるため，頁数も多くなっています。生徒指導提要（2022）では，特別活動における生徒指導は，以下の5つの項で構成されています。

　2.5.1　特別活動と生徒指導
　2.5.2　特別活動の各活動・学校行事の目標と生徒指導
　2.5.3　学級・ホームルーム活動と生徒指導
　2.5.4　児童会・生徒会活動，クラブ活動と生徒指導
　2.5.5　学校行事と生徒指導

　上述の通り，「特別活動における生徒指導」の節は項目が多いため，本書ではその内容を2つに分けて解説します。まず前半では，特別活動における生徒指導について，生徒指導提要（2022）の内容を確認していきます。

　「集団活動を基盤とする特別活動は，児童生徒一人一人の『個性の発見』『よさや可能性の伸長』『社会的資質・能力の発達』など生徒指導の目的を実現するために，教育課程において中心的な役割を果たしています」とされています。「児童生徒が主体となり積極的な学習活動が展開されていくためには，教員の深い児童生徒理解，教員と児童生徒との信頼関係を前提とした生徒指導の充実が不可欠」であることに加えて，「特別活動における集団活動の指導に当たっては，『いじめ』や『不登校』等の未然防止等も踏まえ」た教育活動を展開し

ていくことが求められています。このように，特別活動は生徒指導の充実や学級・ホームルーム経営とも深く関わることを，以下のように説明しています（p. 56）。

　　特別活動は，生徒指導の目的である「児童生徒一人一人の個性の発見とよさや可能性の伸長と社会的資質・能力の発達を支える」ことに資する集団活動を通して，生徒指導の目的に直接迫る学習活動であると言えます。

　次に，特別活動と生徒指導との関わりを以下のように考えています（pp. 57-58）。

(1)所属する集団を，自分たちの力によって円滑に運営することを学ぶ

(2)集団生活の中でよりよい人間関係を築き，それぞれが個性や自己の能力を生かし，互いの人格を尊重し合って生きることの大切さを学ぶ

(3)集団としての連帯意識を高め，集団や社会の形成者としての望ましい態度や行動の在り方を学ぶ

　特別活動における集団活動を通して，(1)では児童生徒の自主性・自発性の涵養，(2)では温かな人間関係の構築と社会的自立につながる人間的成長，(3)では社会の形成者として求められる資質の育成や主権者としての意識の向上等を図るために，それぞれに生徒指導の機能が生かされる場や機会の多いことが述べられています。

　続いて，「特別活動の各活動・学校行事の目標と生徒指導」について，その内容を確認していきます。

　「特別活動の目標は，学級・ホームルーム活動，児童会活動・生徒会活動，クラブ活動（小学校のみ），学校行事の四つの内容を総括する全体目標として」示されています。特別活動の全体目標で示された資質・能力は，学級・ホームルーム活動，児童会・生徒会活動，クラブ活動（小学校のみ），学校行事の活動を通して身に付けることを目指しています。

　また，特別活動の全体目標および4つの活動内容で示された目標は，自己指

導能力や自己実現につながる力の育成と重なる部分が多いことから，特別活動と生徒指導には密接な関係があります。このことを，特別活動の各活動の目標と生徒指導の目標との重なりについて，以下のように述べています（p.60）。

　　特別活動において，児童生徒は，実践活動や体験活動を通して，集団活動のよさや自己が社会の中で果たしている役割，自己の在り方や生き方との関連で集団活動の価値を理解するようになります。さらに，多様な集団活動を通して，自主的・自律的に自らの行動を決断し，実行する能力の基盤となる自己指導能力や，集団や社会の形成者として主体的に参画する力，様々な場面で自己のよさや可能性を発揮し，自己実現を図る力を主体的に身に付けていきます。

　特別活動における生徒指導の視点を踏まえた留意点として，教員は「児童生徒の発達の段階に応じて，児童生徒による自発的，自治的な活動を重んじつつ，成就感や自信の獲得につながるように適切な指導や援助に努めること」と述べています。つまり，児童生徒の活動だけに終始することがないように，適切な指導や援助に努めることが，生徒指導の機能を作用させることになるのです。

　続いて，生徒指導が中心的に行われる場としての特別活動の意義について述べています。ここで示された内容は，『中学校・高等学校の生徒指導』[8]（文部省，1949）と重なる点もみられるので，生徒指導が導入された戦後期の学校の状況について紹介します。

　日本において633制が始まる1947年には，学籍簿に関する委員会が発足し，指導要録が法定公簿となりました。当時，占領下にあった日本では，民間情報教育局（Civil Information and Education Section：CIE）の指導によるガイダンスの研究が始められます。このガイダンス研究の過程において，生徒指導の考え方や機能などについての検討が行われ，ガイダンス研究の成果として『中学

（8）　文部省初等中等教育局編（1949）『中学校・高等学校の生徒指導』日本教育振興会

校・高等学校の生徒指導』が公刊されました。これは生徒指導提要の原点に当たるものと考えることもできます。この戦後の生徒指導研究に係る成果の一端を以下に引用し，その内容について確認します。

　生徒指導の機能は，「正常の生徒を正常のままに保ち，各人が人格的，教育的，社会的，公民的，職業的関連において，自己の要求興味に従つて，その人の最大限の線にまで彼の能力を発揮することができるように発達することを助ける。それは又各人にますますよく人を理解させ，自分の問題を解決し，又より十分に又効果的に自己指導を行うことができるようにする方法を知らせる」と捉えており，「自己指導」という用語を確認できます。

　また，新教育は「全人教育」であるとの視点から，教育の真の目的を「立派な個人を発達させる」こととし，旧学校制度では正課に入らなかった学校諸活動を「特別教育活動」として重視することが示されています。たとえば，「公民としての訓練」としての自治的活動や，「生徒会の基盤としてのホームルーム」とその組織等（クラブを含む）についての記述をみることができます。このことから，戦後の教育改革において，すでに生徒指導と特別活動の間には緊密な関係があり，民主主義教育を具現化するための方策として同時期に誕生していることを確認できます。

　ここで生徒指導提要（2022）に戻ります。そこには，特別活動における生徒指導について，以下のように説明しています。長文となりますが重要な箇所なので全文を転載します（pp.60-61）。

　　生徒指導は，児童生徒が自らを生かし自己実現できるよう支援する教育機能であり，学校の教育活動全体を通して推進することを基本としています。つまり，生徒指導の充実を図るためには，学校全体の共通理解と取組が不可欠であり，生徒指導が学校全体として組織的，計画的に行われていくことが求められます。その中でも，特別活動は，各教科等の時間以上に生徒指導の機能が作用していると捉えることができます。

　　したがって，特別活動は，集団や社会の形成者としての見方や考え方を

　働かせて，よりよい生活や人間関係を築き，人間としての生き方について
自覚を深め，自己を生かす能力を獲得するなど，生徒指導が中心的に行わ
れる場であると考えられます。教育課程の編成に当たっては，この点に十
分配慮する必要があります。

特別活動の活動内容と生徒指導

　ここからは，「特別活動における生徒指導」の後半となります。生徒指導提
要（2022）の目次に照らし合わせると第2章第5節第3項から第5項となりま
す。

　学級・ホームルーム活動は，授業時数が定められており，時間割の授業とし
て実施されます。児童生徒は，この授業における自発的，自治的な活動や，学
校行事などに取り組むことを通して，学校生活の基盤となる教室環境を構築し
ていきます。この意味において，学級・ホームルーム活動は，学級経営の充実
に深く関与しており，教科等における学習の基盤づくりに貢献するとともに，
発達支持的生徒指導と重なるものです。

　学級・ホームルーム活動の内容は次の3つです。「⑴学級・ホームルームや
学校における生活づくりへの参画」，「⑵日常の生活や学習への適応と自己の成
長及び健康安全」，「⑶一人一人のキャリア形成と自己実現」。この3点は，小
学校・中学校・高等学校ともに一貫した同じ構成となっています。

　⑴は集団としてよりよく合意形成を図って実践する自発的，自治的な活動で
あり，⑵および⑶は児童生徒の自己指導能力の育成を目指す教育活動です。

　このことから，「学級・ホームルーム活動の活動内容と生徒指導は密接な関
連をもっており」，「学級・ホームルーム活動の時間は，生徒指導を行う中核的
な場と言えます」と位置付けられています。

　また特別活動には，学級・ホームルーム活動における生徒指導を意識した視
点としていじめの未然防止が求められており，以下の通り説明されています

（9）　いじめ防止対策推進法（2013年法律第71号）第13条の規定による。

（p.62）。

　　　いじめの背景として，学級・ホームルーム内の人間関係に起因する問題が
　　多く指摘されていることから，学級・ホームルーム経営と生徒指導の関連
　　を意識した，学級・ホームルーム活動の充実が，課題予防的生徒指導とし
　　て，いじめの未然防止の観点からも一層重要になります。

　キャリア教育では，特別活動が要の時間として位置付けられました。この要
の時間としての学級・ホームルーム活動と生徒指導について，以下のように説
明されています（p.63）。

　　　学級・ホームルーム活動(3)には，「社会参画意識の醸成」が小・中・高等
　　学校共に共通する内容項目として挙げられています。これは，児童生徒が
　　集団や社会の形成者として，多様な他者と協働して，集団や生活上の諸問
　　題を解決し，よりよい生活をつくろうとする態度を身に付け，「社会の中
　　で自分らしく生きることができる存在」へと成長・発達する過程を支える
　　教育活動としての生徒指導と重なるものです。

児童会活動・生徒会活動，クラブ活動と生徒指導

　学校は，同一年齢で学級および学年が構成されますが，児童会活動・生徒会
活動は異年齢集団として組織された活動です。そこでは，「全校的な視点をも
ってよりよい学校生活の充実と向上を目指して活動することになります」。
　児童会活動・生徒会活動，クラブ活動の役割や意義と生徒指導の関係につい
ては，①から③として３つの視点が挙げられています（p.64）。
　このことを意識して実践される活動は，児童生徒の自発性，自主性，社会性
を促進させる生徒指導の実践上の視点と密接に関係します。
　また，児童会・生徒会における「いじめの未然防止」に係る活動については，
「いじめ防止対策推進法」の趣旨を踏まえることが求められています。

　その他，「主権者意識の向上につながる児童会・生徒会活動と生徒指導」，「生徒指導との関連を踏まえた児童会・生徒会活動，クラブ活動の運営上の工夫」についての要点が整理されているので，指導者側の配慮事項として，しっかり確認しておくことが不可欠です。

学校行事と生徒指導

　本章の最後に，学校行事と生徒指導の関係についてまとめます。

　学校行事の内容は，校種を問わず基本的には同様となっています。そして，「学校行事の特質は，多くの点で生徒指導の実践上の視点を生かすことのできる教育活動である」とされています。その際，教員の指導では，「教科学習でつまずきがちであったり，問題行動が見られたり特別な支援を要したりする児童生徒に対しても，自分の得意とする能力や個性などを生かすことができるように配慮し，適切に役割を担うことができるようにする」ことが重要です。

　学校行事における教員の適切な配慮は，「集団生活への意欲や自信を失っている児童生徒の自己存在感や自己有用感を高めるとともに，自己の生き方についての考えを深め，自分の能力への自信を回復することが可能」になることが述べられています。

　本章の末尾に特別活動における生徒指導を以下のように総括しています（p. 67）。

　　特別活動を通して発達支持的生徒指導の充実を図ることは，児童生徒の「個性の発見とよさや可能性の伸長と社会的資質・能力の発達を支える」という生徒指導の目的を達成することに直接つながるものである（後略）

第3章

チーム学校による生徒指導体制

本章は「チーム学校」の概念に基づき，前半において生徒指導体制，教育相談体制，生徒指導と教育相談が一体となったチーム支援について，後半は危機管理体制，生徒指導に関する法制度等の運用体制，学校・家庭・関係機関等との連携・協働について説明しています。

本章を構成する各節では，山積する生徒指導上の諸課題への対応のあり方および新たな今日的課題について述べられています。このことは，続く第Ⅱ部に置かれた各章の理解を深めるために大切な視点を提供しています。

生徒指導提要は，教育関係者以外の人々も読まれることを意識して，第6節の「校則の運用・見直し」や「懲戒と体罰，不適切な指導」等の内容についても正しく理解しておくことが求められます。

1　チーム学校における学校組織

チーム学校とは

「チーム学校」は，中央教育審議会（2015）「チームとしての学校の在り方と今後の改善方策について（答申）」[1]における「チームとしての学校」という概念から使われるようになった新しい教育用語です。チーム学校を要する背景として，次の3点が挙げられています。「①新しい時代に求められる資質・能力を育む教育課程を実現するための体制整備」，「②児童生徒の抱える複雑化・多

（1）　中央教育審議会（2015）「チームとしての学校の在り方と今後の改善方策について（答申）」（中教審第185号）

様化した問題や課題を解決するための体制整備」,「③子供と向き合う時間の確保等（業務の適正化）のための体制整備」。

　生徒指導提要では，上に示した背景①は現行の学習指導要領において示された「社会に開かれた教育課程」実現のため，背景②は児童の権利に関する条約にある「最善の利益の保障」や達成のため，背景③は教育の専門家としての専門性を十全に発揮するためと論じられています。

チーム学校として機能する学校組織

　チーム学校の定義は,「校長のリーダーシップの下，カリキュラム，日々の教育活動，学校の資源が一体的にマネジメントされ，教職員や学校内の多様な人材が，それぞれの専門性を生かして能力を発揮し，子供たちに必要な資質・能力を確実に身に付けさせることができる学校[(2)]」とされています。このような「チーム学校」の実現に必要な視点として，以下の4点が挙げられています。

・教育の専門家としての教員が組織の中で得意分野を生かしながら，心理や福祉等の専門職員との連携を図り，協働体制を充実させること。
・校長のマネジメント体制を支える仕組みを充実させることにより，校長がリーダーシップを発揮することで学校の教育力を向上させていくこと。
・個々の教員の力が発揮できるように，校務分掌，校内委員会等の改善，教職員のメンタルヘルス対策等に取り組むこと。
・教職員間に「同僚性」を形成すること。

（2）　註（1）と同じ，p.12に「チームとしての学校」像として定義している。

このような視点に基づいたチーム学校の構成員には，次の４つの姿勢が求められます。「①一人で抱え込まない」，「②どんなことでも問題を全体に投げかける」，「③管理職を中心に，ミドルリーダーが機能するネットワークをつくる」，「④同僚間での継続的な振り返り（リフレクション）を大切にする」。このような姿勢を教職員および多職種の専門家等が意識することにより，学校を基盤とした機能する組織，つまり，チーム学校を具体化することになります。

［2］　生徒指導体制

学校には，法(3)に規定された組織として校務分掌の仕組みがあります。そして，教職員が校務を分担することで学校組織が構成されることになります。

他方，生徒指導は「全ての教育活動を通して，全ての教職員が，全ての児童生徒を対象に行うもの」であることから，校務分掌の全てが生徒指導に直接的・間接的に関わることになります。その中でも，特に**生徒指導主事**(4)を主担当とする生徒指導部は，学校の中核的な組織としての役割を果たすことが必要です。

生徒指導部と生徒指導主事の役割

生徒指導部の構成は，校種，規模，地域性によって異なります。一般的には，管理職，生徒指導主事（校務分掌では生徒指導主任・部長）および各学年生徒指導担当，教育相談コーディネーター，養護教諭等で構成されます。出校日の関係もありますが，SC や SSW を生徒指導部の構成員としておくことも重要です。

生徒指導部会は定例で開催され，学校全体の生徒指導を推進します。主な役

（3）　学校教育法施行規則第43条「小学校においては，調和のとれた学校運営が行われるためにふさわしい校務分掌の仕組みを整えるものとする」。中学校および高等学校等も本規定に準ずる。

（4）　学校教育法施行規則第70条第１項では，「中学校には，生徒指導主事を置くものとする」とされている（高等学校，特別支援学校にも準用）。小学校は，学校教育法施行規則第47条の規定を受けて，生徒指導部，生徒指導主任等を置いている。

割は，生徒指導に係る企画・運営，児童生徒への指導・援助，問題行動の早期
発見・対応，関係者等への連絡・調整などを協議します。

　なお，生徒指導体制とは，生徒指導部会だけを意味するものではありません。
生徒指導部会を含めた全校的な指導・援助を展開する体制であることが表され
ています（p.74, 図4）。生徒指導主事の役割は，校内生徒指導体制の要として，
以下4点の役割が挙げられています（p.74）。

　　・学校における生徒指導を組織的・計画的に運営していく責任をもつ（生徒
　　　指導の視点を生かしたカリキュラム開発を進めていく）。

　　・生徒指導を計画的・継続的に推進するため，校務の連絡・調整を図る。

　　・生徒指導担当者として，関係する教職員に対する指導・助言を行う。

　　・必要に応じて関係者等に働きかけ，問題解決に当たる。

　このような役割を果たしていくために，以下5点の姿勢を求めています（p.75）。

①生徒指導の意義や課題を十分に理解しておくこと。

②学校教育全般を見通す視野や識見をもつこと。

③生徒指導上必要な資料の提示や情報交換によって，全教職員の意識を高め，
　共通理解を図り，全教職員が意欲的に取組みに向かうように促す指導性を
　発揮すること。

④学校や地域の実態を把握し，それらを生かした指導計画を立てるとともに，
　創意・工夫に基づく指導・援助を展開すること。

⑤変動する社会状況や児童生徒の心理を的確に把握し，それを具体的な指
　導・援助の場で生かすこと。

　小学校は，学級担任が生徒指導主事（東京・大阪等では生活指導主任）を兼ね
ていることも多いために，副校長・教頭等および養護教諭を加えて生徒指導主
事の役割を果たすことも考えられます。

学年・校務分掌を横断する生徒指導体制

　生徒指導は学校全体で取り組むことが必要です。そのための生徒指導体制づ
くりでは，各学年，各分掌，各種委員会等が組織体として機能するとともに，

各組織を横断するチームを編成して取り組むことも大切です。

　また，管理職のリーダーシップの下，ミドルリーダーによる校内連携体制が不可欠となります。このような生徒指導体制づくりにおける基本的な考え方について，以下3点が挙げられています（pp. 76-77）。

　①生徒指導の方針・基準の明確化・具体化

　②全ての教職員による共通理解・共通実践

　③PDCA サイクルに基づく運営

　そこでは，「生徒指導基本指針」・「生徒指導マニュアル」等の作成，その周知を図り理解を得るために学校ホームページに掲載すること，教職員と児童生徒，教職員と保護者，教職員同士の信頼関係の形成に努めること，定期的な点検および振り返りに基づいた取組みの更新が重要であること等が述べられています。

生徒指導のための教職員の研修

　生徒指導体制を充実させる基盤は研修にあります。研修は校内研修と校外研修に大別されます。

　校内研修は，全教職員が参加して組織的・計画的に行われる研修と，校務分掌に基づいて特定の教職員によって行われる研修があります。

　校外研修は，主として教育委員会等によって主催され，初任者研修や中堅教諭等資質向上研修等に加えて，校務分掌組織においてリーダーシップを発揮することが求められる教職員を対象とした研修があります。

　今後は，教員免許状更新講習の廃止に伴い，教職員が自発的に資質・能力の向上に努め，学び続けることが求められています。

　また，研修の方向性として，教職員と児童生徒は相互に影響し合うという認識を忘れずに，教育の専門家として，自らの教育実践や体験を省察することが大切です。さらに，組織学習の視点として学校が「学習する組織」へと変容していくこと，学校に学び合う文化・風土を定着させるように校内研修の工夫と充実が求められます。

生徒指導の年間指導計画

学校が問題行動等を未然に防止し，児童生徒一人一人の発達を支える生徒指導を実現していくためには，意図的，計画的，体系的な指導につながる年間指導計画を作成することが必要です。

生徒指導年間指導計画が実効的に機能するためには，児童生徒の発達を支持し，指導・援助する「時期」と「内容」を明記し，教育課程との関わりを具体的に明らかにしていくことが求められます。

また，年間指導計画の中に，生徒指導研修を組み入れたり，担当部署や担当者名を明記したりするなど，当事者意識を喚起する工夫も必要です。

３　教育相談体制

生徒指導提要（2010）では，「第5章　教育相談」の内容でしたが，生徒指導提要（2022）においては本章の節として整理されました。そこには，「チーム学校」概念により，次節で説明される生徒指導と教育相談とのマネジメントの関係が反映されたことによります。本節と次節を関連付けて理解することが求められます。

教育相談の基本的な考え方と活動の体制

教育相談の目的は，「児童生徒が将来において社会的な自己実現ができるような資質・能力・態度を形成するように働きかけること」です。このことから，教育相談は生徒指導の目的と重なる点が大きいといえます。生徒指導提要（2022）では，「教育相談は，生徒指導の一環として位置付けられ，重要な役割を担うものである」とされました。教職員が「生徒指導と教育相談を一体化」させた取組みを推進させるためには，以下の姿勢が求められています（p.80）。

　・指導や援助は児童生徒理解（アセスメント）に基づいて考えること。

　・児童生徒への指導や援助においては柔軟な働きかけを目指すこと。

　・どの段階でどのような指導・援助が必要かという時間的視点をもつこと。

　また，チーム学校（校内チーム・学校外の専門機関等と連携したチーム）の要となる教育相談コーディネーターの役割の重要性およびチーム内での守秘義務の徹底について述べられています。

教育相談活動の全校的展開

　教育相談活動は，生徒指導提要（2022）では，3 機能から 4 機能となりました。このことについて，生徒指導の構造が「2 軸 3 類 4 層構造」に整理されたことと連動し，以下のように表記されています。

　発達支持的教育相談，課題予防的教育相談〔課題未然防止教育〕，課題予防的教育相談〔課題早期発見対応〕，困難課題対応的教育相談。

　発達支持的教育相談は，「児童生徒の成長・発達の基盤をつくるもの」であり，「発達支持的な側面に着目し，教育相談の考え方を意識しながら教育実践を行うこと」から，生徒指導提要（2010）で使われていた「育てる教育相談」と重なる点の多いことが示唆されます。

　課題予防的教育相談〔課題未然防止教育〕は，①「全ての児童生徒を対象とした，ある特定の問題や課題の未然防止を目的に行われる教育相談」，②「ある問題や課題の兆候が見られる特定の児童生徒を対象として行われる教育相談」として区分されています。

　課題予防的教育相談〔課題早期発見対応〕は，「発達課題の積み残しや何らかの脆弱性を抱えた児童生徒，あるいは環境的に厳しい状態にある児童生徒を早期に見つけ出し，即応的に支援を行う場合など」としています。早期発見の視点として，「丁寧な関わりと観察」，「定期的な面接」，「作品の活用」，「質問紙調査」が挙げられています。「早期対応の方法」では，「スクリーニング会議」，「リスト化と定期的な情報更新」，「個別の支援計画」，「グループ面談」，「関係機関を含めた学校内外のネットワーク型による支援」が挙げられています。

　困難課題対応的教育相談は，「困難な状況において苦戦している特定の児童生徒，発達や適応上の課題のある児童生徒などを対象」とし，ケース会議の必要性や，「長期にわたる手厚い支援を組織的に行うこと」の視点が示されてい

ます。また，学校外ネットワークの活用，関係機関との連携・協働の重要性も挙げられています。

教育相談のための教職員の研修

　研修目的は，「学校の教育相談体制を十分に機能させること」です。教育相談コーディネーターには，「心理学的知識や理論，カウンセリング技法，心理面に関する教育プログラムについての知識・技法」，「医療・福祉・発達・司法についての基礎的知識」が求められています。学級・ホームルーム担任には，「発達障害や愛着などを含む心理的発達や社会的発達についての基本的な知識」，「学級・ホームルーム経営に生かせる理論や技法，カウンセリングの基礎技法」等の基本的理解の習得が望まれています。

　また，学級・ホームルーム担任には，「いじめや不登校についての基本的理解」，「予兆の現れ方，スクリーニングの方法」等の研修も必要であるとされました。

　生徒指導提要（2022）では，前述した「育てる教育相談」において例示されていた社会性の発達を支えるプログラム（ソーシャル・スキル・トレーニング等）に加えて，新たに「自殺予防教育」，「いじめ防止プログラム」などの研修についても挙げられています。

　その半面，「働き方改革」により研修時間が削減されている現状もみられます。研修計画は，「研修をしなければ教職員の力量形成は進まず，児童生徒の問題は肥大化」することを踏まえつつ，教職員の負担を軽減する工夫が必要になります。

　教育相談研修では，「実際の事例を取り上げて討議をしたり，演習やロールプレイを取り入れたりすることが有効」であるとされていることを意識して，改善につながる内容と方法を学べる研修を企画することの大切さが示唆されます。

教育相談活動の年間計画

　教育相談活動は,「本質的な問題点への気付き」が大切であることから,分析における「気付きに基づいて改善案を作成」することが求められています。そのために,児童生徒,保護者,教職員の三者それぞれの視点から得られた評価を参照しながら,最終評価を行います。

　また,教育相談は一人一人の個人が実践するものではありません。既述した3類4層構造の教育相談を実践することが重要です。そのためには,「学校の教育計画全体の中に教育相談の全体計画を位置付け,それに基づいて年間計画を作成」すること,発達支持的教育相談および課題未然防止教育は年間計画に位置付けることが重要です。

　さらに,教育相談活動はチームで行う活動であることを踏まえ,心理面に関する教育プログラムの開発,不登校児童生徒への面接・スケジュール調整・児童生徒との信頼関係の構築や学級づくり,発達障害における「個別の指導計画」と支援,虐待への対応等,専門性を発揮させながら協力して教育相談を進めていくことが重要です。

［4］　生徒指導と教育相談が一体となったチーム支援

　「生徒指導は児童生徒理解に始まり,児童生徒理解に終わる」といわれます。生徒指導提要（2022）では,「アセスメント（見立て）」の重要性が強調されており,児童生徒理解は,「一人一人の児童生徒に対して適切な指導・援助を計画し実践することを目指して,学習面,心理・社会面,進路面,家庭面の状況や環境についての情報を収集し,分析するためのプロセス」と説明されています。

　また,教育相談では,心理学の理論・カウンセリングの考え方および技法が児童生徒理解に有効であるとしています。

生徒指導と教育相談

　生徒指導の視点と教育相談の視点では，対立的な意見もみられます。また，「集団に重点を置く規範的・指導的態度と個に重点を置く受容的・相談的態度とのバランスをとるのが難しい」との声も聞かれます。

　しかしながら，教育相談と生徒指導の考え方は重複することから，「両者が相まってはじめて，包括的な児童生徒支援が可能」になることが示されています。

　児童生徒の諸課題の対応には，共通理解を基盤とした組織的対応が必要ですが，そのためには教育相談におけるアセスメント力，臨機応変で柔軟な対応力，学校内外の連携を可能にするコーディネート力が必要となります。

生徒指導と教育相談が一体となったチーム支援の実際

　教育相談，キャリア教育，特別支援教育の校務分掌上の位置付けが独立した縦割りと誤解され，分業体制に陥ると，「複合的・重層的な課題を抱えた児童生徒への適切な指導・援助を行うことが阻害されてしまう状況」が危惧されます。そうならないように，学校では包括的な支援体制をつくることが大切です。

　また，学校と多職種の専門家との連携を基盤としたチーム学校における協働により，専門性を生かした支援が期待されます。学校における実際の支援過程と留意点は，「困難課題対応的生徒指導及び課題早期発見対応におけるチーム支援」として図示されています（p.90，図5）。以下にその過程を引用します。

　①チーム支援の判断とアセスメントの実施→②課題の明確化と目標の共有→③チーム支援計画の作成→④チーム支援の実践→⑤点検・評価に基づくチーム支援の終結・継続。

　また，「発達支持的生徒指導及び課題未然防止教育におけるチーム支援」の支援過程は，以下のように説明され，図示（p.94，図7）されています。

　①学校状況のアセスメントとチームの編成→②取組みの方向性の明確化と目標の共有→③取組みプランの作成→④取組みの具体的展開→⑤点検・評価に基づく取組みの改善・更新。

このように，アセスメントや PDCA サイクルの重要性が求められています。

<h1 style="text-align:center">5　危機管理体制</h1>

「学校が安全で安心な環境であることは，児童生徒の学力向上や社会性の発達，健やかな成長や体力の増進につながる前提条件」であること，学校は児童生徒のいのちを預かっている場であると自覚することが大切です。しかし，学校では以下のような事故・事件が発生することもあります。

けんか，いじめ，窃盗，暴力行為，授業中や課外活動中のけが，実験や実習中の火災等，食中毒，感染症，放火や殺傷事件，自然災害等。

令和の学校教育では，昭和・平成時代以上に，学校危機への対応が求められています。

学校危機とは

学校危機とは，「事件・事故や災害などによって，通常の課題解決方法では解決することが困難で，学校の運営機能に支障をきたす事態」と定義されます。そして，学校危機は2つのレベルに分けて検討されています。

まず，学校レベルの危機（学校管理下事案）で児童生徒等に危害が生じた場合には，教職員が心身の健康を回復するための必要な支援を行います。個人レベルの危機（学校管理下外事案）として「虐待，帰宅後の事件・事故，家族旅行中の事故，家族の死亡，性的被害，自殺，貧困問題」等が挙げられています。このようなケースについても，学校は被害者側に配慮した対応が求められます。

次に，地域社会レベルの危機では，「休日や夜間であっても安否確認や居住場所，通学路の安全の確認が必要」になります。

さらに教職員個人の危機であっても，「児童生徒への影響が想定される場合には学校としての対応」が求められます。

学校危機への介入

　学校は,「事件・事故や災害への対応を想定した危機管理体制と組織活動,外部の関係機関との連携を, 平常時から築いておくこと」が必要です。それは,学校が事件・事故を防止するために日頃から努力していても, 残念ながら事件・事故は発生し, 災害の影響を避けることは困難だからです。

　ここでは,「リスクマネジメント」と「クライシスマネジメント」について,その概要を確認しておきます。

　リスクマネジメントとは,「事件・事故の発生を未然に防止し, 災害の影響を回避, 緩和するための取組」です。教職員が行う安全管理では事故発生の防止に資する活動を行います。安全教育では教育活動を通して予防的な指導を行います。学校がリスクマネジメントに取り組む際は, 安全管理と安全教育を関連付けて推進することが大切であるとされています。

　また, 学校は危機管理体制を整えるために必要な準備として, 次の事項が挙げられています。①危機管理マニュアルの整備, ②危機対応の実践的研修, ③日常の観察や未然防止教育等の実施。

　生徒指導提要（2022）では, 日常的な教育活動におけるリスクマネジメントの取組みとして,「学級・ホームルーム活動におけるいじめ問題などを扱った話合い, 怒りの対処法による怒りや攻撃性の置換え練習, ソーシャルスキルやコミュニケーションスキルの育成, 児童生徒同士のトラブルを自分たちで解決しようとする児童生徒同士による調停法, さらには, ストレスマネジメントやSOS の出し方に関する教育を含む自殺予防教育, 人権学習などの実践」が,「学校危機のリスクを低減する取組」として例示されました。これらの教育活動は, 他章とも関連するものであり,「2軸3類4層構造」を反映した視点を提供しています。

　クライシスマネジメントとは, 事件・事故が発生したり, 災害の影響が及んだりした際に被害を最小限にとどめるための対応です。そのために必要な視点について, 次のプロセスで説明されています。

　①初期段階の対応と早期の介入, ②中・長期の支援, ③再発防止への取組み。

　また，参考となる資料として「文部科学省×学校安全」や，これまでに文部科学省や自治体で作成された資料などを参照することが推奨されています。

［6］　生徒指導に関する法制度等の運用体制

　本節の内容は，改訂途中から社会からの耳目を集め報道される記事が話題になりました。校則や教員の指導に係る視点には「児童の権利に関する条約」が基盤にあることを意識するとともに，学校の教職員以外の人々も生徒指導提要に目を通していることを踏まえ，本内容について正しく理解することが求められます。

校則の運用・見直し

　校則（生活のきまり，生徒心得等）は，「学校教育において社会規範の遵守について適切な指導を行うことは重要であり，学校の教育目標に照らして定められる校則は，教育的意義を有するもの」と考えられます。

　校則の制定に関する法令上の規定はありませんが，判例では「社会通念上合理的と認められる範囲において，教育目標の実現という観点から校長が定める」とされています。

　校則の運用について，「校則を守らせることばかりにこだわることなく（中略）児童生徒が自分事としてその意味を理解して自主的に校則を守るように指導していくことが重要」であり，「校則の内容について，普段から学校内外の関係者が参照できるように学校のホームページ等に公開しておくこと」，「校則に違反した場合には，行為を正すための指導にとどまるのではなく，違反に至る背景など児童生徒の個別の事情や状況を把握しながら，内省を促すような指導となるよう留意」することが明記されています。

　また，校則のあり方について，「絶えず積極的に見直しを行っていくことが求められます」という立場を鮮明にしており，校則の策定や見直しに必要な手続きおよび過程について，①学校における取組み例，②教育委員会における取

組み例を挙げて具体的に説明しています。

　さらに，校則の見直しに「児童生徒が主体的に参加し意見表明すること」の教育的意義について述べています。

懲戒と体罰，不適切な指導

　懲戒は学校教育法第11条に規定され，体罰は学校教育法第11条で明確に禁止されています。懲戒と体罰は，「体罰の禁止及び児童生徒理解に基づく指導の徹底について」（2013年３月13日通知）に以下の内容で示されています。

　①体罰等の禁止及び懲戒について，②懲戒と体罰の区別について，③正当防衛及び正当行為について，④体罰の防止と組織的な指導体制について，⑤部活動における不適切な指導について。

　また，部活動は学校教育の一環であるとしつつ，〔不適切な指導と考えられ得る例〕を例示している点は，これまでになかったことです。全部で７項目挙げられている中から，前半の３つを以下に引用します（p. 105）。

　・大声で怒鳴る，ものを叩く・投げる等の威圧的，感情的な言動で指導する。
　・児童生徒の言い分を聞かず，事実確認が不十分なまま思い込みで指導する。
　・組織的な対応を全く考慮せず，独断で指導する。

　また，「教育職員等による児童生徒性暴力等の防止等に関する法律」の施行に伴い，第３条の児童生徒性暴力等の禁止により免許状が失効等となった場合，免許状の再授与に厳しい制限が課されたことも挙げられています。

出席停止制度の趣旨と運用

　出席停止は学校教育法第35条に規定されています。第１項では出席停止の適用について，性行不良であること，他の児童生徒の教育に妨げがあると認められることとの基本的要件を示しています。第２項では出席停止を命じる場合に市町村教育委員会は，「あらかじめ保護者の意見を聴取するとともに，理由及び期間を記載した文書を交付しなければならない」と規定しています。

　また，同法第35条第４項が「出席停止の期間における学習に対する支援その

他の教育上必要な措置を講ずる」と規定していることを踏まえ，学校は，該当児童生徒が学校に円滑に復帰することができるような指導・援助が必要です。詳細は「出席停止制度の運用の在り方について（通知）」を参照してください。

［7］ 学校・家庭・関係機関等との連携・協働

　学校には，社会における様々な不公平・格差の是正・解消に貢献するという重要な意義と役割があります。この意味において，学校を「児童生徒の健全育成，最善の利益の保障や達成に係る重要なインフラであり，セーフティネットである」と捉えること，学校と家庭，地域，教育委員会，警察や司法，福祉，医療・保健等，多様な関係機関との連携・協働がますます求められていることを個別に具体的に説明しています。

連携・協働の場としての学校の意義と役割

　令和の学校には，「社会に開かれた教育課程」の具現化，多様な児童生徒のニーズに応えること，働き方改革の実現，教員の専門性を生かすことが求められています。それゆえに，「学校を多職種・多機関との連携・協働の場とすること」，「地域にある社会資源を学校に迎え入れ，社会全体で児童生徒の学びと育ちを支えることを目指す学校改革」が進められています。しかし，学校を基盤とした改革のあり方は全国一律ではありません。

　学校は，地域の実態・実情把握に基づき，「地域に存在する関係機関等の役割や権限，連携方法などについて明記し，教職員間で共通理解」するために，生徒指導基本方針・生徒指導マニュアル等を作成することが必要です。

学校と家庭，地域との連携・協働

　学校と家庭との関係について，教育基本法第10条では「家庭教育」についての規定が示されています。これを踏まえ，「学校は家庭とのパートナーシップを築くことが不可欠」です。家庭との関係づくりの手段として，「学級・学

年・学校だより等の通信，保護者会，PTA，三者面談，学校行事」等が挙げられています。しかし，ひとり親家庭の増加およびひとり親家庭の相対的貧困率の高さから，保護者が支援対象であることも少なくありません。

　学校は福祉の専門家であるSSWとの連携を通して，関係機関等との情報共有，「児童生徒と保護者の双方への支援を検討し，実施していくこと」についても求められています。

　学校と地域の連携・協働の代表的取組みとして，コミュニティ・スクール（学校運営協議会制度）と「学校を核とした地域づくり」が挙げられています。教育委員会には，「学校と地域とのパートナーシップの下で様々に展開される地域学校協働活動の機会を提供すること」が求められます。

学校と関係機関との連携・協働

　本章第7節の最後は，第3項として様々な関係機関が紹介されています。ここでは，以下に機関等名称を挙げておきますので詳細は本文を参照してください。

①教育委員会

　　生徒指導担当の指導主事の役割，教育支援センター（適応指導教室），教育行政に係る法務相談体制の構築　※スクールロイヤー（SL）

②警察・司法

　　警察（少年サポートセンター，スクールサポーター等)，「学校警察連絡協議会」,「補導連絡会」，法務少年支援センター，保護司・更生保護サポートセンター，その他の関係機関（家庭裁判所，少年鑑別所，少年院等）

③福　　祉

　　児童相談所，市町村の虐待対応担当課，「要保護児童対策地域協議会」

④医療・保健

　　医療機関，文部科学省，発達障害教育推進センター，発達障害情報・支援センター，保健所・保健センター

⑤NPO法人

　　NPO法人，フリースクール等

第Ⅱ部

個別の課題に対する生徒指導

第Ⅱ部は，「個別の課題に対する生徒指導」として，第4章から第13章の合計10章で構成されています。各章の個別課題について，「関連法規や対応の基本方針に照らしながら，未然防止や早期発見・対応といった観点から，指導に当たっての基本的な考え方や留意すべき事項等」が説明されています。

　また，第Ⅱ部においても「課題予防・早期対応といった課題対応の側面のみならず，児童生徒の発達を支えるような生徒指導の側面に着目し，その指導の在り方や考え方について」の説明がなされています。これは，新たな「生徒指導の構造」（2軸3類4層構造）が第Ⅰ部および第Ⅱ部を通して一貫していることを示しています。

　本書では，第Ⅱ部各章のポイントを整理して，生徒指導提要（2022）の内容をわかりやすく説明することに努めました。第Ⅱ部各章で挙げられた個別の課題は，いじめ，暴力行為，少年非行，児童虐待，自殺，中途退学，不登校，インターネット・携帯電話に関わる問題，性に関する課題，多様な背景を持つ児童生徒への生徒指導と多岐にわたっています。そして，それぞれの課題について，学校教育だけで対応することは困難となっている現状があります。これまでともすれば学校が問題の「抱えこみ」をすることを良しとする風潮もみられましたが，反面，このことにより問題が陰湿化，長期化，深刻化する事案も多発するようになりました。これからの生徒指導は，チーム学校で対応することが必須となっており，各章においても繰り返し説明されています。

第 4 章

いじめ

　第 4 章は，「いじめ防止対策推進法」(2013年 9 月施行，以下，法) の成立の経緯とそれ以降のいじめの実態や特徴，社会的背景等についてふれた上で，法の理解に基づいて深刻な状況の改善を図るための基本的な考え方と具体的ないじめ防止対策の方向性について詳細な説明がなされています。また，生徒指導提要 (2022) では，子どもの権利保障という視点を基軸に，心理学や社会学などの理論に基づく対応の具体的な内容が詳しく示されている点に特徴がみられます。

　本章では，これからのいじめ防止対策のあり方について，1「いじめをめぐる関連法規等の共通理解の重要性」，2「実効的ないじめ防止のための組織の構築」，3「いじめ対応の重層的支援構造」，4「社会に開かれたチーム学校によるいじめ対策の展開」という観点から解説します。

1　いじめをめぐる関連法規等の共通理解の重要性

　生徒指導提要 (2022) 第 4 章第 1 節「いじめ防止対策推進法等」において，「法の成立までの経緯」，「法の目的といじめの定義」，「国の基本方針の策定」，「いじめの重大事態」という項立てに基づき，「法」，「いじめの防止等のための基本的な方針」(2013)，「いじめの重大事態の調査に関するガイドライン」(2017) に関する基礎的な知識と運用上の留意点が詳しく説明されています。

法の目的といじめの定義の共通理解

2011年に発生したいじめ自殺事件を契機に成立した法について，生徒指導提

要（2022）では，「いじめ防止に社会総がかりで取り組む決意を示すと同時に，いじめが児童生徒の自浄作用や学校の教育的指導に頼るだけでは解決が難しいほどに深刻化し，制御のために法的介入が行われることになったものと捉え」，「学校におけるいじめ対応に大きな転換を迫るものである」（pp. 120-121）という認識をもつことの必要性が強調されています。

　さらに，法の第1条⁽¹⁾を踏まえて，法の目的は「児童等の尊厳を保持するため，（中略）いじめの防止等のための対策を総合的かつ効果的に推進すること」にあるとした上で，「いじめは，相手の人間性とその尊厳を踏みにじる『人権侵害行為』であることを改めて共通認識し，人権を社会の基軸理念に据えて，社会の成熟を目指す」（p. 121）ことが究極の目標であると指摘されています。

　また，法の第2条⁽²⁾のいじめの定義については，いじめを判断する場合に，行為（何が行われたか）だけをみていても，それがいじめであるかどうか判断することはできないという発想に基づき，行為の様相から傷つきの度合をみるのではなく，子どもの傷つきから行為をみるという「いじめられている児童生徒の主観を重視した」（pp. 121-122）視点に立つことの必要性が示されています。いまだにいじめの重大性の程度を，加害行為の質や量による分類（たとえば，悪口ぐらいはよいが暴力は許せない，1回2回ならよいが度重なると駄目，等々）に従って判断する傾向がみられることに，警鐘を鳴らしていると捉えることができます。

（1）「いじめが，いじめを受けた児童等の教育を受ける権利を著しく侵害し，その心身の健全な成長及び人格の形成に重大な影響を与えるのみならず，その生命又は身体に重大な危険を生じさせるおそれがあるものであることに鑑み，児童等の尊厳を保持するため，（中略）いじめの防止等のための対策を総合的かつ効果的に推進することを目的とする。」

（2）法第2条には「この法律において『いじめ』とは，児童等に対して，当該児童等が在籍する学校に在籍している等当該児童等と一定の人的関係にある他の児童等が行う心理的又は物理的な影響を与える行為（インターネットを通じて行われるものを含む。）であって，当該行為の対象となった児童等が心身の苦痛を感じているものをいう」と規定されている。なお，法成立以前の文部科学省の問題行動等調査におけるいじめの定義は，調査開始から2005年度までは「自分より弱い者に対して一方的に，身体的・心理的な攻撃を継続的に加え，相手が深刻な苦痛を感じているもの」，2006年度から2013年度までは，「当該児童生徒が，一定の人間関係のある者から，心理的，物理的な攻撃を受けたことにより，精神的な苦痛を感じているもの」とされていた。

　したがって，教職員には，あくまでもいじめを受けている側に視点を置き，いじめが関係性への攻撃であることを考慮しながら，被害者固有の傷つきを感じ取ろうとする姿勢と認知することができる感度の高さが求められることになります。法の広範ないじめの定義は，リスクマネジメントのためにあるということを教職員間で共通理解し，「たとえ空振りであってもよい」という前提に立って，どのようないじめ（いじめにつながるもの）も見逃さず，気付いたら情報共有を怠らないという意識を絶えず確認していくことが大切です。

国の「いじめの防止等のための基本的な方針」の改訂の内容

　文部科学省の有識者会議である「いじめ防止対策協議会」による「いじめ防止対策推進法の施行状況に関する議論のとりまとめ」に基づいて，2017年に国の基本方針の最終改訂が行われ，学校のいじめ対応における基本的なあり方が示されました。生徒指導提要（2022）においては，学校が取り組むべき重点事項として，次の5点が挙げられています（pp. 122-123）。

(1)けんかやふざけ合いであっても，見えないところで被害が発生している場合もあることから，丁寧に調査した上でいじめに当たるか否かを判断する。

(2)いじめは，単に謝罪をもって安易に「解消」とすることはできない。

(3)いじめが解消している状態とは，①被害者に対する心理的または物理的な影響を与える行為がやんでいる状態が相当の期間（3か月を目安とする）継続している，②被害者が心身の苦痛を受けていない（被害者本人や保護者への面談等で心身の苦痛を感じていないかどうか確認する），という2つの要件が満たされていることを指す。

(4)教職員がいじめに関する情報を抱え込み，学校のいじめ対策組織に報告を行わないことは法の規定（第23条第1項）に違反しうることから，教職員[3]

（3）　法第23条第1項において，「学校の教職員，地方公共団体の職員その他の児童等からの相談に応じる者及び児童等の保護者は，児童等からいじめに係る相談を受けた場合において，いじめの事実があると思われるときは，いじめを受けたと思われる児童等が在籍する学校への通報その他の適切な措置をとるものとする」と規定されている。

　　　間での情報共有を徹底する。

(5)学校は，いじめ防止の取組み内容を基本方針やホームページなどで公開す
　　ることに加え，児童生徒や保護者に対して年度当初や入学時に必ず説明す
　　る。

法成立以降のいじめをめぐる状況と課題：後を絶たない重大事態

　「令和3年度児童生徒の問題行動・不登校等生徒指導上の諸課題に関する調
査」（文部科学省，2022）によれば，2021年度のいじめの認知件数は，小・中・
高校を合わせると615,351件（1,000人当たり47.7件）に上り，全学校中79.9%
の29,210校がいじめを認知したと報告されています。この数字は，いじめの深
刻な状況が続いていることを示していますが，その一方で，どのようないじめ
も見逃さないという意識が教職員間に浸透してきた結果として評価することが
できます。いじめは，どの学校，どの学級においても起こり得るという認識を
共有した上で，掘り起こしによって件数が増えることは，教職員の感性と学校
の組織的教育力が向上したことの現れとみるべきです。いじめ防止において重
要なことは，認知し，解消することであり，目指すべきは，「いじめゼロ」で
はなく，「いじめ見逃しゼロ」であるといえます。

　問題なのは，2021年度のいじめの重大事態が705件（うち，いじめにより生命，
心身または財産に重大な被害が生じた疑いのある事案は349件）と，調査が始まっ
た2013年度の179件に比べて4倍近くに増加しており，いじめを背景とする自
殺等の深刻な事態の発生が後を絶たないことです（図4-1）。

　総務省行政評価局は，公表された66件の重大事態に関する第三者委員会等の
調査報告書をもとに事案を分析し，2018年3月に『いじめ防止対策の推進に関
する調査結果報告書』を発表しています。

　この報告書によれば，いじめの重大事態を引き起こした要因として，①「組
織的対応に係る課題」（担任に全て任せ，学校として組織的対応せず等）（63.6%），
②「学校内の情報共有に係る課題」（担任が他の教職員と情報共有せず等）
（60.6%），③「いじめの認知等に係る課題」（定義を限定解釈し，いじめを見過ご

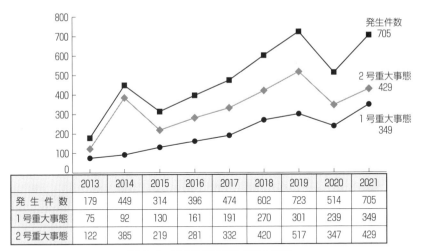

	2013	2014	2015	2016	2017	2018	2019	2020	2021
発 生 件 数	179	449	314	396	474	602	723	514	705
1 号重大事態	75	92	130	161	191	270	301	239	349
2 号重大事態	122	385	219	281	332	420	517	347	429

図 4 - 1　　重大事態の発生件数の推移

注：第 1 号「いじめにより当該学校に在籍する児童等の生命，心身又は財産に重大な被害が生じた疑いがあると認めるとき」

　　第 2 号「いじめにより当該学校に在籍する児童等が相当の期間学校を欠席することを余儀なくされている疑いがあると認めるとき」

出所：文部科学省，2022を筆者改変

す等）（56.1%），④「教員研修に係る課題」（いじめに焦点化した教員研修が未実施等）（45.5%），⑤「未然防止において学校・学級づくりが不十分であること」（45.5%），⑥「被害児童生徒側への支援や加害児童生徒側への指導が十分でないこと」（37.9%），などが指摘されています。

　したがって，生徒指導提要（2022）が指摘するように，「法の定義に則り積極的にいじめの認知を進めつつ，教職員一人一人のいじめ防止のための生徒指導力の向上を図る」とともに，次の段階として，「①各学校の『いじめ防止基本方針』の具体的展開に向けた見直しと共有，②学校内外の連携を基盤に実効的に機能する学校いじめ対策組織の構築，③事案発生後の困難課題対応的生徒指導から，全ての児童生徒を対象とする発達支持的生徒指導及び課題予防的生徒指導への転換，④いじめを生まない環境づくりと児童生徒がいじめをしない態度や能力を身に付けるような働きかけを行うこと」（p.120）が，学校に求められています。

　なお，生徒指導提要（2022）では，2017年に定められた「いじめの重大事態の調査に関するガイドライン」に基づき，背景調査の目的が「『公平性・中立性』を確保し，被害児童生徒・保護者の『何があったのかを知りたいという切実な思い』を理解した上で，いじめの事実の全容を解明することと，学校・教育委員会等の対応を検証して同種の事案の『再発防止』につなげること」（pp. 123-124）にあると明示されており，重大事態の捉え方，重大事態の認知後の手続き等が詳細に説明されています。

［2］　実効的ないじめ防止のための組織の構築

　法第22条によって，いじめに関する問題を特定の教職員で抱え込まずに組織的に対応するために，「当該学校の複数の教職員，心理，福祉等に関する専門的な知識を有する者その他の関係者により構成されるいじめの防止等の対策のための組織を置くものとする」と規定され，「いじめ防止のための組織」を設置することが，全ての学校に義務付けられました。しかし，先述したように，組織が効果的に機能していないために重大事態が引き起こされるケースが多くみられることから，「学校内外の連携に基づくより実効的な組織体制を構築すること」（p. 125）が課題となっています。

実効的な組織体制とは
　生徒指導提要（2022）では，「学校いじめ対策組織が，いじめの未然防止，早期発見，事実確認，事案への対処等を的確に進めるためには，管理職のリー

ダーシップの下，生徒指導主事などを中心として協働的な指導・相談体制を構築することが不可欠です」(p.126) という指摘がなされています。そのためには，次のような機能を実効的に果たすことができる組織であることが求められます。

①情報が集約され，早期に問題や危機をひろいあげることができる。

②観察やアンケート等によって得られた情報を蓄積，整理し，問題状況を正確に把握することができる。

③アセスメントに基づき，対応方針を速やかに決定することができる。

④問題に応じて，学校内の援助資源，地域の社会資源を柔軟に活用することができる。

⑤錯綜する情報をまとめるキーパーソンを明確にし，チームで継続的に指導・援助することができる。

⑥問題を学校全体のこととして捉えることができる。

いじめは，見えにくくなればなるほど深刻化します。いじめが見え隠れし始めたときに，問題を特定の学級や学年，部活動等のこととしてとどめるのではなく，個々の教職員の気付きを共有して早期対応につなげられるよう，情報共有の方法やルート（たとえば，情報を伝えるのは口頭か文書か，窓口は生徒指導主事か学年主任かなど）を明確に示すことが必要です。その上で，「いじめ対策組織を起点として，教職員全員で共通理解を図り，学校全体で総合的ないじめ対策を行うことが求められます」(p.125)。なお，構成メンバーが，それぞれの役割や個性を相互に理解し，強みを生かして弱みを補い合う協力関係を日頃から築いていくことも重要です。

心理的安全性が確保された組織体制

教職員間で情報を交換し，知恵を出し合って問題に取り組んでいくためには，情報を「可視化」することが不可欠です。取組みの評価と検証のためにケース会議等の記録を残すことの必要性はいうまでもありませんが，対応のプロセスにおいて，アセスメントシートなどを活用して情報や対応方針の「見える化」

を図り，具体的な動きについてメンバー間で共通理解することが望まれます。

　また，生徒指導提要（2022）では，組織が真に機能するために，「『無知，心配性，迷惑と思われるかもしれない発言をしても，この組織なら大丈夫だ』と思える，発言することへの安心感を持てる状態（心理的安全性）をつくり出すことが不可欠です」（p.127）と指摘されています。難しいことですが，お互いの価値観や考え方，思いの違いを受け容れながら，どの立場の，どの年齢のメンバーも対等に意見やアイディアを出し合うことができる職場であることが，指導・相談体制を協働的で実効的なものとして機能させる基盤となるのではないでしょうか。

３　いじめ対応の重層的支援構造

　法第 8 条によって^{（4）}，学校および学校の教職員は，①いじめの未然防止，②早期発見，③適切かつ迅速な対処を行うことが責務であると規定されました。この「未然防止」→「早期発見」→「対処」という対応のプロセスは，生徒指導提要（2022）によって示された生徒指導の 4 層の支援構造である，「①発達支持的生徒指導，②課題未然防止教育，③課題早期発見対応，④困難課題対応的生徒指導と重なるもの」（p.128）といえます（図 4‒2 参照）。

「発達支持的生徒指導」としてのいじめ対応

　生徒指導提要（2022）では，いじめに取り組む基本姿勢は，「人権尊重の精神を貫いた教育活動を展開すること」であり，「児童生徒が人権意識を高め，共生的な社会の一員として市民性を身に付けるような働きかけを日常の教育活動を通して行うこと」（p.130）が発達支持的生徒指導としてのいじめ対応であ

（4）　法第 8 条において，「学校及び学校の教職員は，基本理念にのっとり，当該学校に在籍する児童等の保護者，地域住民，児童相談所その他の関係者との連携を図りつつ，学校全体でいじめの防止及び早期発見に取り組むとともに，当該学校に在籍する児童等がいじめを受けていると思われるときは，適切かつ迅速にこれに対処する責務を有する」と規定されている。

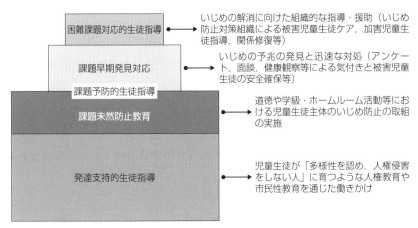

図4-2　いじめ対応の重層的支援構造

出所：生徒指導提要（2022）p.129，図9

ると指摘されています。

　具体的には，「児童生徒が，『自分の大切さとともに他の人の大切さを認めること』ができる人権感覚を身に付ける」（p.130）ことができるような教育活動を児童生徒主体で展開することが求められます。すでに多くの学校で，児童生徒がお互いのよさを見つけ合う活動（「いいとこ探し」）や，教職員が児童生徒の望ましい行動を認め称賛して強化するような取組み（PBIS）[5]が行われています。それらを，児童生徒の成長発達を支える生徒指導という観点を意識して，全校的な取組みとして，年間計画に位置付けて実施することが必要です。さらに，よさとは何か，望ましい行動とは何か，ということを児童生徒自身が議論して目標を定め，ポスターや標語などにより可視化した上で，取組みの意味や方向性を，児童生徒と教職員，できれば保護者や地域の人々と共有することが望まれます。

　また，生徒指導提要（2022）では，児童生徒が「市民性」を身に付けるため

（5）　子どもの望ましくない行動を叱って減らすより，望ましい行動を認め称賛することを強化し増やしていく，というアメリカを中心に実践されている取組みで「肯定的行動介入と支援」と訳される。発達支持的生徒指導と通じる考え方に立つ活動といえる。

の取組みとして，「発達段階に応じた法教育を通じて，『誰もが法によって守られている』，『法を守ることによって社会の安全が保たれる』という意識を高めるとともに，学校に市民社会のルールを持ち込むことも必要です」（p.130）と，法教育の重要性が指摘されています。児童生徒主体で校則の見直しを行うことも，自ら参画してルールをつくり，それを守るという姿勢を体験的に学ぶという意味で効果的な取組みといえます。その際，「児童生徒のみならず，教職員も保護者も，学校に関係する地域の人々も，市民社会のルールを尊重する」（p.130）姿勢をもつことが求められます。

「課題予防的生徒指導：課題未然防止教育」としてのいじめ対応

　いじめに対する課題未然防止教育においては，「児童生徒がいじめに向かわない態度・能力を身に付けるためにどう働きかけるのか」，「いじめを生まない環境づくりをどう進めるのか」（p.132）ということが課題として挙げられています。その課題に応えるために，生徒指導提要（2022）では，「いじめが生まれる構造といじめの加害者の心理を明らかにした上で，全ての児童生徒が『いじめをしない』態度や力を身に付けるような働きかけを，生徒指導はもとより，各教科での学習，道徳科や特別活動，体験学習などを通じて継続的に行うことが大切です」（p.132）と指摘されています。

　具体的には，「道徳科や学級・ホームルーム活動などの時間に，実際の事例や動画などを教材に児童生徒同士で検討したり，いじめ場面のロールプレイを行ったりするなど，体験的な学びの機会を用意する」（p.132）ことが求められます。そうすることで，「児童生徒がいじめの問題を自分のこととして捉え，考え，議論することにより，いじめに対して正面から向き合うことができる」（p.132）ようになると考えられます。

　また，いじめの加害者の心の深層には，不安や葛藤，劣等感，欲求不満など

（6）「いじめられたとき」，「シンキングエラー」，「いじめをなくそう」，「ともだちづきあい」の4つのシリーズから構成されるいじめに対する理解を促す動画教材（文部科学省）の活用等が考えられる。

が潜んでいることが少なくありません。したがって，いじめの加害者に対して，行為を糾弾し処罰するというだけの対応では，加害者をいじめに向かわせる根本の原因は持ち越されたままであるため，いじめの真の解決にはつながりません。いじめをしてしまう加害者の心の不安や葛藤，ストレスなどを十分に理解した上で，いじめるという行為の意味を心底から理解させることが必要となります。そのような視点から子どもの生活をみることは，対応の方向性への示唆を得るだけでなく，いじめの未然防止に向けた取組みの手がかりを得ることにもつながると思われます。誰もが加害者になるかもしれないという視点に立って，全ての児童生徒を対象に，「自分の感情に気付き適切に表現することについて学んだり，自己理解や他者理解を促進したりする心理教育の視点を取り入れたいじめ防止の取組を行う」(p. 133) ことも課題未然防止教育として重要です。

「課題予防的生徒指導：課題早期発見対応」としてのいじめ対応

　日本のいじめは，外から見えにくいコミュニケーションを使った心理的ないじめが多く，また，同じ学級に加害者と被害者が同居したり入れ替わったりする点に特徴があります。そのため，いじめの存在に気付くことができなかったり，担任の抱え込みから事態が深刻化してしまったりするケースもみられます。

　予兆の段階，もしくは早期にいじめに気付くには，「表面的な言動だけを見るのではなく，その背後にどのような感情があるのかに思いを馳せ」(p. 134)，笑顔の奥に隠された絶望を見抜き，声にならない心の叫びに耳を傾ける必要があります。そのためには，「児童生徒の表情や学級・ホームルームの雰囲気から違和感に気付き，いじめの兆候を察知しようとする姿勢」(pp. 134-135) が求められます。また，いじめの疑いを抱いたときには，過小評価しないことが大切です。さらに，最近では，LINE や Twitter，Instagram などの「SNS を介したインターネット上の誹謗中傷，仲間外しなど，表に出にくく，学校だけでは認知することが難しいケース」(p. 135) も増えています。そのため，多角的な視点からいじめの発見を可能にする体制を構築して学校全体でいじめに気付く努力を進めることはもとより，必要に応じて関係機関と連携を取りながら

対処することが求められます。

　生徒指導提要（2022）では，主ないじめ発見のルートとして，「・アンケート調査・本人からの訴え・当該保護者からの訴え・担任による発見など」（p.135）が挙げられています。さらに，校内を見回り，落書きや捨てられた物を見つけるといった足でかせぐ情報収集，面談を行って先生に相談したいという気持ちを生み出す教育相談活動も重要です。いじめアンケートや教育相談の機会を増やしたり，ちょっとした機会を捉えて小まめに声をかけたりして，児童が「困った，助けて」と言える雰囲気と，「困った」をしっかり受け止めることができる体制を学校の中に築くことが大切です。

「困難課題対応的生徒指導」としてのいじめ対応

　生徒指導提要（2022）では，いじめの問題が複雑化し，対応が難しくなりがちな状況として，「①周りからは仲がよいと見られるグループ内でのいじめ，②閉鎖的な部活動内でのいじめ，③被害と加害が錯綜しているケース，④教職員等が，被害児童生徒側にも問題があるとみてしまうケース，⑤いじめの起きた学級・ホームルームが学級崩壊的状況にある場合，⑥いじめが集団化し孤立状況にある（と被害児童生徒が捉えている場合も含む。）ケース，⑦学校として特に配慮が必要な児童生徒が関わるケース，⑧学校と関係する児童生徒の保護者との間に不信感が生まれてしまったケース」（p.137）が挙げられています。

　このようなケースについては，重大事態化させないために，早い段階でSCやSSW等を交えたケース会議で丁寧なアセスメントを行い，多角的な視点から組織的対応を進めることが求められます。ケース会議は，「①アセスメント（いじめの背景にある人間関係，被害児童生徒の心身の傷つきの程度，加害行為の背景，加害児童生徒の抱える課題等）を行い，②アセスメントに基づいて，被害児

（7）　「いじめの防止等のための基本的な方針」において，発達障害を含む，障害のある児童生徒，海外から帰国した児童生徒や外国人の児童生徒，性同一性障害や性的指向・性自認に係る児童生徒，東日本大震災により被災した児童生徒等，特に配慮が必要な児童生徒については，日常的に，当該児童生徒の特性を踏まえた支援を行うこと等の必要性が示されている。

童生徒への援助方針及び加害児童生徒への指導方針，周囲の児童生徒への働きかけの方針についてのプランニングを行います。ケース会議後に，③被害児童生徒及び保護者に対して，確認された事実，指導・援助方針等について説明し，同意を得た上で，④指導・援助プランを実施し，さらに，⑤モニタリング（3か月を目途に，丁寧な見守り，被害児童生徒及び保護者への経過報告と心理的状態の把握等）を行う」（pp.137-138），という流れになります。また，いじめが認知された後の対応として，「⑥教育委員会等への報告，及び⑦情報の整理と管理，ケース会議等の記録の作成と保管を行う」（p.138）ことも不可欠です。

［4］　社会に開かれたチーム学校による　いじめ対策の展開

　生徒指導提要（2022）では，保護者との連携においては，特に加害者の保護者との連携の必要性が強調されています。被害者の保護者との連携はもとより重要ですが，加害者の保護者との連携を図ることが，今後ますますいじめの解消と再発防止において重要になると考えられます。

　また，社会総がかりでのいじめの防止を目指す上で，「学校だけで抱え込まずに，地域の力を借り，医療，福祉，司法などの関係機関とつながること」（p.138），そのために日頃から「顔の見える関係」をつくっておくことの重要性が指摘されています。

保護者との連携に基づく加害者の成長支援に向けた指導の必要性

　法第23条第3項においては，学校のいじめへの対処について，「いじめをやめさせ，及びその再発を防止するため，（中略）いじめを行った児童等に対する指導又はその保護者に対する助言を継続的に行うものとする」と規定され，被害者が傷ついていること等を加害者に認識させ，十分な反省を促すとともに，その保護者にもいじめの事実を正確に説明し，保護者も学校と協力して加害者を指導することが求められています。

　しかし，文部科学省（2022）の問題行動調査によれば，「いじめを行った児

童生徒への対応」で，「保護者への報告」を行った件数が5割を下回っています。いじめの事実や内容が，いじめを行った児童生徒の保護者に伝わっていないとすれば，いじめの解決や再発防止が進まないことは想像に難くありません。生徒指導提要（2022）では，「成長支援という視点を持ちながら加害者を指導すること」，および「被害者の保護者はもとより加害者の保護者との連携を図ること」（p. 140）の重要性が強調されています。

　いじめの問題を考えるとき，知識として理解するだけでなく，行動レベルで「いじめはしない」という感覚を，家庭や学校での日常生活の中で身に付けることが重要であると思われます。したがって，加害者への指導に当たっては，その行為に対する毅然とした指導の必要性はいうまでもありませんが，現象面に対する指導だけではなく，児童生徒の環境や生育歴等の背景も含めた理解を行うことが重要です。そこで見いだされた課題に対して，関係者で協議し，加害者本人や取り巻く環境，さらには「個人と環境との関係」にも働きかけることが求められます。そのためには，学校がSCやSSWなどの専門家とチームとして協働し，学校と家庭，地域および関係機関が共通の目標をもって，連携していじめ防止に取り組むことが不可欠です。

学校いじめ防止基本方針や法の共有化

　学校のいじめ防止の取組みを地域社会と一体となって進めていく上で，学校いじめ防止基本方針を児童生徒はもとより，保護者や地域の人々と共有することが重要です。

　学校基本方針は，現在，全ての学校において策定されています。しかし，法によって義務付けられている見直しが，十分とはいえない状況もみられます。学校基本方針は文字通りの方針というよりも，行動計画に近いもので，「いじ

め防止の観点から学校が児童生徒をどのように育てようとしているのか」，「個々の教職員は，自分が何をすべきなのか」，「保護者や地域の人々や関係機関は，どのように協力すればよいのか」ということがわかる内容を含むものでなければなりません。また，学校のホームページなどで公開し，外部に発信していくことが求められ，学校が自らを「ソトに開く」ことが要請されています。

　したがって，各学校が，毎年，自校のいじめ防止の取組みを振り返り，児童生徒の声を聞き，保護者の意見にも耳を傾け，地域や関係機関と連携を図りながら，いじめに限らず，生徒指導における自らのありようを問い直す姿勢が求められます。そうすることは，学校基本方針を教職員間のみならず，児童生徒，保護者，地域の人々，関係機関等と共有するために，またとない機会になるはずです。学級・ホームルーム活動の時間などに，担任と児童生徒で自校の基本方針を読み合わせる時間をつくったり，保護者会で教職員と保護者で協議する時間を設けたりすれば，見直しと共有化を同時に図ることが可能になります。

　また，各地で，子どもと大人が一堂に会していじめ問題について話し合う「市民（区民，町民，村民）フォーラム」等の取組みが進められています。そのときに法や「地方いじめ防止基本方針」等を取り上げて，その意味や課題について議論することも考えられます。児童生徒，教職員，保護者，地域の人々，関係機関が，いじめをめぐってオープンな対話をすることを通して相互に学び合いながら，新たないじめ防止の方向性を見いだしたり，実践をつくりだしたりすることにより，学校が地域に開かれた「学習する組織」（センゲ，2011）[8]となっていくのではないでしょうか。

（8）　ピーター・M・センゲによれば，「学習する組織」とは，「目的を達成する能力を効果的に伸ばし続ける組織であり，その目的は皆が望む未来の創造である。学習する組織には唯一完全の姿があるわけではない。むしろ，変化の激しい環境下で，さまざまな衝撃に耐え，復元するしなやかさをもつとともに，環境変化に適応し，学習し，自らをデザインして進化し続ける組織」である。生徒指導提要（2022）においても，チーム学校としての生徒指導体制を築く上で「個人の職能開発だけでなく，学校が継続的に自らの組織を改善していくためには，学校が『学習する組織』へと変容していくことが求められます」（p. 78）と指摘されている。

引用・参考文献

新井肇（2021）「いじめ防止の現状と今後の対策の方向性」『季刊教育法』第210号,
　pp. 16-23

新井肇（2022a）「コロナ禍におけるいじめの状況と対応の方向性」『生徒指導学研究』
　第20号, pp. 16-21

新井肇（2022b）「いじめが疑われる段階でどう対応すればよいか」『教職研修』通巻
　594号, pp. 23-25

総務省行政評価局（2018）『いじめ防止対策の推進に関する調査結果報告書』

Peter M. Senge（2006）*The Fifth Discipline—The Art & Practice of the Learning
　Organization*, The Crown Publishing Group（ピーター・M・センゲ, 枝廣淳子・
　小田理一郎・中小路佳代子訳（2011）『学習する組織——システム思考で未来を創
　造する』英治出版）

文部科学省（2010）『生徒指導提要』教育図書

文部科学省（2013）「いじめの防止等のための基本的な方針」

文部科学省（2022）「令和3年度児童生徒の問題行動・不登校等生徒指導上の諸課題
　に関する調査」

第5章

暴力行為

　暴力行為とは，「児童生徒の問題行動・不登校等生徒指導上の諸課題に関する調査」（文部科学省）では，「自校の児童生徒が，故意に有形力（目に見える物理的な力）を加える行為」と定義しています。また，暴力行為の対象により「対教師暴力・生徒間暴力・対人暴力・器物損壊」の4つの形態に分類しています。

　本章は，暴力行為に関する生徒指導の重層的支援構造（①防止につながる発達支持的生徒指導，②未然防止教育，③前兆行動の早期発見・早期対応，④発生した場合の対応）を踏まえて，全校的な指導体制の一層の充実を図るとともに，家庭・地域社会等の協力を得た地域ぐるみの取組みや関係機関との連携を推進することの大切さを説明しています。

1　暴力行為に関する対応指針等

暴力行為に関する生徒指導上の留意点

　暴力行為に関する対応の指針を文部科学省の報告書を踏まえて，次のように示しています。

　文部科学省は，「暴力行為が発生する学校」を「落ち着いた学習環境」に改善するための生徒指導上の基本的考え方を，「暴力行為のない学校づくりについて（報告書）」(2011)で示しています。具体的には，学校における指導体制のあり方や，生徒指導主事や学級・ホームルーム担任の果たす役割について整理しています。

　また，報告書では，暴力行為に関する生徒指導上の留意点について，「未然

防止」,「早期発見・早期対応」,「課題解決」の３つの観点から整理しています。
具体的には，次の通りです。

　　○「未然防止」の観点

　　　・校内指導体制の指導方針や指導マニュアル等の見直し

　　　・正義感や公正さなどをテーマに取り入れた道徳教育の充実などの発達支
　　　　持的な取組み

　　○「早期発見・早期対応」の観点

　　　・日常の学校生活における児童生徒の観察（児童生徒の発するSOSへの気
　　　　付きなど）

　　　・教職員間の情報交換などの課題予防的な取組み

　　○「課題解決」の観点

　　　・保護者，地域，関係機関等との連携

　　　・出席停止の措置を講ずることの検討などの困難課題対応的生徒指導の具
　　　　体的な留意点

　このように，暴力行為に関する生徒指導上の留意点については，**生徒指導の
構造**(1)を踏まえて，発達支持的生徒指導（「未然防止」の観点），課題予防的生徒
指導（「早期発見・早期対応」の観点），困難課題対応的生徒指導（「課題解決」の
観点）から整理されていることがポイントです。

児童生徒が安心して学べる環境の確保

　児童生徒が安心して学べる環境を確保するために，文部科学省の通知を踏ま
えて，次のように説明しています。

　暴力行為の状況について「問題行動を起こす児童生徒に対する指導について
（通知）」(2007)では，対教員，生徒間暴力行為，施設設備の毀損や破壊行為に
加え，授業妨害等もみられるとしています。

　また，「学校の秩序を破壊し，他の児童生徒の学習を妨げる暴力行為に対し

（1）　生徒指導提要（2022）第1章1.2.1に示された「2軸3類4層構造」を意味する。

ては，児童生徒が安心して学べる環境を確保するため，適切な措置を講じることが必要」とし，十分な教育的配慮の下で**出席停止**や懲戒等，毅然とした対応を行うことの必要性を指摘しています。

　出席停止制度の活用については，次のように説明しています（p. 143）。

・出席停止は，懲戒行為ではなく，学校の秩序を維持し，他の児童生徒の教育を受ける権利を保障する措置であることを理解した上で指導等を行うこと。

・学校が指導を継続しても改善がみられず，正常な教育環境を回復するために必要な場合には，市町村教育委員会は，出席停止制度の措置を検討すること。

・学校は，出席停止措置の対象となった児童生徒が学校へ円滑に復帰できるよう努めること。その際，市町村教育委員会，都道府県教育委員会，関係機関（警察，児童相談所，保護司，民生・児童委員等）の協力も有効であること。

　また，「出席停止制度の運用の在り方について（通知）」についても紹介しています。

（2）　出席停止とは，学校教育法の第35条第1項に定められた取り扱いを指す。「市町村の教育委員会は，次に掲げる行為の一又は二以上を繰り返し行う等性行不良であつて他の児童の教育に妨げがあると認める児童があるときは，その保護者に対して，児童の出席停止を命ずることができる。
　　　一　他の児童に傷害，心身の苦痛又は財産上の損失を与える行為
　　　二　職員に傷害又は心身の苦痛を与える行為
　　　三　施設又は設備を損壊する行為
　　　四　授業その他の教育活動の実施を妨げる行為」
　　　http://www.city.ritto.lg.jp/reiki/reiki_honbun/k010RG00000679.html（2022年12月10日アクセス）
（3）　「出席停止制度の運用の在り方について（通知）」（2001）
　　　https://www.mext.go.jp/a_menu/shotou/seitoshidou/04121502/013.htm（2022年12月10日アクセス）

2 学校の組織体制と計画

全校的な指導体制の必要性

暴力行為の対応では，全校的な指導体制の構築と年間指導計画に基づき，研修や日々の打合せで教職員が指導方法や考え方を共有することが必要であることを，次のように述べています（p. 143）。

- ・児童生徒の起こす暴力行為の背景（その児童生徒を取り巻く家庭，学校，社会環境などの様々な要因）を多面的かつ客観的に理解した上で指導を行わなければならないこと。
- ・児童生徒の自己指導能力を育て，児童生徒が自らの行為を反省し，以後同様な行為を繰り返さないような視点に立った働きかけを行うこと。

このような発達支持的生徒指導を進めていくためには，学校全体で育成を目指す児童生徒像や指導の考え方を共有し，関係機関との適切な連携の下，全校的な指導体制を構築することが必要です。

また，暴力行為の改善を目指す指導や援助を効果的に行うために，次のことが必要であるとしています（pp. 143-144）。

- ・暴力行為等を起こした児童生徒への指導目標を描き，それを全教職員が共通に認識するとともに，校長を中心に教職員で活発な議論を行い，指導目標を設定していくこと。
- ・指導目標が定まったら，アセスメントを実施し，指導方針，指導基準を明確にするとともに，しっかりと文書化して全教職員への周知を徹底すること。

なお，方針や基準を検討する段階から，学校運営協議会や関係機関等と連携し，それらの意見を求めることも大切であることが追記されています。

指導体制の確立という言葉の意味

指導体制の確立という言葉には，以下の①～③のように多様な意味がありま

す（p. 144）。

①対処すべき問題行動が発生した場合に，事案の重大性や性質を検討し，既
存の生徒指導部で足りるか，あるいは，より拡大したプロジェクトチーム
をつくるかという検討を経るなどして，対応のための組織や教職員個々の
役割を決めておくこと。

②暴力行為があった場合，同じ階の教員はすぐに現場に駆け付け複数で対応
し，暴力行為発生後の対策メンバーは，校長，副校長，教頭，生徒指導主
事，学年主任，当該児童の担任，養護教諭，SC，SSW 等で，その日のう
ちに会議を開くなど，全教職員が共通理解できるよう，年度当初に対応の
基本を準備することやそれをマニュアル化したものを作成すること。

③校内の生徒指導の方針や基準を定め，年間指導計画に基づき，研修や日々
の打合せで教職員が指導方法や考え方を共有することで維持される教職員
の指導に対する体制（校内連携型支援チーム）を整備すること。

生徒指導主事のリーダーシップ

また，校長の方針等を踏まえ，次のような生徒指導主事のリーダーシップに
基づく取組みを進めることにより，校内に指導体制を確立することが望まれま
す（pp. 144-145）。

・年間指導計画の立案・推進
・生徒指導部会の定期的開催および校内の教職員との連絡・調整
・生徒指導に関する研修の推進
・学級・ホームルーム担任への支援
・児童生徒の個別の指導資料の作成・保管
・関係機関等との連絡・調整および緊急事態への対応

指導体制の構築に当たっては，次のことが説明されています（p. 145）。

・暴力行為の原因に応じて，SC や SSW，スクールサポーターなどの専門ス
タッフと連携した多面的な指導体制が求められる。
・出席停止制度の措置を検討する際には教育委員会と連携する。

教育効果を高めるためには，体制や取組みを不断に見直し，改善することの大切さを，次のように説明しています（p. 145）。

・見直しを行うためには，教職員が行う内部評価に加え，児童生徒や保護者，学校運営協議会委員をはじめとする地域住民，関係機関など，多様な意見を取り入れた評価を行う。

・適正で改善に効果を上げる評価を得るためには，家庭や地域，関係機関等へのきめ細かな情報提供が必要である。

3　暴力行為に関する生徒指導の重層的支援構造

暴力行為に関する生徒指導上の留意点については，生徒指導の構造を踏まえて整理がされていますが，改めて暴力行為に関する生徒指導の重層的支援構造が示されています。

２軸３類４層構造

暴力行為に関する生徒指導の重層的支援構造について確認をする前に，**生徒指導の構造**について確認をします。

生徒指導提要（2022）では，生徒指導の構造をこれまでの３層構造（未然防止・初期対応・事後対応）から，新たに２軸３類４層構造に発展させていることが大きな特徴です（図5-1参照）。

軸は課題の有無により２つに分けることができます。

軸１は，課題が見られない状況の中で全ての児童生徒を対象に行う生徒指導のことで，層１の発達支持的生徒指導と層２の課題未然防止教育が当てはまります。層１と層２の違いは，課題を起こりにくくするということを視野に入れているかどうかです。具体的には，成長を促す充実した教育活動を行うことで，結果的に問題が起こりにくくなること（発達支持的生徒指導）と，〈○○の問題〉が起こる前に予防的な働きかけをすること（課題未然防止教育）です。

軸２は，課題の兆候が見られたり，深刻な課題を抱える児童生徒を対象に行

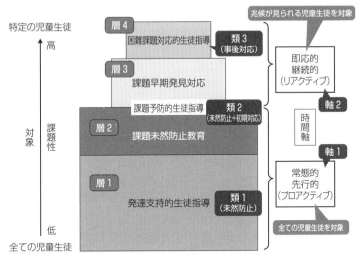

図5-1　2軸3類4層構造

出所：生徒指導提要（2022）p. 19, 図2を基に筆者作成

ったりする事後対応型の生徒指導のことであり，層3の課題早期発見対応と層4の困難課題対応的生徒指導が当てはまります。層3と層4の違いは課題の程度です。具体的には，初期状態での指導・援助を行うこと（課題早期発見対応）と，深刻な課題を抱える児童生徒への継続的な指導・援助を行うこと（困難課題対応的生徒指導）です。

　それでは，生徒指導提要（2022）で示している暴力行為に関する生徒指導の重層的支援構造について確認をしてみましょう。暴力行為に関する生徒指導の重層的支援構は図5-2に示した通りです。

　層1の発達支持的生徒指導は，児童生徒が「他者を思いやり，傷つけない人」に育つことを意識した，校内の雰囲気づくりや働きかけなどを日常の教育活動を通じて行うものと説明しています。

　層2の課題未然防止教育は，暴力防止などをテーマとする教育を行うものと説明しています。

　層3の課題早期発見対応は，暴力行為の前兆行動ともいえる粗暴な発言や振る舞い，まだ暴力を伴わないいじめなどについて，早期に発見し対応するもの

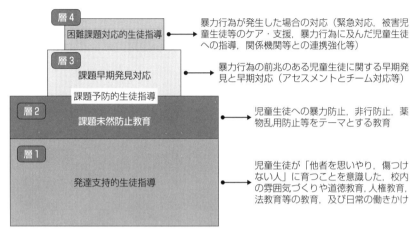

図 5-2　暴力行為に関する生徒指導の重層的支援構造

出所：生徒指導提要（2022）p. 146，図10を筆者改変

と説明しています。

　層 4 の困難課題対応的生徒指導は，暴力行為が発生した場合に，緊急対応，暴力行為の被害を受けた児童生徒等のケアと回復支援，暴力行為に及んだ児童生徒への指導等について，関係機関・団体や関係者との連携を強化し対応することと説明しています。

　生徒指導提要（2022）では，上記の層 1，層 2，層 3，層 4 における生徒指導について詳細な説明をしていますが，本章では以下に要約します。

暴力行為の防止につながる発達支持的生徒指導（層 1）

（1）安全・安心でお互いを尊重し合う校内の雰囲気づくり

　暴力行為に関する生徒指導を行う前提として大切なのは，模倣されるような暴力行為のない，暴力行為を許容しない雰囲気づくりです。教職員が体罰をしないことはもとより，児童生徒の暴力行為については，警察等の関係機関と連携した対応をためらわないことを学校方針として明確にし，その方針を家庭や地域とも共有する必要があります。その際，指導方針が，児童生徒を排除するためのものではなく，安全で安心な学びの場を確保するためのものであること

を丁寧に説明することです。並行して，お互いを理解し，尊重し合える温かな学校の雰囲気づくりに努めていくことも大切です。

（2）暴力行為をしない人に育つことを意識した働きかけ

児童生徒が暴力行為をしない人に育つ上で重要なのは，人への思いやり，助け合いの心，コミュニケーションの力を育む教育や日頃の働きかけです。その理由は，暴力の背景には人の痛みを想像できないこと，「自分さえよければそれでよい」という自己中心的な考え方が強いこと，自分の気持ちをうまく表現できずに衝動的な行動をとってしまうことなどの問題があると考えられるからです。特にコミュニケーション力を身に付けることで，他人に配慮しながらも自分の言いたいことを伝えられるようになり，ストレスをためず，怒りをコントロールできるようになることが期待されます。具体的には，道徳教育，人権教育，法教育，情報モラル教育などや，コミュニケーション力の向上につながる日々の挨拶，声かけ，対話などが重要です。

暴力行為の未然防止教育（層2）

暴力行為の未然防止をねらいとする教育としては，道徳科や特別活動などの時間と関連を図り，教職員が，暴力や非行をテーマとした授業を行う，外部講師を招いて，暴力防止，非行防止などに関する講話を行ってもらうことなどが考えられます。その際に，児童生徒に伝えたい重要な点を表5-1に示しました。

暴力行為や正当な理由もなく刃物を携帯する行為は原則として非行に当たり，警察による捜査・調査，児童相談所による措置，家庭裁判所による処分などの対象になる可能性があります。暴力行為や刃物携帯行為を軽く考えて，「こんなことになるとは思わなかった」と後悔することのないよう，児童生徒には，自分の行動がどのような結果につながるのかを伝えておく必要があります。

また，暴力行為が，それを受けた人にどのような影響を与えるのかを児童生徒に理解を促すことも重要です。暴力を受けた人は，身体の痛みとともに，恐怖感，屈辱感，絶望感，無力感など様々な感情を抱くこととなります。それら

表5-1　暴力行為・刃物携帯行為と非行

行　為	非行名（罰則）
暴力をふるって人にケガをさせた。 暴力をふるったが，相手はケガをしなかった。 暴力によって物を壊した。 刃物を携帯した。	傷害罪（刑法第204条） 暴行罪（刑法第208条） 器物損壊罪（刑法第261条） 鉄砲剣類所持等取締法（第22条）違反 軽犯罪法（第1条2号）違反

出所：生徒指導提要（2022）p. 147. 表1を筆者改変

の感情は生涯にわたってその人を苦しめ続けるかもしれません。たとえ身体の傷は癒えたとしても，暴力を受けたことが心の傷となり，繰り返しその人を苦しめ，対人不信や社会不適応に陥らせてしまうことがあります。

　以上のことを意識しつつ，様々な機会を捉えて，暴力行為を未然に防止するための教育に取り組む必要があります。

暴力行為の前兆行動の早期発見・早期対応（層3）

　暴力行為の前兆行動としては，粗暴な言葉，相手を殴るような素振りや壊れない程度に物を蹴るといった振る舞い，まだ暴力を伴わないいじめといったものが考えられます。児童生徒の前兆行動を早期に発見し対応することが，暴力防止において重要です。

　児童生徒の行動や学校，学級・ホームルーム全体の雰囲気を注意深く観察することに加えて，早期発見・早期対応のために必要なのは，アセスメントの充実です。アセスメントにおいては，児童生徒について，発達面はもちろん，学習面，進路面，健康面，心理面，社会面（交友面），家庭面などを多面的にみていきます。たとえば，

- 学習面の遅れや進路の悩みが本人のストレスや自棄的な感情につながっていないか
- 飲酒や薬物乱用などの問題がみられないか
- 自己中心的な偏った考え方に陥っていないか
- 学校や地域における交友関係のトラブルやいじめ等の問題がないか

・家庭における大きなストレスや被虐待の問題がないか

・発達障害等の障害を背景とした二次的な問題が起こっていないか

このような側面からアセスメントを試みる必要があります。教職員一人でアセスメントを行うには限界があるため，SC や SSW などと連携しチームで対応することが大切です。早期対応に当たって重要なのは，先入観や偏見をもたずに真摯に児童生徒の話を聴こうとする態度です。このことが，本人の気持ちを落ち着かせ，本来の力を取り戻すとともに，これまで粗暴な言動としてしか表せなかった SOS の表現を適切な仕方へと転換できるようになる場合もあります。

児童生徒の話をよく聴いた上で，介入が必要と認められる場合には，学習支援や進路指導の強化，保護者への働きかけ，児童生徒間の関係の調整，関係機関への相談，医療や福祉へのつなぎなど，チーム学校として指導・援助を行います。特に，保護者との協力は重要です。協力を得ることが難しい場合もありますが，状況を正確に説明し，理解を得てともに指導・援助に当たることができれば，早期対応をより効果的に行うことが可能となります。

暴力行為が発生した場合の対応（層４）

暴力行為が発生した場合，第一に暴力行為の被害を受けた児童生徒等の手当てと周囲の児童生徒等の安全確保を行う必要があります。状況によっては救急や警察にすぐに通報しなければなりません。

暴力行為に及んだ児童生徒が興奮していて，他の児童生徒等にさらに危害を加えそうな場合には，他の児童生徒等を安全な場所に避難させることが必要です。

たとえ緊急対応を要しない場合であっても，暴力行為が認められた場合には，対応について早急に校長等の管理職の指示を仰ぐ必要があります。保健室での手当て，暴力行為に及んだ児童生徒，被害を受けた児童生徒等，目撃した児童生徒等からの聴き取り，関係する保護者への連絡，暴力行為の現場の保全と記録なども行わなければなりません。

　また，警察との相談の結果，捜査・調査が開始されたとしても，それで学校の対応が終わるわけではなく，被害を受けた児童生徒等のケア，暴力行為に及んだ児童生徒への指導，他の児童生徒等への配慮，保護者への対応などを行う必要があります。その際，教職員だけでなく，関係機関等の力を借りながら対応を進めることが有効です。また，暴力行為はいじめに該当する場合も多いので，いじめ事案として対応することも必要になります。

　なお，事実関係の把握に当たっては，暴力行為が一方的なものであったのか，双方向のものであったのかについても留意を要します。また，過去に起こった暴力行為が年月を経て浮かび上がってきた場合も，学校として可能な限りの対応を行うことが求められます。

［4］　関係機関等との連携体制

　生徒指導提要（2022）では，暴力行為に関する生徒指導を行う上での関係機関等との連携についても，生徒指導の重層的支援構造（発達支持，未然防止，早期発見・早期対応，発生した暴力行為への対応）を踏まえて，それぞれの層における連携の留意点等を説明しています。

発達支持的生徒指導や未然防止教育における連携

　児童生徒が暴力行為をしない人に育ち，暴力行為の発生を防ぐための教育として，道徳教育，人権教育，法教育，非行防止教育，薬物乱用防止教育などが考えられます。

　このような教育は，教職員が実施する以外にも，警察署・少年サポートセンターの職員，法務省の機関である法務局・検察庁・少年鑑別所（法務少年支援センター）・少年院・保護観察所の職員，弁護士，民間ボランティアである保護司・人権擁護委員などを外部講師として招いて行うことも考えられます。

　特に，非行防止教育という点では，警察関係者に加え，犯罪や非行をした人の立ち直りや再犯防止を地域で支える保護司および保護司が組織する保護司会

は学校にとって身近な存在です。

　情報モラル教育，ストレスマネジメント教育，怒りの対処法などについては，それを得意とする NPO 団体のメンバー，外部の医師や SC などに依頼することも考えられます。

早期発見・早期対応における連携

　暴力行為の前兆行動の早期発見・早期対応は，校内連携型支援チームなどで対応することを基本としつつ，学校だけではアセスメントや対応に限界があるため，必要に応じて関係機関等と連携することの大切さを説明しています。具体的には，次のような例を示しています（p.151）。

・医療機関等との連携
　発達障害等の障害を背景とする二次的な問題や精神疾患・薬物依存の症状としての粗暴な言動が疑われる場合
・児童相談所や地方公共団体の福祉部門との連携
　家庭に虐待や貧困の問題が疑われる場合
・警察との連携
　地域の不良交友が懸念される場合
・その他
　非行傾向のある児童生徒については，少年サポートセンターや少年鑑別所（法務少年支援センター）などが保護者や学校からの相談を受け付けている。また，要保護児童対策地域協議会，学校警察連絡協議会，学校と保護司会との協議会なども，前兆行動への対応についての指針やヒントを得る機会となることも説明している。

発生した暴力行為への対応における連携

　関係機関等との連携が最も強く求められるのが，発生してしまった暴力行為への対応であるとして，(1)暴力行為の被害を受けた児童生徒等のケアと回復支援，(2)暴力行為に及んだ児童生徒への立ち直りを目指した指導における連携の

あり方について説明をしています。

（1）暴力行為の被害を受けた児童生徒等のケアと回復支援

　暴力行為の被害を受けた児童生徒等のケアと回復支援という観点からは，学校は医療機関，警察，民間の被害者支援団体，少年司法関係機関などとの連携が考えられます。具体的には，次のような例を示しています（p. 152）。

・外科的な治療だけでなく，精神面のケアが必要と思われる児童生徒については，SC が対応するほか，保護者とも相談の上，子どもの発達や心理に詳しい医療機関につなぐ

・暴力行為が少年事件としての取扱いを受けることとなった場合には，警察や少年司法の各段階において被害者支援のための様々な取組みや制度があることを理解しておく

（2）暴力行為に及んだ児童生徒への立ち直りを目指した指導

　暴力行為に及んだ児童生徒が学校や社会から排除されて，孤独・孤立に陥れば，その児童生徒は立ち直るきっかけをつかめず，さらなる暴力行為に及んでしまう可能性もあるため，関係機関等との連携の必要性を説明しています。具体的には，次のような例を示しています（p. 152）。

・児童生徒がなぜ暴力行為に及んでしまったのか，関係機関等の専門的知見を踏まえてより深く多角的なアセスメントを行う必要がある

・アセスメントに基づいて個別の指導・援助計画を立て，支援の目標や役割分担を可能な限り関係機関等と共有する

　　→支援チームのメンバーそれぞれが計画を実行する

　　→その結果をケース会議に持ち寄って評価や計画の見直しを行う

　　→再度，実行に移すというサイクルを繰り返す

・児童生徒が再び暴力行為に及ぶことのないように，また，児童生徒の生きづらさにもしっかりと目を向け，関係機関等と連携した「社会に開かれたチーム学校」として，地域の力も借りながら，指導・援助に当たっていく

第6章

少年非行

近年の刑法犯少年の検挙人数は減少傾向がみられます。しかし，薬物乱用や性被害については，児童生徒を取り巻く社会環境の変化からの影響を受けて増加傾向にあります。このことから学校は，家庭や地域と連携して児童生徒を犯罪から守り，健全育成を図っていくための取組みが求められています。

生徒指導提要（2022）では，少年非行を未然防止するという視点から，児童生徒を家庭や学校につなぎとめる関係性を構築することが大切であると説明されています。また，学校における指導では，新たに司法面接の技法を援用した聴き取りが加筆されています。学校は，他章で述べられている課題への対応と同様に，子どもの人権を第一に考えた指導を行うことが重要です。

1　少年非行対応の基本事項

少年非行の概念整理

生徒指導提要（2022）では，少年非行の指導に関する留意点について，次のように示されています（p. 153）。

非行が意味するものは多様ですが，校内の指導にとどまらず，児童生徒やその保護者の私生活も関係機関の介入の対象となります。そのため，まず非行の定義と手続きを正確に理解し，適切な事実の把握と記録を前提に対応することが求められます。

　少年非行という概念には様々な事象が含まれます。学校内で問題行動や生徒指導事案として扱う事象の中には，犯罪行為や触法行為といった非行と，それにあたらない不良行為，あるいはそのどちらにも該当しないものが含まれています。学校の教職員は，非行の定義と法に基づいた手続きについて正確に理解し，家庭や関係機関と連携して適切な対応を取る必要があります。

　少年非行を理解する上で基本となる法令等には，「少年法」，「児童福祉法」，「少年警察活動規則」の３つがあります。以下に，それらの目的および非行や不良行為の定義について確認します。

少年法における定義

　非行等の定義と対応について，少年法は非行少年を「犯罪少年（14歳以上で犯罪を行った少年）」，「触法少年（14歳未満で犯罪を行った少年）」，「虞犯少年（保護者の正当な監督に服しないなどの事由が認められ，今後犯罪少年や触法少年になる虞れのある18歳未満の少年）」の３つに分類しています。

　これらの少年に対しては，少年法に基づいた保護処分等が講じられます。また，「少年法等の一部を改正する法律」により少年法が改正され，18歳・19歳の者は「特定少年」と呼ばれるようになりました。特定少年の処遇は，少年に該当する者として少年法が適用されますが，逆送されて起訴された場合の刑事裁判では，原則として20歳以上と同様に取り扱われるようになります。

　なお，少年法は「少年の健全な育成を期し，非行のある少年に対して性格の矯正及び環境の調整に関する保護処分を行うとともに，少年の刑事事件について特別の措置を講ずることを目的とする」法律です。法務省は，少年法による手続き・処分の特色として以下の２つを例に挙げています。

　　○少年事件については，検察官が処分を決めるのではなく，全ての事件が
　　　家庭裁判所に送られ，家庭裁判所が処分を決定すること。
　　○家庭裁判所は，少年に対し，原則として，刑罰（懲役，罰金など）ではなく，保護処分（少年院送致など）を課すこと。

少年警察活動規則の働きと内容

少年警察活動規則は，少年の非行の防止および保護を通じて少年の健全な育成を図るための警察活動に関して，必要な事項を定めるものです。この中では，非行少年には該当しませんが，飲酒，喫煙，深夜徘徊，その他として，自己または他人の徳性を害する行為をしている少年を不良行為少年と規定しています。

生徒指導提要（2022）では，少年法と少年警察活動規則における非行少年と不良行為少年という語の定義について，以下のように述べられています（p. 155）。

> 「少年法」と「少年警察活動規則」は，非行と不良行為を明確に区別しています。例えば，飲酒や喫煙という不良行為について，学校では非行と考えても，少年法上の非行ではないことから，家庭裁判所は不良行為少年を扱いません。そのため，学校で問題行動を把握する場合と，関係機関が根拠となる法令に従って活動する場合とでは枠組みが異なる場合があることを教職員は理解する必要があります。その一方で，いじめや校内暴力が，犯罪行為や触法行為といった非行に当たる場合もあるため，教職員は，生徒指導の対象かどうかだけでなく，それが非行に当たるか否かを判断するための知識が必要です。

少年事件の対処の流れ

図6-1は，少年事件の対処の流れです。少年法は，その目的として少年の健全育成を掲げていることから，家庭裁判所で少年が非行に陥った原因を探求するために，全ての事件について家庭裁判所に送致するという全件送致主義を採用しています。

家庭裁判所が少年事件を受理すると，家庭裁判所調査官が，少年自身の性格や行動の問題だけでなく，その背景にある家庭環境や社会環境など様々な要因について調査を行います。また，保護者に対する面接を行い，少年本人や保護者との面接，心理検査，関係機関などへの調査をもとに，報告書を作成します。

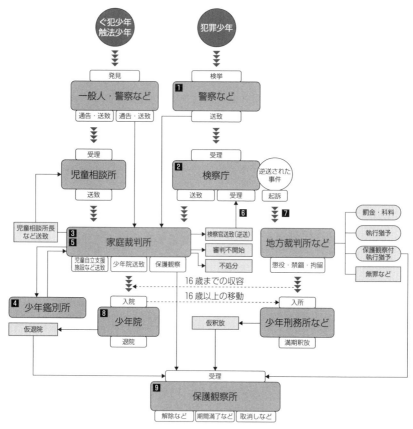

図6-1　少年事件の対処の流れ

出所：法務省，2022

そして，家庭裁判所裁判官は調査報告書に基づいて少年の処分を決定します。このプロセスによって，適切，妥当な処分を選択し，その少年の再非行を防止することを目指します。

児童福祉法の視点

14歳未満の触法行為または虞犯行為に対しては，児童福祉法に基づき，市町村または児童相談所が対応します。児童福祉法は，「児童の権利に関する条約」

の下，子どもの諸権利を保障するとともに，保護者や行政に児童を心身ともに
健やかに育成する責務を課すものです。

　このために，子どもの問題行動そのものだけでなく，その背景にある子ども
の抱える困難な状況に着目し，支援するという視点に立っています。

2　少年非行への視点

少年非行の類型

　生徒指導提要（2022）では非行の特徴的な類型と対応の考え方が，初発年齢
の早い非行，低年齢から繰り返される非行，思春期・青年期の非行の3点に整
理されて示されています。このことから，少年非行の留意点として示されてい
た3つの視点は今回も継承されていることを確認できます。

　少年非行の対応で大切なことは，いずれの段階においても具体的な行動の背
後にある児童生徒の情動や認知処理，そして，それぞれが抱える人間関係等の
背景を理解することです。このことについて，以下のように示されています
（p. 156）。

　　少年非行の背景は多様であり，児童生徒理解が十分でないままに罰したり，
　　保護者に指導の強化を促したりするだけでは解決には至りません。まずは，
　　その非行の背景を発達的観点や家族関係的観点などから理解する必要があ
　　ります。

　ここで，それぞれの類型の背景として示されている内容について確認します。
　まず，小学校時代から盗みをしているケースを例に説明されている，初発年
齢が早い非行の場合です。このような類型の非行は，その背景に家庭の問題が
あるなどして，容易には改善しないことがあります。また，困難な家庭環境に
ある仲間と不良交遊を続けることで，2つ目の類型として示されている低年齢
から繰り返される非行に発展する場合があります。このように，不適切な家庭

環境が問題の原因として挙げられる場合には，関係機関と連携して対応することが必要です。

　次に，家庭面で大きな問題がみられない生徒による思春期・青年期の非行の場合です。これは思春期・青年期特有の精神的な揺れに伴って一時的な非行がみられるものであるため，精神面の成熟によって克服が可能であり，学校を中心とした指導による解決が期待できます。児童生徒の不安を受け止め，見守るとともに，非行は望ましくないというメッセージを伝えることが必要です。

　続いて，特に問題がないように思われる生徒による突然の非行についても挙げられています。普段は真面目で目立たない児童生徒が，表面上は学校生活に適応しているようにみえても，実際には家庭や学校生活にストレスを感じており，周囲からの適切なサポートが受けられず限界に達することで，突然攻撃的な行動に及んでしまうというようなものです。こうした非行の背景に，児童生徒の発達に関する課題や特性が疑われる場合には，専門機関との連携を図り，早期の適切な援助を行い，非行を予防することが必要です。

少年非行の原因

　少年非行は，これまでに1951年，1964年，1984年，そして1989年をピークとする４つの波がありました。これらの波は，そのときどきの社会状況に影響を受けて起こりました。しかし，同じ時代を生きていても，非行を行った少年もいれば，そうでない少年もいます。少年非行は何か一つだけの原因で起こるものではなく，少年の発達的な状況と，その少年の家庭やその当時の社会状況などの外部要因との関わりの中で起きるものです。

　他方，マスメディアによる報道では，しばしば視聴者にわかりやすい，単一のことに原因を帰結するようなストーリーが語られることがあります。

　作田（2014）は，マスメディアが少年犯罪の責任の所在をどこに求めていたのかについて，新聞社の社説を分析しています。この分析によれば，1970年代頃までは，保護者や教員，メディアなどに少年非行の直接的な責任を追及する論調が主流でした。1980年代以降は，少年の非行化に対する個別の責任の追及

が少なくなり，1990年代からは，少年犯罪に対する責任は非行少年に関わる全ての大人たち全体にあるとし，その責任を全うするための連携の必要性を問う論調が主流になります。2000年代には，虐待を含めた保護者に対する責任論が主張されていることを指摘しています。

　児童生徒の非行の背景には，その本人の精神的な状態や，家庭や学校の環境，社会情勢など様々な要因が絡み合っています。問題行動の原因をアセスメントする際には，何か一つの要因だけにその原因を帰結させることのないように留意する必要があります。

近年の少年非行の傾向

　少年非行は近年減少し続けています（図6-2）。警察庁の統計資料を確認すると，中高生の減少幅が非常に大きく，女子の比率も下がってきていること，初発型非行や不良行為についても減少がみられていることが確認できます。

　少年は成人に比べると共犯率が高く，特に路上強盗やひったくりなどの街頭犯罪の共犯率が高いことがわかっています。しかし，代表的な非行集団である暴走族は減少の一途をたどっています（図6-3）。

　このことから，少年非行そのものが減少していること，非行集団の数とグル

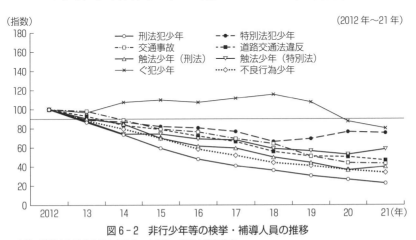

図6-2　非行少年等の検挙・補導人員の推移

出所：警察庁生活安全局人身安全・少年課，2022を筆者改変

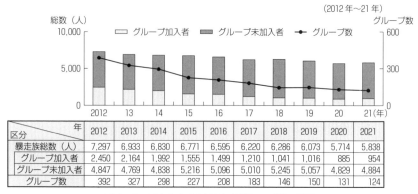

図6-3　暴走族の人員およびグループ数の推移

区分 年	2012	2013	2014	2015	2016	2017	2018	2019	2020	2021
暴走族総数（人）	7,297	6,933	6,830	6,771	6,595	6,220	6,286	6,073	5,714	5,838
グループ加入者	2,450	2,164	1,992	1,555	1,499	1,210	1,041	1,016	885	954
グループ未加入者	4,847	4,769	4,838	5,216	5,096	5,010	5,245	5,057	4,829	4,884
グループ数	392	327	298	227	208	183	146	150	131	124

注：1）　暴走族とは，道路交通法第68条（共同危険行為等の禁止）の規定に違反する行為その他道路における自動車又は原動機付自転車の運転に関し，著しく道路における交通の危険を生じさせ，又は著しく他人に迷惑を及ぼす行為を集団的に行い，又は行うおそれがある者をいう。
　　　2）　グループとは，著しく道路における交通の危険を生じさせ，又は著しく他人に迷惑を及ぼす行為を集団で行うことを主たる目的として結成された集団をいう。

出所：図6-2と同じ

ープ加入者率も低下していることが確認できます。また，校内暴力事件についても，明らかな減少傾向がみられます。ただし，校内暴力事件について，中学生による事件が減少する一方で，小学生による事件が増加している点には注意が必要です。

　続いて，増加傾向の非行や被害について確認します。増加傾向にある非行は，性犯罪と特殊詐欺，そして，薬物乱用のうち，特に大麻事犯が挙げられます。また，性犯罪に関しては，児童ポルノ事犯の被害児童が増加していることに留意すべきです。

少年非行の背景

　現在の少年非行について考える際，インターネットからの影響を看過することはできません。たとえば，インターネットを介した顔の見えない相手との接触機会増加は，特殊詐欺の受け子等になってしまうことや，児童ポルノ事犯の被害者になってしまう危険性を高めることにつながっています。

　また，有害情報への接触機会の増加という点でも大きな問題があります。た

とえば，大麻の有害性を否定するような情報がインターネット上にあふれていることによって，大麻に対する意識が低下し，大麻事犯が増加していることが指摘されます。

さらに，性的コンテンツへの接触機会の多さが，性犯罪の加害を誘発する可能性も否定できません。

これらは，大人の目が非常に届きにくい部分です。学校としては，保護者との十分な連携の下，新たな課題に対応することが求められています。

非行集団の減少と家庭問題の増加

少年非行や，飲酒，喫煙，家出などの不良行為は減少傾向にあり，非行少年グループ自体の数も減少しています。このこと自体は，少年非行に走る児童生徒が減少していることであり，喜ばしいことだといえます。しかし，暴走族の減少についての見方を変えれば，仲間関係を維持することができない児童生徒の実態があるといえます。全てをインターネットのせいにすることはよくありませんが，非行少年グループおよび暴走族の減少からは，リアルなつながりを避け，バーチャルな世界に閉じこもる児童生徒の姿が想像されます。

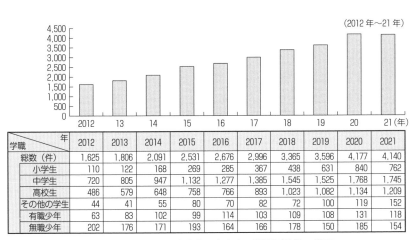

年\n学職	2012	2013	2014	2015	2016	2017	2018	2019	2020	2021
総数（件）	1,625	1,806	2,091	2,531	2,676	2,996	3,365	3,596	4,177	4,140
小学生	110	122	168	269	285	367	438	631	840	762
中学生	720	805	947	1,132	1,277	1,385	1,545	1,525	1,768	1,745
高校生	486	579	648	758	766	893	1,023	1,082	1,134	1,209
その他の学生	44	41	55	80	70	82	72	100	119	152
有職少年	63	83	102	99	114	103	109	108	131	118
無職少年	202	176	171	193	164	166	178	150	185	154

図6-4　少年による家庭内暴力事案の学職別件数の推移

出所：図6-2と同じ

　他方，図6-4に示したように，家庭内暴力や家庭問題に関する少年相談が増加しています。特に，家庭内暴力については，小学生による事件が増加していることが報告されています。

　このような問題について，まずは，学校が家庭と力を合わせて児童生徒を育てることが大切です。しかし，家庭に対する指導や介入が求められるようなケースについては，関係機関による適切な対応が必要となります。この点に関して学校は，福祉関係機関等に比べると児童生徒を介して家庭の状況をつかみやすいという利点があります。家庭の中で起きている問題や，その疑いを発見した場合には，できる限り早期に関係機関につなぐことが必要となります。

3　少年非行への対応

少年非行のアセスメント

　学校内の非行には，その内容に応じた対応を取る必要があります。生徒指導提要（2022）では，愛情の欲求不満から問題行動を起こす児童生徒に対して厳しく罰するだけでは，かえって問題行動を繰り返す悪循環に陥らせてしまうことが指摘されています。非行の背景を発達的観点や家族関係的観点などから理解するなどの適切なアセスメントが求められています。

　熊上（2015）は，家庭裁判所の調査官としての勤務経験を基盤に，少年の触法事例と学習障害や自閉症スペクトラム障害などの発達障害との関連について調査研究を行っています。この研究では，少年非行事例の約17％に学習障害（以下，LD）傾向がみられたと報告されています。また，ACE（Adverse Childhood Experience，逆境的児童期体験）質問紙[1]を用いた調査結果を踏まえ，少年が触法行為に至るまでには少年自身のLD傾向そのものだけでなく，環境要因が影響している可能性があることを結論付けています。非行がこのような

（1）　①身体的虐待，②心理的虐待，③性的虐待の有無，④家族構成員の酒・薬物乱用者の有無，⑤ドメスティック・バイオレンス（DV）の有無，⑥家族構成員の精神疾患の罹病歴の有無，⑦両親もしくは一方の親の不在，⑧家庭内での服役者の有無，⑨ネグレクト，の9項目からなる。

背景要因をもっているという視点に立てば，学校における非行への対応に際しては，その事象だけでなく，児童生徒が抱える背景を正しく理解すること，その上で児童生徒と教職員との信頼関係を築くことが重要であることが理解できます。

聴き取り場面と技法

　学校で問題が起こったときには丁寧な聴き取りが求められます。この具体的な方法について，司法面接の技術を参考として説明されています。司法面接とは，「法的な判断のために使用することのできる精度の高い情報を，被面接者の心理的負担に配慮しつつ得るための面接法」（仲，2016）と定義されます。

　司法面接では，面接は原則として1回にとどめ，出来事に関する事実の聴取を行います。また，録画により正確な記録を行い，子どもが何度も面接を受けなくてもよいようにするなど，できる限り子どもの心理的負担を少なくすることを心がけて行われます。司法面接の基本的な構造を表6-1に示します。

　生徒指導提要（2022）では，司法面接の技法を援用した聴き取り手続きに関する言及に続いて，聴取を通した事案の仮説について，対立仮説を立てて検証することの大切さを説明しています。例として，児童生徒が嘘をついているか

表6-1　司法面接の構造

①　ラポールの形成：ラポール，すなわち話しやすい関係性を築く。
②　自由報告 　　「今日は何をしにきましたか？」などの誘いかけにより，自発的な報告を求める。
③　質問 　　自由報告ですべての情報が得られない場合，必要に応じて質問を行う。 　ａ．オープン質問（「もっと話してください」「そして」「それで」等） 　ｂ．WH質問（「いつ」「どこで」「誰が」等） 　ｃ．クローズド質問（「はい／いいえ」で回答を求めるような質問等） 　ｄ．確認・誘導質問（ここまでで，疑われる内容が報告されない場合「○○さんは，叩かれたことがありますか」「誰かが○○さんのことを叩きましたか」等，疑われる内容について，クローズド質問を行う。イギリスでは疑われる内容についてのクローズド質問を「誘導質問」と呼ぶ）
④　クロージング（子どもからの質問や希望を受け，感謝して終了する）

出所：仲，2016

もしれない，と疑われる場合にも，嘘をついていると決めつけるのではなく，自由質問を繰り返し，辛抱強く見極めていくことが大切であるとしています。

　このような説明は，学校現場における「不適切な指導」（pp. 104-105）事案と無関係ではありません。文部科学省は問題行動に対する対応に関して，「池田町における自殺事案を踏まえた生徒指導上の留意事項について（通知）」を出しています。問題行動があったときは，教職員の仮説を無理に認めさせるような聴き取りや，一方的な叱責を行うことがないように，何よりも児童生徒の人権に配慮した対応を行うことが求められています。

早期発見・早期対応の視点

　生徒指導提要（2022）では，学校における非行の未然防止と早期発見・早期対応の視点に関する説明が，新たに加えられています（p. 164）。

> 　この段階は，全ての児童生徒を対象に，問題行動が生じる前に，規範意識の醸成，非行に誘われた際などの対応の仕方を伝えるなど，非行の未然防止教育に焦点を当てるものです。他方で，早期発見・早期対応の指導は，非行の問題傾向が出現し始めた児童生徒に対して，非行の意図や発生可能性を早期に把握して個別に介入し，事態の深刻化を防止するものです。

　この考え方を理解するために，精神医療におけるキャプラン（Caplan, G.）による3段階の予防（キャプラン，1970）が参考になります。

　キャプランは公衆衛生の分野において行われていた予防の概念を精神医療に取り入れ，一次予防，二次予防，三次予防に分けて説明しました。

　一次予防とは，病気を生み出す機会が生ずる前に，有害な環境を防止することによって，ある特定の集団におけるある種の精神疾患の発生率を低下させることです。

　二次予防とは，明確な症状を呈していない潜在的な患者や，わずかに疾患の兆候を示す人々を対象に，早期発見と早期対応（治療）によって，罹病期間を

短縮して慢性化を防ぐことです。

　三次予防は，長期の入院や精神障害自体によって，生活上何らかの不都合を感じている者を減らすために，それぞれのリハビリテーションを援助することです。

　このような考え方は，**学校心理学における予防・援助の考え方**[(2)]や，生徒指導提要（2022）で示されている生徒指導の重層的支援構造の考え方の基本となっているものといえます。

非行抑制の要因

　生徒指導提要（2010）では，少年非行の防止の観点から，「親と子，教員と児童生徒の絆」の大切さについて説明していました。生徒指導提要（2022）では「絆」ではなく，「児童生徒と家庭や学校をしっかりとつなぎとめる関係性」という言い方で説明しています。この両方に共通してみられるのは，コントロール理論と総称される社会学による理論群の考え方です。コントロール理論は，それまでの犯罪・非行の社会学において主流であった犯罪・非行を行う原因を解明しようとする議論と異なり，犯罪・非行を行わない理由に着目したものです。その代表的な理論として，ハーシ（Hirschi, T.）の**ボンド理論**[(3)]があります。

　ハーシは非行を抑制している要素を，「社会に対する個人の絆（社会的ボンド）」と表現しました。そして，社会的ボンドを構成する要素として「愛着（Attachment）・投資（Commitment）・巻き込み（Involvement）・信念（Belief）」の4つを挙げ，これらの社会的ボンドが何らかの形で弱まったときに非行が起

（2）　石隈利紀・田村節子（2020）学校心理士認定運営機構編『学校心理学ガイドブック　第4版』風間書房
　　　石隈・田村は，学校心理学における援助を，「すべての子どもを対象に行う発達促進的な援助サービス，登校しぶり，学習意欲の低下，学級での孤立など，学校生活の苦戦が始まったり，転校生などの問題をもつ危険性の高い子どもに対する援助サービス，不登校，LD，ADHDなどの発達障害，あるいはいじめ，非行などの問題状況により特別な援助を個別に提供する必要のある特定の子どもへの援助サービス」の3段階に分けて説明している。
（3）　T・ハーシ，森田洋司・清水新二監訳（2010）『非行の原因——家庭・学校・社会へのつながりを求めて　新装版』文化書房博文社

こりやすくなると主張しました。

　学校に当てはめて考えると，教職員や友人に対する愛着，進学や学力向上に向けて努力する投資，教科等の授業やクラブや部活動などへの巻き込みによる多忙，学校そのものを信用し，学校のルールに従って過ごさなければならないという児童生徒の信念が，非行の未然防止に有効だということが理解できます。

関係機関との連携

　少年非行に学校だけで対応することはできません。福祉や警察，司法機関などの関係機関との連携が不可欠です。このことに関わり，国立教育政策研究所生徒指導研究センターは表6-2のように示しています。

　関係機関と日々の連携を丁寧に行い，お互いの担当者間における顔の見える関係を築いておくことで，問題行動に関する相談や緊急時の連携を円滑に行うことができます。これは，警察や家庭裁判所等の司法に関わる機関との連携だ

表6-2　日々の連携と緊急時の連携

区　分	目　的		具体例
日々の連携	健全育成の推進	規範意識の醸成 自尊感情の醸成 自己指導能力の育成 危険回避能力の育成 家庭教育の支援	交通安全教室，防犯教室，薬物乱用防止教室（喫煙防止，飲酒防止を含む），非行防止教室，情報モラル教育，健全育成に関する講演会　など
	ネットワークの構築	情報交換 連絡体制の整備（役割分担の確認，連絡先・担当者等の確認）	情報交換会，連絡協議会，問題行動対応マニュアル，関係機関一覧表　など
	生徒指導体制の充実	教職員の指導力の向上	関係機関等の職員を招いての研修会，ケース会議，事例検討会　など
緊急時の連携	問題行動発生時の対応	暴力行為等への対応 児童虐待の防止	警察，児童相談所への連絡・相談，児童虐待の通告・相談　など	サポートチーム
	指導困難な状況への対応	計画的，専門的な指導 保護者支援	関係機関等との連携による深刻な問題への対応　など	

出所：国立教育政策研究所生徒指導研究センター，2011

けでなく，児童相談所や家庭相談所といった福祉機関，あるいは少年鑑別所などとの連携においても重要な視点です。

　少年非行への対応は学校と地域や関係機関とが連携して行う必要があります。学校関係者には日頃から地域と協働する活動を計画し，関係機関と顔の見える関係を築いておくことが求められています。

引用・参考文献

熊上崇（2015）『発達障害のある触法少年の心理・発達アセスメント』明石書店

警察庁生活安全局人身安全・少年課（2022）「令和 3 年中における少年の補導及び保護の概況」

　https://www.npa.go.jp/bureau/safetylife/syonen/pdf-r3-syonengaikyo.pdf（2022年10月 1 日アクセス）

国立教育政策研究所生徒指導研究センター（2011）「生徒指導資料　第 4 集　学校と関係機関等との連携〜学校を支える日々の連携〜」

　https://www.nier.go.jp/shido/centerhp/4syu-kaitei/pdf/4syuu_all.pdf（2022年10月 6 日アクセス）

作田誠一郎（2014）「犯罪報道の功罪」岡邉健編『犯罪・非行の社会学』有斐閣，pp. 72-91

Gerald Caplan（1964）*Principles of preventive psychiatry*, Tavistock Publications Ltd.（ジェラルド・キャプラン，新福尚武監訳（1970）『予防精神医学』朝倉書店）

仲真紀子（2016）『子どもへの司法面接　考え方・進め方とトレーニング』有斐閣

法務省（2022）「法務省は，皆さんと身近につながっています。」

　https://www.moj.go.jp/content/001318606.pdf（2022年10月 1 日アクセス）

第7章

児童虐待

生徒指導提要（2010）は，児童虐待の対応について，学校の教職員が早期発見，通告をする重要性を強調するにとどまっていました。生徒指導提要（2022）では，「虐待を受けた経験が，後に被害児童生徒の人生に多大な悪影響を及ぼすことがあり得ることから，被害児童生徒の自立を支援することまでが目的」（p. 171）と示され，児童虐待の防止等に関する法律（以下，児童虐待防止法）が学校に求める役割について詳述されました。

たとえば，学校は発見，通告時点だけではなく，通告後に対応すべき事項，要保護児童対策地域協議会における学校の位置付け，関係機関との連携，児童虐待未然防止の取組み等です。教員には，「児童福祉法」および「児童虐待防止法」双方の理解に基づいた対応が求められています。

1 学校現場で気付く児童虐待とネグレクト

学校という場の特徴

児童生徒は，学校という場で，教員をはじめとした家族以外の大人たちと出会うことになります。そして，学校には，支援を必要としている子も，そうでない子も所属をしています。この点は，誰かからの相談が入って関係が始まる支援機関との決定的な違いです。

児童虐待の視点で考えると，全ての教職員は，以下のような環境にいる児童生徒に関わっている可能性があります。そして，この中には**社会的養護**⁽¹⁾のもとで暮らす児童生徒がいます。この社会的養護の対象のうち，保護者と分離して

養育支援される場合を代替養育と呼んでいます（p. 287参照）。

・児童虐待を受けているかもしれない児童生徒

・児童虐待を受けていて早急に支援が必要な児童生徒

・児童相談所による一時保護中の児童生徒

・現在は，児童虐待の被害を受けてはいないが，虐待被害の後遺症からの回復支援を継続する必要がある児童生徒

・児童福祉施設から退所してきた児童生徒

　被害児童生徒にきょうだいがいる場合は，その一人一人にも支援が必要となることが多いことにも留意する必要があります。

　児童虐待を受けた児童生徒がサポートを受けながら暮らす場所は，元の家庭に戻ることが多いのですが，祖父母や親族と暮らすこともあります。他には，**児童福祉施設等**⁽²⁾や，養子縁組家庭，特別養子縁組家庭で暮らす児童生徒もいます。そのため学校の教職員には，施設職員や里親，養親と連絡を取り合いながら，児童生徒の学校生活が充実するための取組みが求められます。

　また，児童虐待の被害を受けていない場合でも，要保護児童，要支援児童，特定妊婦，ヤングケアラー等の支援を必要とする児童生徒もいます。

　以上のことから，学校は，児童生徒の児童虐待発見の場であると同時に，児童虐待対応の場，さらには，日常の学校生活の中における児童虐待の未然防止が求められる場となっています。このように，教職員には，多岐にわたり重要な役割が求められており，発見，通告，通告後，一時保護，一時保護解除後，児童福祉施設等の入退所等，それぞれの時点における教職員の役割について，校内における共通認識を共有しておくことが重要です。

（1）　社会的養護とは，保護者のない児童や，保護者に監護させることが適当でない児童，つまり要保護児童等について，公的責任で社会的に養育や保護を行うことをいう。

（2）　児童養護施設，児童自立支援施設，母子生活支援施設，障害児入所施設，ファミリーホーム，養育里親家庭等。

児童虐待とネグレクトの早期発見の視点

　生徒指導提要（2022）では「学校が児童虐待を受けている児童生徒を把握するには，教職員が児童生徒の様子や状態をよく観察するほか，児童生徒本人が直接訴えたり，アンケートに書いたりするなどの場合が考えられます。このような場合は，その情報を吟味して，児童虐待の可能性があれば，通告につなげること」（p. 177）とありますが，児童生徒が児童虐待を受けていることを教職員に訴えない場合も多々あります。そのため教職員には，虐待を受けた子どもが示す特徴を理解し，「日々接している児童生徒の様子の変化や言動等から虐待を受けている可能性を把握」するスキルが求められています。その言動等には，「生徒指導上の課題としてしばしば見られる児童虐待の影響には，小学校低学年からの窃盗や激しい暴力，家出，いじめの加害の繰り返し，薬物などへの依存，自傷行為や摂食障害，自殺企図などがあります」（p. 178）。

　教員が気付く児童生徒の気になる言動等を表7‒1・表7‒2に整理しました。これらは筆者が2005年度以降に，SSW や SSW スーパーバイザーとして教職員から相談を受けた内容の一部です。

　しかしながら，これらの表に挙げた児童生徒の行動の背景全てに虐待があるわけではありません。相談例の中には，貧困の影響が疑われるケースもあります。ここに児童虐待の見極めの難しさがあります。

　教職員一人一人が，表に示した児童生徒の行動等の背景に児童虐待による影響があるかもしれないという視点をもち，それらを見極めるために，組織的なアセスメントを行うことで，適切なチーム対応を開始することができます。

児童虐待とネグレクトの構造的な違い

　生徒指導提要（2022）では，児童虐待の中にネグレクトを含めて表記しています。これは，児童虐待防止法における児童虐待は，身体的虐待，心理的虐待，ネグレクト，性的虐待の4行為として定義しているためです。このことを踏まえ，児童虐待とネグレクトの構造の違いを理解しておくことが重要です。

　身体・心理・性的虐待は，何らかの行為が加えられるものであり，その行為

表 7-1　小中学校の教員から SSW に寄せられる相談例

a）家庭訪問してもまったく会えない。親が登校させない
b）ときどき登校するが理由がわからない
c）けがが多い
d）遅刻が多い。登校しても朝食を食べていないため元気がない
e）教室から出ていってしまう。授業中に立ち歩く
f）暴言が続く。いやなことがあるとすぐに手が出る
g）諸費未納が続いている
h）給食をがつがつ食べる・お弁当が用意されていない
i）保健室に「お水ください」と来室する
j）検診未受診・未治療・（虫歯が多い）
k）大きなけがや病気をしても，医療機関を受診しない（or できない）
l）肥満（糖尿病の心配）
m）薬をあげる・もらう（保護者に処方された薬を子どもが飲んでいる）
n）療育手帳の更新がされていない
o）生活空間の影響が心配（ペットの毛や尿が掃除されていない状態，常に受動喫煙にさらされている，安心して眠れる環境がない等）
p）家族の健康状態を子どもが心配している

出所：筆者作成

表 7-2　高校教員から SSW に寄せられる相談例

A）アルバイトが中心になり，学校が優先できない
B）家出をしており登校できていない
C）家族の介護と家事を担っており，学校が優先できない
D）妊娠した生徒の教育保障について
E）障害のある生徒の登下校の送迎支援について
F）大会出場が決まった直後に突然クラブを辞めると言ってきた
G）生活保護受給家庭の生徒がアルバイト代を収入認定されたようだ
H）進学を目指していた生徒が急に進路変更を言ってきた
I）デート DV 被害・加害について（生徒間の恋愛関係に伴うトラブル）
J）自殺念慮のある生徒支援に向けて関係機関とどのように連携ができるか
K）障害のある生徒の虞犯や犯罪行為（窃盗を繰り返す）をどのように指導・支援していけばよいか
L）中学校まで児童自立支援施設に入所していた生徒や家族に必要な配慮
M）少年院出院後の学校生活再開に向けた保護観察所や福祉機関との連携
N）里親家庭から措置変更が予定されている生徒の教育保障について
O）受験先をめぐる生徒と保護者の認識のずれ（過プレッシャー系の心理的虐待）
P）発達障害が疑われるが，一般就労を目指しており就職先がみつからない

出所：筆者作成

を止めてもらう必要があります。それに対してネグレクトは，必要な関わりが与えられない状態のため，今，その関わりを誰かが代わりに行う必要があるという観点から支援を組み立てていきます。また，ネグレクトは，相対的貧困との関連も深いため，**経済的困窮**が児童生徒たちの暮らしに及ぼす影響を知ろうとする努力と保護者支援の視点が重要です。

　筆者がSSWとして関わった児童生徒は，ひとり親家庭が多く，保護者が病気または障害があるにもかかわらず，受けられるはずのサポートが届いていない家庭が相当にたくさんありました。毎日の買い物，食事の用意，洗濯，病院の通院，子どもの宿題，お弁当の用意など，誰の支援もない毎日の中で孤立していました。その中に結果として，ネグレクト状況が長期にわたって続いているという事例も多くありました。

［2］　組織的アセスメントに基づいたチーム支援体制

　本節では，児童虐待発見時・通告時・児童生徒の一時保護時・一時保護解除後のそれぞれの時点における学校の役割と教職員ができる対応を考えます。

　対応を考えるとき，いずれの時点においても児童生徒の行動等の背景に児童虐待による影響があるかもしれないという視点をもち，児童生徒の学校生活上の課題の背景を分析していく上で重要となるのが，アセスメントです。生徒指導提要（2022）では，アセスメントについて，心理分野・精神医療分野・福祉分野等で活用されている方法（生物・心理・社会モデル）について詳述しています（p.90）。児童虐待対応においても，このアセスメントの視点に基づいた校内でのチーム支援および関係機関との適切な連携を行うことが求められます。

（3）　佐々木宏・鳥山まどか編著（2019）『シリーズ子どもの貧困③　教える・学ぶ教育に何ができるか』（明石書店）では，子どもの貧困への政策的対応で大きな役割を与えられている「教育」を批判的に検討し，同時にその可能性についての議論が行われている。

児童虐待発見後の組織対応に向けた研修例

生徒指導提要（2022）では「児童虐待について，教職員はまず，学校現場における虐待防止に関する研修教材などを活用して，児童虐待に関する正確な知識と適切な対応を理解する必要があり，研修の事例を通した知識，スキルの習得などが求められます」（p. 175）とあります。本項では，筆者が行っている「児童虐待発見後の組織対応に向けた研修例」を紹介します。

（1）研修の目的

①教職員が法的根拠に基づいた児童虐待通告の手続きの共通認識をもつ

②教職員が児童虐待の疑いがある児童生徒に気付いたときに，組織的対応を行うために，情報を報告・アセスメント・通告するルートを確認する

③児童虐待通告先を確認する

研修では，研修の目的を伝えたあと，次頁の【ワークシート】を配布します。ワークシートには3つの事例が記載されています。この3事例について，まずは一人で考えてもらいます。ただし，ワークシートに記載されている問いに正確に答えるためには，児童虐待防止法の児童虐待の定義と児童虐待通告の意味を理解していることが必要になります。

そこで，ワークにとりかかる前に次の法的定義を説明した上で，3事例について，児童虐待通告の根拠を考えてもらいます。その後，事例解説を行い，グループで「発見から通告までの情報共有手順」を協議します。

（2）法的定義の説明

児童虐待防止法上の規定についての説明を行います。

第2条にある保護者が行う4種類の虐待行為（pp. 172-173参照）

第6条第1項，児童虐待防止法上の児童虐待の通告

第6条第2項，児童虐待通告は児童福祉法第25条第1項の規定とみなす⁽⁴⁾

---

(4)　児童福祉法第25条第1項（要保護児童発見者の通告義務）
　　「要保護児童を発見した者は，これを市町村，都道府県の設置する福祉事務所若しくは児童相談所又は児童委員を介して市町村，都道府県の設置する福祉事務所若しくは児童相談所に通告しなければならない。ただし，罪を犯した満14歳以上の児童については，この限りでない。この場合においては，これを家庭裁判所に通告しなければならない。」

【ワークシート】児童虐待発見後の組織対応　児童虐待の発見～通告まで

　次の3つの場面の状況は，児童虐待防止法上の児童虐待通告対象です。どの情報を根拠に，どの虐待の種別と判断して通告を行いますか。

ア）A男（中学2年生）は不登校傾向だったが，欠席の日は連絡があり，2学期は週2～3回は登校していた。3学期に入り連絡なく欠席が続いたため，担任が家庭訪問をするとA男に会うことはできた。袖が黒ずんでいるスエット姿で，髪はべたついていた。保護者は不在。「1歳の弟の世話をするのが忙しく学校には行けない。ご飯はお母さんが買ってくる。お母さんが帰ってこない日は食べないときもある」と言う。玄関先から見えた風呂場にはモノがあふれかえっており，風呂に入れる状態には見えなかった。

イ）B子（高校1年生）は夏休みを境に生徒会活動を休んだり保健室で過ごしたりすることが増えた。授業中も以前より無気力に見える様子を担任は心配し，B子を気づかう言葉をかけ続けた。2学期の試験結果が極端に下がったこともあり，担任と養護教諭が保健室で「B子の様子を心配している。何かあったの」と尋ねると，父から性的虐待を受けていることを告白した。
　　B子の話を聞いた教員が，「するべきこと」と「してはいけないこと」はどのようなことでしょうか。

ウ）C男（小学5年生）の担任が，朝会の時間にC男の目の周りにあざがあるのに気付いた。担任は1時間目が始まる前にC男に声をかけ「目の周りのあざ，どうしたの」と尋ねると，「昨日，宿題をしていなかったので，お父さんにたたかれた」と答えた。

　※ここでいう要保護児童というのは，保護者がいない児童，虐待を受けている児童，そして非行児童のこと。

　第6条第3項，虐待に係る通告等を行う場合は守秘義務違反に当たらない

　第7条，通告した者を特定させるものを漏らしてはならない

　上記の要保護児童は，要保護児童対策地域協議会（以下，要対協）の会議の中で，関係機関による，情報共有，情報交換が行うことができ，支援の内容を協議することができます（児童福祉法第25条の2）。つまり，虐待通告をするということは，緊急一時保護の必要性がない場合は，まずは，関係機関がもっている情報を出し合って協議をし，児童生徒や家族に対する支援を考えることが始められるということです。

　なお，児童虐待の通告をすれば，関係機関が「必ず一時保護をしてくれる」，

「保護者に指導をしてくれる」と誤解をしている人もいるのですが，それは誤りです。この誤解をもった状態では，「学校から通告しても何もしてくれない」と感じ，「一時保護されるほどの虐待ではないだろう」という判断をして，通告しないという事態が起こりやすくなってしまいます。正確な法的根拠の知識をもつことで，児童虐待の疑いをもった早い段階で通告をすることが可能となり，支援の幅が広がります。

（3）事例の解説

読者の皆さんも3事例について考えた上で，事例の解説を読んでください。

①　ア）中学2年生・A男の事例は，ネグレクトの例です。

早い段階で通告をすることで，要対協で情報共有とアセスメント，それぞれの機関の役割を決めることができます。

●通告理由：ネグレクト

・登校できない理由が弟の世話である。

・袖が黒ずんでいるスエット姿で髪はべたついている。風呂に入れていないようで，衛生面での課題がある。

・食事は「お母さんが帰ってこない日は食べないときもある」ということから，栄養面・健康面にも心配がある。

・母が帰宅しない日は1歳の弟の世話をA男一人で担っており，そうした日が継続している可能性がある。1歳の弟もネグレクト状態にある。

②　イ）高校1年生・B子の事例は，性的虐待の例です。

教職員が一人でも，「あの保護者が，そんなことをするはずがない」とか，「何かの間違いではないか」という発言があると，通告を躊躇してしまうリスクが高まります。そうならないために，全教職員による共通理解が必要です。

●【してはならないこと】

・本人に対して学校の教職員が，性的虐待の事実を確認しようとしない。追及的な質問や誘導的な質問はしない。

・語られた内容に，過剰な反応をしないように心がける。

・本人が初めて語った相手（B子の場合は担任と養護教諭）以外の者が，この

件で話を聞かない。

・この件について本人と話をする場合,「誰にも言わない」・「親には言わない」などの非現実的な約束をしない。

・児童相談所と協議をするまで保護者には連絡をしない。緊急一時保護なども想定されるため,保護者への連絡方法についても,児童相談所と協議をしてから決定する。

● 【するべきこと】

・学校(校長)は,早急に児童相談所に通告し方針を確認する。

・児童相談所と連絡がとれるまでの間に,本人が語ったことについては,心理的苦痛や恐怖,不安に共感する。

・「あなたには罪はない」,「あなたを守る」ということを伝え,できる限り安心できるような対応を心がける(B子の場合は,担任や養護教諭が適任といえる)。

・本人が語った内容をそのまま記録する。一度,語られた内容を撤回することはよくあることを理解しておく。

なお,性的虐待に限らず,児童生徒本人や関係者に対して,教員などが児童虐待の内容の詳細を聴取することは,原則として避けるべきです。生徒指導提要(2022)にその理由が詳述されていますので熟読してください(p. 181 参照)。

③　ウ)小学5年生・C男の事例は,身体的虐待の疑いの事例です。

●通告理由:身体的虐待の疑い

・目の周りにあざ(外傷)があり,お父さんにたたかれたと話している。留意点としては,この時点では,本当に父にたたかれたかどうかはわからないということである。そのため通告理由は「身体的虐待の疑い」となる。もし行為者が父でなかった場合,「嘘をつかなければならない状況にある」ことも支援を要する。

・学校から父への対応は,通告後に関係機関との話し合いによって決める。

いずれの事例においても,学校から通告をした後に,学校内で,関係機関の職員から児童生徒への聞き取りが行われることがあります。その聞き取りは,

どのような内容なのか，どの部屋で行うのか，教職員が同席するかどうかなど，短い時間でもよいので，確認し合いながら対応を行うことが，機関連携のポイントです。

（4）虐待通告までの組織対応

さらに，教職員が児童生徒の虐待の疑いに気付いたとき，速やかな通告を組織として行うためには，校内の情報共有ルートの確認と，通告するまでの間の児童生徒への対応，関係機関への通告は誰ができるか（たとえば，校長が出張で不在であれば，誰がどう判断するか）などについて，具体的なシミュレーションを行っておくことが重要です。ある学校では，教職員の人事異動や新任採用者の着任によって年度ごとに教職員が入れ替わるため，上述のウ）の事例を題材として，毎年，教職員全員参加の研修を行い，表7－3のような手順を確認するようになりました。

表7－3　児童虐待通告をするとした場合の教職員の動きについて

① 担任は，C男と一緒に保健室に行く。
② その間，C男に尋ねたこととC男の返事や様子をできる限り記憶する。
③ 保健室では，養護教諭に「手当てをお願いします」と言って引き継ぐ。
④ 養護教諭は，手当てをしながら「どうしたの」とオープン質問を中心に聞いていく。それ以上の質問はしない（記録は重要）。
⑤ 担任は，管理職に状況を報告する。
⑥ 担任と養護教諭がC男に聞き取った内容の整合性なども確認した上で，市の通告先に通告を行う。
⑦ 通告後，保護者への対応，C男への対応方針も協議しながら進める。

また，児童虐待の通告先については，市区町村担当部署の名称や児童相談所の通称名，それぞれの機関の担当者名を知っておくことも，速やかな通告と機関連携には重要な要素となります。

一時保護中・一時保護解除後の在宅支援に向けて

（1）児童生徒の視点に立って考える

児童虐待による一時保護は，ほとんどの児童生徒にとって突然であり，大人の都合によって日常の生活が突然に中断される出来事です。一時保護そのもの

は，児童相談所が必要と判断した結果ですので，支援者はそのことの意味を本人にできるだけわかりやすく，丁寧に説明する責務があります。

　筆者が一時保護所に勤務していたときには，子どもたちから「修学旅行に行きたかった」，「彼氏と連絡がとれない」，「クラブの試合があったのに」等，もっていき場のない声をたくさん聴きました。また，一時保護中は，一時保護が解除された後，子ども自身がどこで生活をすることになるのか，子どもにも保護者にも，学校の教職員にも，誰にもわからないという時期でもあります。学校では，一時保護のことがクラスにどのように伝わっているのか等，子どもが相当な不安を抱えているだろうことが想像に難くありません。

　このような時期に，子どもの思いに，誰が，どのように向き合えるでしょうか。次に，学校の教職員の役割について考えます。

（2）教職員の役割

　筆者が SSW として一時保護に関わった事例の中では，表7-4の教職員の疑問や不安が，児童相談所の担当者に伝えられることは皆無でした。学校では，ただただ，児童相談所からの連絡を待ち続けているという状態でした。

表7-4　一時保護中の教職員の疑問や不安

・一時保護中の子どもに手紙を書いてもよいのだろうか
・学校の教材を届けてもよいのだろうか
・きょうだいは一時保護されていないが大丈夫だろうか
・他の生徒から，本児について尋ねられるが説明の仕方がわからない
・一時保護中，保護者との連絡はどの程度とってもよいのだろうか
・家庭の状態に変化がないように思うが，一時保護が解除されると聞いた。なぜなのだろうか

　そこで，筆者が SSW として行ったことは，教職員の疑問を整理して児童相談所の担当者に伝え，情報連携しながら一時保護解除後の対応に備えるということでした。そのやりとりを重ね，児童生徒の一時保護解除が決まった時点で児童相談所から学校に連絡をもらい，次の順序で，児童の学校復帰までの関わりを行いました。

　①一時保護解除が決まり，児童の学校登校日までに児童相談所で，児童，保
　　護者，児童福祉司，学校の教員，SSW で会い，児童相談所と保護者の約

束ごとなどを一緒に聞く。

②登校初日のクラスメイトへの挨拶や説明をどうするか，児童の希望や保護者の意向を尋ねる。その上で現実的な内容を一緒に考える。

③要対協にて，それぞれの関係機関の役割を確認しながら，学校としてできる支援を行う。

④学校では，児童が一時保護中に受けられなかった学習について，教員が補習を行う。そのときに，児童が教員とゆっくり話をする時間をとり，勉強以外でも，児童の願いや悩みなどが話せるような関係構築を目指す。

⑤SSW は，定期的に保護者と面接を行い，家族が必要としている支援は何かをともに整理し，社会資源を探す。ただし，児童福祉司による保護者面接の目的と，SSW による面接の目的は異なるため，それぞれの面接目的を保護者とも関係機関とも共有する。

④⑤について，要対協の個別ケース検討会議の中で，経過を確認しながら進めていったことで，学校は児童相談所による関わりが終了する時期をわかった上で支援方針を決めていくことができました。このような教職員の関わりが可能であったのは，校内チーム支援体制が充実していたからです。

　もっとも，勤務初年度からその体制が充実していたわけではなく，SSW やSC 等の校内専門職の平時の役割を毎年確認していく中で，少しずつ校内体制が変わっていったという経過があります。現在の日本の学校では，SSW やSCの常勤化は制度化されていないため，勤務回数が少なかったり配置されていない学校もあったりします。それゆえに，校長等の管理職は，学校に関与できる校内専門職の勤務曜日と回数，ケースへの関わりのルート等を毎年確認しながら，全教職員がお互いの役割を共通理解するための機会を１学期のできるだけ早い時期にもてるよう，校内研修等の予定を計画しておくことが重要です。

学校と児童福祉施設の接点

　児童虐待を受けた子どもたちの中には，児童養護施設や里親家庭，ファミリーホームで生活することになるケースがあります。その多くの場合，子どもは

学校を転校することになります。転校は，生活をする場所と学校環境の両方が大きく変わる出来事です。児童福祉施設等への入所はそれに加え，「生活をともにする人」と「暮らしの形態」がさらに変わるということを意味します。

　また，児童福祉施設から退所をする場合も同じことがいえます。この場合，施設入所期間が比較的短く，子どもが同じ学校に戻ってくる場合はその子どもを直接知っている教員がいることもあります。一方，子どもが帰る家庭（祖父母宅や元の地域とは別の場所）が変わったり，年齢があがって校種が変わったりすると（入所時は小学生で退所時は中学生，入所時は小学生で退所時は高校生など），その学校の教職員にとっては「初めて出会う児童生徒」として迎え入れることになります。

　そのため学校の教職員は，社会的養護を経験した児童生徒たちにすでに出会っているという認識に立って，児童福祉施設等の目的やそれぞれの暮らしのスタイルを知る努力が欠かせません。それは，教職員の理解が児童生徒の学校生活の充実に直結するからです。よかれと思って組み立てる授業や学校行事の中で，傷ついている児童生徒の存在に気付けない場合もあります。たとえば，次のような声は，社会的養護の経験者たちが大人になってから，筆者に語ってくれたエピソードの一部です。

　「卒業式で，卒業生が全員で言わされる『お父さん，お母さん，これまで育ててくれてありがとう』というセリフは，どうしても言えなかった」，「授業で必要だからと，子どもの頃の写真を持ってくるように言われたが，持っていける写真がなかった」，「『自分の名前の由来を親に聞く』という宿題がでたが，そんなこと聞ける関係でもないし，聞きたくもなかった」，「親への感謝の手紙を書かされる『二分の一成人式』がつらかった」，「父の日参観日に向けて『お父さんの顔』を描くという授業があった。自分はお父さんの顔を知らないのでどうしようかと考えていたら，先生に『施設長の顔を描けばよい』と決めつけられたことがいやだったが，何も言えなかった」。

　学校には，家族を意識することになる行事や授業がたくさんあります。生徒指導提要（2022）では，教科の指導と生徒指導の一体化した授業づくりとして，

「安心安全な居場所づくり」が加わりました。教職員には，当事者の声を届けてくれる媒体や**支援ツール**なども活用しながら，様々な暮らしのありようを肯定できるような取組みの実現に努めていくことが求められています。

3　児童生徒が教職員に相談しやすい学校づくり

おわりに，「児童生徒が教職員に相談しやすい学校づくり」に向けた取組みの一例を紹介します。生徒指導提要（2022）では，「児童虐待防止法では，学校等は児童及び保護者に対して，児童虐待の防止のための教育又は啓発に努めなければならないと規定されており，その実施と内容の充実が求められています。児童生徒に対しては，つらいときには相談できるように，SC や SSW も含めた相談先の紹介なども必要になります」（p.176）と記しています。このことを保障するには，児童生徒たちが教職員に相談しやすい学校体制にしていく必要があります。

一般に，私たち大人は子どもたちに，「困ったことがあれば，いつでも相談してね」というメッセージを届けがちですが，子どもの立場に立つと「どこに行けば，誰に，いつ，どのくらいの時間，どのような内容の話を聞いてもらえるのか」ということがわかりません。学校では明確に示されていない場合が多いからです。

筆者が SSW として「何かあってから」出会った児童生徒たちからは，「先生といつ話ができるかわからない」，「相談しているところを見られたくない」，「家のことを相談してもしかたないと思っていた」という声をよく聞きました。相談することを恥ずかしいと思ってしまう一つの要因には，「相談することそ

（5）　インターナショナルフォスターケアアライアンス（IFCA＝日米協働の社会的養護の当事者団体）（2021）『これから新しい生活が始まるあなたのために　聞きたい・知りたい・伝えたい』
　　　https://www.ifcajapan.org/news/all/981/
　　　日本財団（2022）『はじまりの連絡帳』（特別養子縁組家庭と学校をつなぐコミュニケーションツール）
　　　https://nf-kodomokatei.jp/wp-content/uploads/2021/05/16p_5th_0226-.pdf（以上，2023年2月21日アクセス）等

のものに価値がある」という教育が少なく，相談したことでよかったと思える経験が少ないということが背景にあるのではないでしょうか。

　筆者はこのような問題意識を共有した教員や SSW とともに，「**絵本を取り入れた『相談する力を育む』・『尋ねる関係を築く』授業**」[(6)] に取り組んでいます。授業では，児童の権利に関する条約を紹介し，絵本や音楽などを通じて，「尋ねること」,「相談すること」の価値を伝え，児童生徒たちに相談できる人や方法を伝えます。ある学校では，授業後に子どもたちが疑問に思っていることや困っていることを伝えてくれることが増えました。虐待やいじめが疑われるような内容もあり，すぐにチーム支援が始められた事例もあります。被害の内容だけではなく，子ども自身の夢を語ってくれたり，自分自身に権利があるということを初めて知ったという感想もあったりしました。

　児童の権利に関する条約の重要性は，生徒指導提要（2022）においても明記されました。このことはとても価値のあることです。ここで紹介した授業も，児童の権利に関する条約の第12条「子どもが意見を聴かれる権利」を保障する一つのきっかけとなることを目指しています。子どもの声を聴くための**学校環境や学校体制の整備**[(7)]が，あらゆる被害からの防止や予防に必ずつながります。学校という場には，それだけ多くの可能性があるのです。

　　付記：本章は，桃山学院大学総合研究所共同研究プロジェクト（地域連携21連284）「学
　　　　　校という場をめぐる諸課題の解決に向けた学際的研究2 An multidisciplinary
　　　　　study related to solution of school problem 2」の研究成果の一部です。

（６）　金澤ますみ（2021）「子どもの権利条約を子ども自身に届ける——絵本を取り入れた出前授業」
　　　金澤ますみ・長瀬正子・山中徹二編著『学校という場の可能性を追究する11の物語——学校学の
　　　ことはじめ』明石書店
（７）　先駆的な取組みの一例として，木村幹彦（2021）「生野南小学校が取組む『「生きる」教育』が
　　　生まれた理由——国語教育と性・性教育を包括して」『月刊プリンシパル』６月号，学事出版，
　　　山田勝治（2022）「子どもの権利を尊重（エンパワ）する学校——子どもの権利条約と学校現場」
　　　『月刊生徒指導』９月号，学事出版などが参考になる。

第8章

自　殺

学校では，自殺の〈ほのめかし〉や自殺未遂，自傷行為等，自殺の危険の高い児童生徒への直接的な個別支援が不可欠になっています。生徒指導提要（2010）において自殺に関する記述は3頁弱に過ぎませんでしたが，生徒指導提要（2022）では20頁に増えたことで，学校における自殺予防について，安心安全な学校環境づくりから，未然防止教育，自殺の危険が高まった児童生徒への個別対応（危機介入）や事後対応についてまで，大切なことが網羅的に書かれています。

本章では，生徒指導提要（2022）で目指されている「全ての児童生徒の発達を支える」生徒指導への転換に焦点をあて，新たに加わった自殺予防に関する法令等に関する内容や，全ての児童生徒を対象とする自殺予防の取組みを中心に解説します。

1　自殺対策基本法と自殺予防の取組みの経緯

自殺対策基本法の成立

生徒指導提要（2010）には，自殺に関連する法の記述はありませんでした。しかし，生徒指導提要（2022）では「自殺対策基本法」（2006年法律第85号）等が取り上げられています。本法は，全自殺者数が1998年に急増し，3万人台が続くという深刻な状況（最多は2003年の34,427人）の中で成立しました。そして，本法において自殺予防は「社会全体で取り組むべき課題」として位置付けられました。

また，「自殺総合対策大綱」（2007）を踏まえ，国を挙げて中高年のうつ病対策を中心とした様々な取組みが進められました。その後，自殺者数は減少に転

じ，2019年は20,169人，2021年はコロナ禍で社会不安が大きくなる中，21,007人になりました。

　ただし，先進諸外国に比べると，まだまだ少ないとはいえません。

文部科学省の動向

　文部科学省（以下，文科省）は，子どもの自殺予防のための検討会（2006）を設置し，「子どもの自殺予防のための取組に向けて（第一次報告）」（2007）を発出しています。その後，協力者会議で「教師が知っておきたい子どもの自殺予防」（文科省，2009）を作成しました。

　後者は，全国の小・中・高校や教育委員会等に10万5000部が配布され，リーフレットは全ての教員の手に届くように98万部が配布されました。同時に文科省のホームページから入手することも可能になりました（阪中，2010）。さらに，子どもの自殺が起こると，遺族や周りの子どもたち，教職員には長年にわたって心の傷が残ることが少なくないことを踏まえ，翌年には「子どもの自殺が起きたときの緊急対応の手引き」（文科省，2010），続いて「子供に伝えたい自殺予防——学校における自殺予防教育導入の手引」（文科省，2014）が発刊されました。これらも全てダウンロードすることができます。しかし，残念なことに，これらの手引き書の存在を知っている教職員は決して多くはありません。

自殺対策基本法の改正

　全体の自殺者数が減少している中で，若い世代の自殺は増加傾向を示し，中・高校生の自殺者，および自殺死亡率はきわめて深刻な上昇傾向を示しています。また，10代の死因の第1位が自殺なのは，先進7カ国中で日本のみであり，自殺死亡率も他国に比べて高いものとなっています。

　このような状況の中，自殺対策基本法の改正（2016）が行われ，学校は心の健康の保持に係る教育または啓発等を行うことが努力義務として明記されました。翌年の「自殺総合対策大綱」（2017）では，「SOSの出し方に関する教育」等の推進が求められ，各学校には自殺予防教育に取り組むことが，同じく努力

義務として課せられました。

　「自殺総合対策大綱」の見直しは，5年ごとに行われていますが，2022年10月に閣議決定された大綱では，児童生徒の自殺がコロナ禍の影響も受けて過去最多（499人）になったこともあり，「子ども・若者の自殺対策の更なる推進・強化」が第一に挙げられました。各学校においては，今後，自殺予防の取組みを一層進めることが求められています。

　日本では40年ほど前に「青少年の自殺が多発している」ことが報道され，総理府（当時）から『子どもの自殺予防のための手引き書』（総理府青少年対策本部，1981）が発出されたことがあります。この手引き書は，教員が子どもたちの心の危機に際して，どのように関わればよいのかという点について，援助希求，カウンセラーとの連携等，現在でも重要とされていることがほぼ網羅的に示されています。しかし，残念なことに，この手引き書から5年後の1986年には，中学生のいじめ自殺報道やアイドルタレントの自殺報道により，中・高校生の自殺率が前年度比54％も上昇するという深刻な事態が生じてしまいました[1]（阪中，2015）。昨今の深刻な現状をみても，手引き書（先述の「教師が知っておきたい自殺予防」等も）で示された内容が，学校現場においていかに具現化されたのかという点に関しては，疑問を抱かざるを得ません。

　自殺対策基本法が目指す「誰も自殺に追い込まれることのない社会」，「国民が健康で生きがいを持って暮らすことのできる社会」を実現することと，生徒指導提要（2022）で示された生徒指導の定義「社会の中で自分らしく生きることができる存在へと，自発的・主体的に成長や発達する過程を支える教育活動」は重なります。各学校は，生徒指導提要（2022）第8章で示されている自殺予防に関する取組みの具体化を，どれだけ進めることができるのかが問われています。

（1）　東京都中野区の中学校で起きたいじめ自殺事件と当時の人気アイドルの自死によって引き起こされた自殺の連鎖を指す（1986年）。

2　学校内外の連携に基づく自殺予防のための教育相談体制の構築

　自殺は，専門家といえども一人で抱えることができないほど重く，困難な問題だといわれています。まず，児童生徒の心の危機の叫びを「聴く」ことがキーワードだといえますが，あわせて学校内外の連携，協働が不可欠です。

学校において一人で抱え込まない体制を築く

　生徒指導提要（2022）では，全教職員が組織的に自殺予防に取り組むために，以下が示されています。

①相談体制の中核として，教育相談コーディネーターと養護教諭との連携を密接にする。

②教育相談部（教育相談係）と生徒指導部の連携を図る。

③カウンセリングルームや保健室の日常的活用を進める。

④情報を共有して，協働的な教育相談体制を築く。

　これらの取組みが，自殺予防の観点から既存の組織を見直し，教育相談活動の実行性を高めることにつながり，自殺の危険の高い児童生徒へのきめ細かな継続的な支援を可能にします。

関係機関等との連携・協働

　自殺の危険が高い児童生徒は，医療機関との連携が必要になることも少なくありません。家庭環境の影響が大きい可能性もあり，福祉機関との連携も必要です。学校に精神科医やSC，SSW等の専門家の視点を入れることは，多角的な支援が可能になるだけでなく，教職員が必要以上に混乱に巻き込まれることを防いだり，関わる人の不安を軽減したりすることにもつながります。

保護者との連携

「自殺の危険の高い子どもの背後には，自殺の危険の高い親がいる。自殺の

危険の高い親の背後には，自殺の危険の高い子どもがいる」（フェファー，
1990）といわれています。危機的な状況にある児童生徒を支援し，自殺の危機
から救うためには，困難を抱えていたり，子どもへの関わりが適切ではなかっ
たりする家族の苦しい胸の内をわかろうとする関わりが大切です。

　生徒指導提要（2022）では，「子供だけでなく保護者を含め，家族全体を支
援することのできる機関につなげたり，学校が関係機関と連携したりしながら，
状況に応じて家族の機能を代替できる体制をつくる」などの取組みの必要性を
強調しています。

［3］　自殺予防に関する重層的支援構造

自殺予防の 3 段階と重層的支援構造

　一般的に自殺予防は，予防活動（プリベンション），危機介入（インターベン
ション），事後対応（ポストベンション）の 3 段階に分けられています。自殺予
防教育は予防活動（プリベンション）として位置付けられています（表 8 - 1）。

　図 8 - 1 は，表 8 - 1 の自殺予防の 3 段階と自殺予防に関する重層的支援構造
（生徒指導提要（2022），p.195，図14）を関連付けた概念図です。

　表 8 - 1・図 8 - 1 にはどちらも，具体的な取組みが簡潔に書かれているので，
自校の取組みを考える参考としてください。

自殺予防につながる発達支持的生徒指導の基本的視点

　まず，児童生徒の自殺を防ぐために，自殺の予防因子について考えたいと思
います。

　岡は，統計から徳島県旧海部町が自殺希少地域であることを確認し，その後，
4 年間の現地調査を行いました。その結果，自殺死亡率が突出して低い旧海部
町には，他地域に比べて際立つ自殺予防因子として，「①多様性の重視，②緊
密過ぎないゆるやかなつながり，③多角的長期的にみる人物評価，④自己信頼
感の高さ，⑤援助希求行動」（岡，2013）の 5 因子を導き出しました。

表8-1　学校における自殺予防の3段階

段　階	内　容	対象者	学校の対応	具体的な取組例
予防活動 プリベンション	各教職員研修	全ての教職員	校内研修会等の実施	教職員向けゲートキーパー研修
	自殺予防教育及び児童生徒の心の安定	全ての児童生徒	授業の実施（SOSの出し方に関する教育を含む自殺予防教育，及び自殺予防につながる教科等での学習） 日常的教育相談活動	・自殺予防教育 ・生と死の教育 ・ストレスマネジメント教育 ・教育相談週間 ・アンケート
	保護者への普及啓発	全ての保護者	研修会等の実施	保護者向けゲートキーパー研修
危機介入 インターベンション	自殺の危機の早期発見とリスクの軽減	自殺の危機が高いと考えられる児童生徒	校内連携型危機対応チーム（必要に応じて教育委員会等への支援要請）	・緊急ケース会議（アセスメントと対応） ・本人の安全確保と心のケア
	自殺未遂後の対応	自殺未遂者と影響を受ける児童生徒	校内連携型危機対応チーム（教育委員会等への支援要請は必須），若しくは，状況に応じて（校内で発生，目撃者多数などの場合）ネットワーク型緊急支援チーム	・緊急ケース会議 ・心のケア会議 ・本人及び周囲の児童生徒への心のケア
事後対応 ポストベンション	自殺発生後の危機対応・危機管理と遺された周囲の者への心のケア	遺族と影響を受ける児童生徒・教職員	ネットワーク型緊急支援チーム（校内連携型危機対応チーム，教育委員会等，関係機関の連携・協働による危機管理態勢の構築）	・ネットワーク型緊急支援会議 ・心のケア会議 ・遺族，周囲の児童生徒，教職員への心のケア ・保護者会

出所：生徒指導提要（2022）p.193，表2を筆者改変

　「学校の日常生活全般を通じて，『生き心地の良い町』にみられる要素を身につけるような取り組みを行うことが遠回りに見えても自殺を防ぐために不可欠である」（阪中，2018）と考えられます。

　『生き心地の良い町』に述べられている①～⑤の視点は，自殺予防における生徒指導の4層全てに関連しますが，ここではこの5因子を手がかりに自殺予

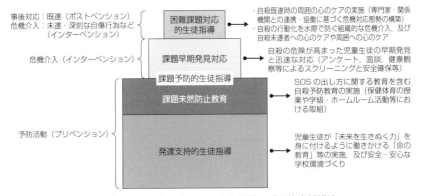

図 8-1　自殺予防の 3 段階と生徒指導の重層的支援構造

出所：生徒指導提要（2022）p. 195, 図14を基に筆者作成

防の土台となる「安全・安心な学校環境」をつくること（自殺予防につながる発達支持的生徒指導）がどうすれば可能になるかについて考えてみたいと思います。

① 多様性を重視する

画一的な一斉指導で授業をしている教員の中には，多様な子どもが教室にいることに負担を感じている人がいるかもしれません。しかし，多様性を認める学級風土の中でこそ，主体的・対話的な学びが可能となり，「何を知っているか」に加えて「知っていることを使ってどのように社会・世界と関わり，よりよい人生を送るか」という深い学びにつなげることができます。「いろんな人がいてもよい」ではなく，「いろんな人がいたほうがよい」との感覚が求められています。

② ゆるやかにつながる

学級内に親友や仲良しグループがあっても，誰とでも分け隔てなく挨拶や会話を交わすことができる集団，学習や行事等において人間関係が固定されずに，誰とでも気持ちよく活動でき，ときには一人になりたくなって集団から離れても安心感がもてる学級・ホームルーム経営が求められます。また，学級には一定の凝集性が求められますが，過剰に凝集性を高めようとして，友達を監視するといった雰囲気にならず，あたたかな関心を持ち合う雰囲気が生み出される

ことが大切です。

　③　評価は，多角的に長い目で行う

　学校においては，学力や成績を中心に評価が行われがちですが，学力と同時に他の良さ（好きなことに没頭したり，率先して協力したり思いやりを発揮できたりするなど）をきちんと認められていると実感（言葉・記録などで）することで，学校が居場所であるという気持ちが培われます。

　④　自己信頼感を培う

　「どうせ自分なんて」と思う児童生徒であっても，ささやかな努力が認められることによって，自分自身を受け入れ肯定的に捉えることが可能になります。小さな成功体験を積み重ねることで，自分にも「必ずできることがある」と実感する経験が必要で，その経験が自分を大切にする気持ちにつながります。

　⑤　援助希求できる環境を整える

　今の学校には（社会にも），弱音を吐くことをよしとしない雰囲気があるように思われます。弱音を吐くと叱咤激励され，そのことが功を奏する場合もありますが，悩みや弱みなどを一人で抱えず早めに表出することで，とりかえしのつかない事態を防ぐことが可能になると思われます。

　学校に「弱音を吐いても大丈夫，安心して弱みが出せる」というような雰囲気があることは，「心理的安全性」に大きく影響します。自分の弱さを受け入れ，他者を信頼することなしには，苦しい状況に陥ったときに立ち直っていくことはできないのではないでしょうか。

　このような安心・安全な学校環境をつくりだすこととともに，生徒指導提要(2022)では，各学校ですでに取り組まれている「生命尊重に関する教育」，「生と死の教育」などを自殺予防教育の下地づくりの授業として，自殺予防につながる発達支持的生徒指導に位置付けています。

課題予防的生徒指導：未然防止教育としての自殺予防教育の流れ
（1）自殺予防教育の全体像
「子供に伝えたい自殺予防」（文科省, 2014）では，自殺予防教育の目標を

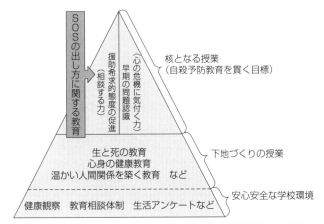

図8-2　SOSの出し方に関する教育を含む自殺予防教育の構造
出所：生徒指導提要（2022）p.198，図15

「早期の問題認識（心の危機に気付く力）」と「援助希求的態度の促進（相談する力）」とし，核となる授業で中心的に取り扱う内容として位置付けています。「SOSの出し方に関する教育」は「援助希求的態度の促進」にほかなりません（図8-2）。

　現在，文科省・厚生労働省（以下，厚労省）は各学校に対して，「SOSの出し方に関する教育を含む自殺予防教育」に，毎年1時間は取り組むよう通知しています。その中で，自殺予防教育の核となる授業は，道徳的な視点というよりも，「心の健康教育」として進める方向性が強調されています。

（2）自殺予防教育の「核となる授業」

　前述した⑤援助希求できる態度を身に付ける取組みは，「安心安全な学校環境」「下地づくりの授業」「核となる授業」を貫いて展開されるもので，自殺予防教育の目標である二本柱の一つとも重なります。

　現状をみると，児童生徒が相談できる力を持ち合わせていないところに大きな課題があります。

　日本財団の「自殺意識調査2016」（2016）では，20歳以上の人が対象ですが，「本気で死にたいと思っても相談しなかった」（73.1％），「自殺未遂をしたとき

に相談しなかった」（51.1％）と報告されています。

　国立成育医療研究センター（2022）の第7回調査報告では，典型的なうつ症状（数週間悲しくなったり辛くなったりすることが多く，しっかり寝られず食欲もなく，毎日できていたこと，勉強や習い事もできなくなったなどの状態）には，94％の児童生徒（小学校4年生から高校生）は，助けが必要と回答しています。しかし，自分だったら「相談せずに様子を見る」と答えた児童生徒が4割に上ると報告されています。

　小・中・高校を対象に筆者が実施した調査でも，先述した典型的なうつ症状では，ほぼ100％の児童生徒が助けは必要と答えますが，「自分だったら」と問うと，ほぼ半数，多いところでは7割ぐらいが相談せずに様子を見ると答えています。

　いずれの調査からも，相談することへのハードルが高いことがわかります。

　大人も子どもも，辛いこと，悩んでいることを相談するのは難しく，勇気のいることといえるのではないでしょうか。しかし，自分で解決できないときに相談できる力は，生きていく上で大事な術の一つです。児童生徒が，困ったことがあったら表に出す，そうすれば誰かが助けてくれると実感し，「親や先生を心配させるのでは」などと気を遣わなくてもよいことを，教職員も子どもたちも体験的に理解することが必要だと思われます。

　また，心の危機について取り上げる授業が，リスクのある生徒にマイナスの影響を与えるのではないかという懸念を抱かれることもあります。しかし，筆者が「核となる授業」（相手をわかろうとする聴き方や，辛い気持ちを発信してもよいことを体験するためのロールプレイを取り入れた授業）を実施した後の効果検証の結果からは，健康度の高い生徒よりもハイリスクな生徒に有意な変化（心の危機を理解する力，心の危機を相談する力の向上）が認められました。リスクの高い生徒に十分配慮しながら，授業に取り組むことはいうまでもありませんが，「核となる授業」がハイリスクな児童生徒への予防効果をもつことが確認されたものと考えられます（阪中，2020）。

　生徒指導提要（2022）や「子供に伝えたい自殺予防」には，自殺予防教育の

授業展開例や実施上の留意点等が示されています。「体験的学習を中心にした
自殺予防教育の実際」（阪中，2020）も参考としながら，学校や児童生徒の実態
に応じて，各学校がやれるところから自殺予防教育に取り組んでほしいと願っ
ています。

課題予防的生徒指導：自殺の危険が高まった児童生徒の早期発見対応

（1）児童生徒の自殺の特徴と原因・動機

　児童生徒の自殺の特徴として，両価性（生と死の間で揺れ動いている）・衝動
性・柔軟性を欠いた思考などが挙げられます。心の危機の叫びとして発せられ
る自殺のサインに気付くには，表面的な言動だけにとらわれず，笑顔の奥にあ
る絶望を見抜くことが必要です。

　なお，生徒指導提要（2022）には，自殺直前のサインの例が示されていますの
で参照してください。

　児童生徒の自殺の原因・動機は，不詳も少なくないのですが，中学生や高校
生では「学業不振」がトップになることが多く（厚労省，2022），「全国家庭児
童調査」（厚労省，2014）によると「不安や悩みがある」と答えた中・高校生は
約6割で，その悩みの種類で最も多いのが「勉強や進路」（5割）です。学業
不振等は，学校ではよくありがちなことかもしれませんが，成績の急な低下や
進路の不安等に視点を向けることは早期発見に欠かすことができません。自殺
防止において大切なことは，その児童生徒の日常をしっかりとみた上で，次に
示すような自殺の危険因子を多くもつハイリスクな児童生徒に，行動の変化が
みられたときは，過小評価せず，リスクをアセスメントし，無駄になるかもし
れないことを恐れずに，関係する大人が連携して関わることが大切です。

（2）どのような子どもに自殺の危険が迫っているのか

　まず，自殺の危険因子について，以下に示します（文科省，2009を基に筆者改
変）。

・自殺未遂歴，自殺関連行動（自らの身体を傷付けたことがある）
・未治療の心の病（うつ病，統合失調症，摂食障害など）

・安心感のもてない家庭環境（虐待，親の心の病，家族の不和，過保護・過干渉など）

・独特の性格傾向（完全主義，二者択一思考，衝動的など）

・喪失体験（本人にとって価値あるものをなくす経験）

・孤立感（特に友達とのあつれき，いじめ）

・事故傾性（無意識の自己破壊行動）

　思春期・青年期には，内面の葛藤や悩みは誰にも話せないと過剰に意識して，自分だけの世界に閉じこもってしまうこともあります。周囲の大人は，「何を考えているのかわからない」と関わりを薄くしてしまいがちですが，そのような心理状態こそが最も危険であることを心に留めておくことも必要です。

（3）自殺の危険の高まった児童生徒への関わり

　何より大切なことは，児童生徒の声をしっかりと「聴く」ことです。たとえ子どもであっても，その子なりに精一杯生きていることを尊重し，苦しい胸の内をわかろうとする姿勢が求められます。

　自殺の危険に気付いたときの対応の参考になるのが，生徒指導提要（2010）でも生徒指導提要（2022）でも示されている「TALK の原則」です。

　Tell：心配していることを言葉に出して伝えます。

　Ask：「死にたい」と思うほど辛い気持ちの背景について尋ねます。真剣に聞く姿勢があるならば，自殺について質問することは，むしろ自殺の危険度を評価し，予防につなげる第一歩となります。ただ，そのようなことがなかなか難しいと感じたならば，無理をせず，学校であれば，そのようなことを落ち着いて聞くことのできる同僚（養護教諭，教育相談部など）やSC とともに関わります。深刻な場合は専門機関と連携します。

　Listen：叱責や助言などをせずに，子どもの絶望的な訴えに耳を傾けることが大切です。ただ，真剣に聴いているからこそ，自分の中で様々な感情が沸き起こって，自分なりの考えを伝えたくなってしまうかもしれません。辛さをわかろうと全身で受け止めながら，発した言葉と同じ言葉を返すのも一つの方法です。わかろうとする姿勢が伝わってこそ，新たな視点や解

決策を一緒に考えたりすることができます。

Keep safe：安全を確保し，一人にせずに一緒にいて，連携して適切な援助を行います。支援者が一人で抱え込まないことが大切です。

また，助けを求めている事柄が，できることから逃げているようにみえる場合でも，どうして逃げてしまうのか（逃げざるを得ないのか）という問いを立て，指導・支援の方向性が単に「甘やかす」ことなのか，その時点で必要な「甘えさせる」ことなのかをケース会議等で協議することが大切です。

「甘え」は，危機に際して助けを求める力（人を信頼し依存できる）の基になるものといえます。自分の弱さを受け入れ，他者を信頼することなしには，苦しい状況に陥ったときに立ち直っていくことはできません。「甘え」の原型は，乳幼児が自分の欲求を満たすために，弱者であることを利用して親の愛を引き出すことにあるといわれています。

このような体験の乏しかった児童生徒が，自分の弱さをさらけ出してもがく中で助けを求めたり，甘えたり，弱音を吐いたりする援助希求行動を表出することは，適切な「依存」のネットワークを築こうとする「自立」への一歩が踏み出された現れである，と関わる大人が理解することが求められます。援助希求の意味を理解しようとする姿勢の中で初めて，「自立」を促す指導・支援が可能になるのではないでしょうか。

（4）困難課題対応的生徒指導としての緊急事態への危機介入および事後対応

図 8-1 に示したように，自殺予防の 3 段階では，自殺未遂への対応は危機介入（インターベンション）に入ります。不幸にして自殺既遂事案が起きてしまったときが，事後対応（ポストベンション）となります。

死の訴え，深刻な自傷行為，自殺未遂などの困難な課題に直面している自殺の危険の高い児童生徒が，何とか危機を乗り越えたり，しのいだりするように働きかけることが緊急事態への危機介入です。その際，大人がよかれと考えた解決策は，常に役立つものとは限りません。絶望の淵にいる児童生徒にとって，そうできない自分であった場合など，より追い詰められるかもしれませんし，心理的自立が課題の思春期の児童生徒たちは，正論だからこそ反発しマイナス

に働くこともあるかもしれません。解決策は子どもの中にあると信じ，大人は子ども自身がそのことに気付くための伴走者でしかないことを心に刻み，もがいている自殺の危険の高い児童生徒のいのちを守るために真摯に対応する姿勢をもつことが大切です。

　特に，自殺未遂や既遂への対応は，難しい問題が出てきます。生徒指導提要（2022）第8章第3節第4項「自殺行動が生じた場合の困難課題対応的生徒指導の実際」（pp. 201-206）を資料として，校内研修等で活用し，シミュレーションしたり，「子どもの自殺が起きたときの緊急対応の手引き」（文科省，2010）を参考に，平常時から緊急時に備えていることが大切です。

　もしも，緊急事態が生じた場合には，学校と教育委員会が連携し，ネットワーク型緊急支援チームを組織して，危機にある児童生徒や保護者等を支援することが求められます。

＊

　生徒指導提要（2022）では，子どもの視点に立った生徒指導，児童生徒の権利保障という観点が重視されています。その上で，子どもを取り巻く状況が多様化・複雑化している中で，自殺といった，生命や人権に関わる事象に関しては，一つ一つに丁寧に向き合う教職員の姿勢と，多角的な視点からのアセスメント，組織的対応の重要性が，自殺予防においても強調されています。

　予防や発生時，発生後に至るまで，段階ごとの対応の方向性と内容が具体的に示されていますので，対応に困ったときのマニュアルとして，また，学校全体の生徒指導力を高めるための校内研修のテキストとして活用されることを期待します。

引用・参考文献
岡檀（2013）『生き心地の良い町』講談社
厚生労働省（2014）「全国家庭児童調査」
　　https://www.mhlw.go.jp/toukei/list/72-16.html（2023年1月10日アクセス）
厚生労働省（2022）『令和4年版自殺対策白書』

https://www.mhlw.go.jp/stf/seisakunitsuite/bunya/hukushi_kaigo/seikatsuhogo/jisatsu/jisatsuhakusyo2022.html（2023年 2 月10日アクセス）

国立成育医療研究センター（2022）「第 7 回調査報告（2021年）」
https://www.ncchd.go.jp/center/activity/covid19_kodomo/report/CxC7_digest.pdf（2023年 1 月10日アクセス）

阪中順子（2010）「『教師が知っておきたい子どもの自殺予防』解説」『児童心理』第64巻第 8 号，金子書房，pp. 96-100

阪中順子（2015）『学校現場から発信する子どもの自殺予防ガイドブック』金剛出版

阪中順子（2018）「学校教育と自殺予防」『最新精神医学』第24巻第 1 号，世論時報社，pp. 43-50

阪中順子（2020）「体験的学習を中心にした自殺予防教育の実際」相馬誠一・伊藤美奈子編著『子どもたちに〝いのちと死〟の授業を──学校で行う包括的自殺予防プログラム』学事出版，pp. 116-125

総理府少年対策本部（1979）「子どもの自殺防止対策について（提言）」

総理府青少年対策本部（1981）『子どもの自殺予防のための手引き書』

日本財団（2016）「自殺意識調査2016」
https://www.nippon-foundation.or.jp/app/uploads/2018/12/wha_pro_sui_mea_05.pdf（2023年 1 月10日アクセス）

Pfeffer, R. C.（1986）*The Suicidal Child*, The Guilford Press（シンシア・R・フェファー，高橋祥友訳（1990）『死に急ぐ子どもたち』中央洋書出版部）

文部科学省（2009）「教師が知っておきたい子どもの自殺予防」
https://www.mext.go.jp/b_menu/shingi/chousa/shotou/046/gaiyou/1259186.htm（2023年 1 月10日アクセス）

文部科学省（2010）「子どもの自殺が起きたときの緊急対応の手引き」
https://www.mext.go.jp/a_menu/shotou/seitoshidou/__icsFiles/afieldfile/2018/08/13/1408018_001.pdf（2023年 1 月10日アクセス）

文部科学省（2014）「子供に伝えたい自殺予防──学校における自殺予防教育導入の手引」
https://www.mext.go.jp/component/b_menu/shingi/toushin/__icsFiles/afieldfile/2014/09/10/1351886_02.pdf（2023年 1 月10日アクセス）

第9章

中途退学

本章は，中途退学を理解し，状況を改善していくために必要な基礎的知識および具体的方策について説明しています。生徒指導提要（2022）では，中途退学に対する理解を深めるために，新たに関連法規，関連機関が示されています。このように，生徒指導提要（2022）ではより詳しい情報が記述されたことに加え，具体的方策が時系列的に示されたことが特徴です。

これらの内容を本章では，1「中途退学の関連法規および理解」に続いて，生徒指導提要（2022）で示された2軸に従い，2「中途退学の未然防止と組織体制：常態的・先行的（プロアクティブ）生徒指導」，3「中途退学者の指導と関係機関との連携体制：即応的・継続的（リアクティブ）生徒指導」にまとめて，順に説明します。

1 　中途退学の関連法規および理解

生徒指導提要（2022）では，第9章第1節「中途退学の関連法規と基本方針」，第9章第2節「中途退学の理解」はそれぞれ独立した内容とされていますが，いずれも中途退学を理解する上での基礎となる内容として，本章では第9章第1節にまとめて説明します。

中途退学の関連法規と基本方針

まず，「中途退学」の定義を確認してみましょう。生徒指導提要（2022）により定義はより正確な表現に改められています。生徒指導提要（2010）は「年

度途中に校長の許可を受け，又は懲戒処分を受けて退学した者等」とありますが，生徒指導提要（2022）は「校長の許可を受け，又は懲戒処分を受けて退学することなど」とあります。生徒指導提要（2010）は「退学した者」とありますが，生徒指導提要（2022）の「退学すること」と表現するほうがより適切です。また，「年度途中」という時期を限定する表現も不要であり消えています。

　なお，退学者数や退学率をみる際には少し注意が必要です。生徒指導提要（2010）には中途退学者には「転学者及び学校教育法施行規則の規定（飛び級入学）により，大学進学した者は含みません」という記述があります。たとえば，学校への不適応で転学した生徒等の数は退学者数には含まれていないということになります。また，中途退学の人数等を示す際に，文部科学省による「児童生徒の問題行動・不登校等生徒指導上の諸課題に関する調査」の結果を用いることが一般的ですが，数値の算出方法等に課題があり，そこで示されている数値よりも実際には退学率は高くなる可能性が指摘されています（青砥，2009，藤江・藤生，2021等）。

　次に，懲戒としての退学に関連する法規についてです。生徒指導提要（2022）では，具体的に学校教育法第59条および学校教育法施行規則が示されています。この他，学校教育法第11条も関連するため，併せて条文を確認しておきましょう。

　最後に，中途退学を考える際の基本方針に示された6つの視点についてです。文部省（当時）は1989年に学校不適応対策調査研究協力者会議を立ち上げました。この会議は研究者10名，学校教員や教育委員会委員，家庭裁判所調査官等の公務員10名から成ります。この会議の設立の背景としては，学校に行かない子どもの増加に対する当時の文部省の課題意識があったことが考えられます（田中，2020）。この会議は1992年3月に「登校拒否（不登校）問題について」，同年12月に「高等学校中途退学問題について」の報告書を取りまとめています。それを受けて，1993年4月に文部省初等中等教育局長より「高等学校中途退学問題への対応について」という文書が都道府県の教育委員会，知事および国立大学長に向けて通知されています。

　生徒指導提要（2022）の基本方針には，この通知の中に示された５つの「基本的視点」が当てられています。約20年前に出された「視点」ではありますが，現在でも十分に有効であることは注目に値します。また，生徒指導提要（2022）ではこの５つの視点の他に，「小学校，中学校を含む児童生徒の成長や社会的・職業的自立の視点」からみることの重要性も指摘されています。なお，この６つ目の視点は，生徒指導提要（2010）にも「キャリア教育を含めた社会性をはぐくむ指導」として提示されていた視点であるため，必ずしも新しい視点とはいえません。しかし，これらの視点を明確にすることで，生徒指導提要（2022）は中途退学を理解するための土台を提示しているということができるでしょう。

中途退学の要因

　まず，生徒指導提要（2010）と生徒指導提要（2022）の間で共通する中途退学の要因についての記述のポイントは３つあります。１つ目は，「学校生活への不適応」が中途退学の要因として中心的に記述されていること，２つ目は曖昧な目的による高校進学という進路選択の問題が記述されていること，３つ目は高校段階の中途退学の問題は，小学校，中学校における学校生活への不適応とつながっていることが記述されているということです。

（1）「学校生活への不適応」

　「学校生活への不適応」について，図９−１は事由別に中途退学者数の構成比がこれまでどのように変化してきたのかを示しています。この図からわかることは，「学業不振」や「問題行動等」をはじめとする事由が1982年度調査以降減少しているのに対し，「学校生活・学業不適応」および「進路変更」は増加し，二極化しているということです。なお，「進路変更」には「別の高校への入学を希望」「就職を希望」などが含まれていますが，進路変更に至った理由は明らかにされていません。そこには，学校生活に不適応だったため，別の高校に入学する気持ちになった生徒や，家庭の経済的な事情により就職を希望するようになった生徒などが含まれると考えられます。ここでの項目は，あくま

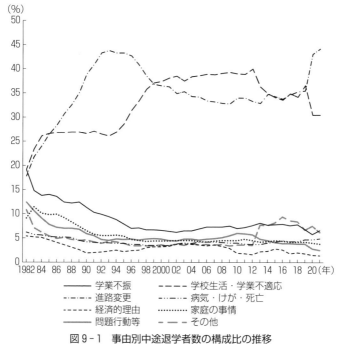

図9-1　事由別中途退学者数の構成比の推移

注：中途退学者1人につき，主たる理由を1つ選択したもの
　　構成比は，中途退学者に対する割合を示す（％）
　　2005年度からは国立，2013年度からは通信制課程も調査
出所：文部科学省，2022を基に筆者作成

で「主たる理由」が示されているということに注意する必要があります。

　このことについて，より具体的な事由を示したのは内閣府（2011）の調査です。調査によると，中途退学の理由は「欠席や欠時がたまって進級できそうもなかったから」（54.9％）が最も多く，以下，「校則など校風があわなかったから」（52.4％），「勉強がわからなかったから」（48.6％），「人間関係がうまくいかなかったから」（46.3％）と続いています。

　また，生徒指導提要（2022）の新しいポイントとして2つ挙げることができます。1つ目は，課題の所在についてです。生徒指導提要（2010）は社会環境の変化により児童生徒の「人間関係力や社会性」の育ちに課題があることに重

点が置かれているのに対し，生徒指導提要（2022）は生活の問題，進路の問題，学業の問題が複合的に存在していることが指摘されていることです。中途退学が個人の問題として捉えられがちだったものが，要因は複雑であるという認識に変化しているといえるでしょう。

　この変化は，「登校拒否」が「不登校」と表現されるようになったことと重なります。「登校拒否」はもともと精神医学，心理学の立場から出てきた用語で，学校に行かない現象を個人や家族の「病理」として捉える言葉でした。

　一方で「不登校」は様々な要因により学校に行きたくても行けない児童生徒もいることなどに鑑みた，よりニュートラルな表現です。不登校という表現が初めて公で使われたのは，上述の学校不適応対策調査研究協力者会議による1992年3月「登校拒否（不登校）問題について」だと考えられます。この報告では「登校拒否はどの子どもにも起こりうるものである」という認識が示されました。

　中途退学の要因に対する考え方も，「不登校」より遅れてはいますが，同様に徐々に変化してきたと考えられます。すなわち「中途退学はどの子どもにも起こりうるものである」という認識がこの変化の背景にあると考えられるのです。

（2）社会環境に関する記述の変化

　2つ目は社会環境に関する記述の変化についてです。核家族についての言及は同様ですが，その他に，生徒指導提要（2010）は，兄弟姉妹の数の減少，共働き，個室・孤食化，地域住民との交流の減少といったことが挙げられていました。これらは，子どもが関わる人の「数」の減少をめぐる問題と特徴付けることができるでしょう。社会学者の門脇厚司（1999）は「社会力」という概念を提示しましたが，生徒指導提要（2010）は子どもたちの社会力，すなわち「人が人とつながり，社会をつくる力」が衰退していることが大きな要因として考えられていたといえます。

　一方で生徒指導提要（2022）では，貧困家庭の問題，ヤングケアラー，インターネットやSNSによるフェイク情報の横行といった，子どもの生活の「質」の変化をめぐる問題が指摘されているのが特徴です。これらの問題は，福祉や

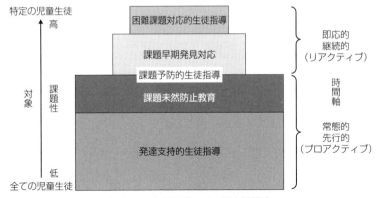

図9-2 生徒指導の重層的支援構造
出所：生徒指導提要（2022）p.19. 図2

教育に関する政策によって改善が期待できる社会の問題です。生徒指導提要（2010）は「中途退学の問題は教育上の課題です」と書かれていましたが，これまでにみてきたような生徒指導提要（2022）の変化から読み取れることは，「中途退学は社会の問題である」と捉えられるようになってきたということではないでしょうか。

中途退学がもたらすものと対策

生徒指導提要（2022）全体を通して最大のポイントは，図9-2のように生徒指導を「2軸3類4層」で捉えていることにあります。特に時間軸に着目した「2軸」，すなわち「常態的・先行的（プロアクティブ）生徒指導」と「即応的・継続的（リアクティブ）生徒指導」において，前者の重要性を強く訴えていることが生徒指導提要（2022）の特徴といえるでしょう。それは「生徒が社会的・職業的自立に向けた資質・能力を身に付けるように働きかける発達支持的生徒指導を充実させることが，最も重要な中途退学対策」（p.212）と記述されていることにも表れています。この対策の視点は，上記の6つ目の視点と重なる考え方です。

2　中途退学の未然防止と組織体制
：常態的・先行的（プロアクティブ）生徒指導

　本節では中途退学に対する常態的・先行的（プロアクティブ）生徒指導について，生徒指導提要（2022）の第3節「中途退学の未然防止と組織体制」および第4節「中途退学に至る予兆の早期発見・対応」はそれぞれ独立した内容とされていますが，いずれも中途退学に対する常態的・先行的（プロアクティブ）生徒指導となる内容であるため，本章では第2節にまとめて説明します。生徒指導提要（2010）は「3　具体的な取組」にまとめられていた中高の連携，教育相談活動体制の構築，教科指導上の留意点および「4　中途退学者の進路指導の在り方」について，生徒指導提要（2022）ではそれぞれの内容をより詳しく，またより現状に沿った内容になっています。

中高の連携と校内体制

　生徒指導提要（2022）では，「9.3.1　新入生対応における中学校との連携」，「9.3.2　高校生活への適応を支える校内体制」の2項に分けて記述されていますが，本節では1項にまとめて説明します。

　高校での不適応を防ぐために，中高連携が重要であることはいうまでもありません。ただし，小中の連携とは異なり，高校が数多くの中学校と連携することは現実的でない場合もあります。生徒指導提要（2022）では，そのような場合について，不適応が心配される特定の生徒に限定した情報共有の場の設定など，より現実的な対応について記述されていることが特徴です。さらに，小学校から継続して作成する「キャリア・パスポート」の活用についても指摘しています。このことについては，本節の最後に説明します。

　中高連携が「縦の連携」とすると，校内体制の構築，すなわち校内での各部会，委員会等の連携は「横の連携」といえます。この「横の連携」に関して，生徒指導提要（2010）は教育相談活動を充実させる体制の構築についての必要性を述べるにとどまっていましたが，生徒指導提要（2022）では一歩踏み込ん

で，各部会，委員会での情報共有の必要性についても言及されています。教員が問題を一人で抱え込まずに，学年会で情報を共有して他の教員と協力し，さらに学年を超えて生徒指導部会と連携するなど学校全体で取り組める柔軟な組織であることは，中途退学を防ぐために有効だと考えられます。教師文化が，ハーグリーブス（Hargreaves, 1994）が示すような個人主義やグループ主義に陥ることなく，協働的な教師文化を構築することが中途退学を未然に防ぐために求められているといえるでしょう。

　また，生徒の委員会活動や学校行事などの特別活動が生徒間の交流の場となり，高校への適応が促される可能性についても記述されています。国立教育政策研究所（2019）による質問紙調査結果の分析によると，ある2つの質問項目に肯定的に回答した者は，高校3年間を通して中退しない可能性が高いことがわかっています。その項目は，「まじめに授業を受けている」と「学校行事に熱心に参加している」です。すなわち，普段の授業の様子だけではなく，生徒の学校行事への参加具合（主体的に取り組めているかなど）をみることもまた，中途退学の防止につながると考えられます。佐々木（2004）が述べるように，特別活動は「生徒指導の具体的な場」です。特別活動の様々な場面で生徒同士の交流を促し，取組みを通して生徒の中途退学を未然防止することが期待できます。

　しかし，当然ながら中には人間関係を形成することが苦手な生徒もいるでしょう。このことについて生徒指導提要（2022）では「一様に人間関係を形成する能力を求めるのではなく，苦手な生徒に対しては，ゆっくり成長を見守り，よいところを認めて，人間関係の形成を進めていくといった工夫を行うことが大切です」（p. 214）とあります。別の表現をするならば，生徒の多様性を尊重することが求められているといえるでしょう。

生活の問題

　中途退学に至る要因として，生徒指導提要（2022）では子どもの生活の質が変化していること，具体的には貧困問題やヤングケアラーなどの家庭生活の問

題があると記述されていることはすでに述べました。これらの問題は社会の問題です。学校への不適応は，個人の健康課題等だけではなく，このような社会や家庭生活を背景とした諸問題に起因することがあると考えられます。国立教育政策研究所（2019）による質問紙調査の分析によると，家族に相談できる生徒ほど，高2段階，高3段階で中退しない可能性が高いことがわかっています。遅刻欠席や授業中の態度などの変化に気付き，中途退学に至る前に対応することが求められますが，その際には，表面的な指導に終わるのではなく，上に示したような社会の諸問題についての認識を日々更新し，生徒の変化の背景にある問題に思いを巡らすことが必要でしょう。さらに，このような問題は，小学校や中学校時代から継続されていることも多いと考えられます。また，学校だけで対応することは困難な問題であることも多いでしょう。個人情報の取り扱いには注意しつつも，当該生徒の出身中学校や諸機関とも連携し，特定の教員だけで抱え込まずに，「チーム学校」として組織内外で連携を取りながら対応することが求められます。

教科指導上の留意点・学業の問題

　生徒指導提要（2010）と生徒指導提要（2022）に共通する記述としては，学習状況に課題がある生徒に対する補習や再試験，病気欠席や転居によって学習の遅れが心配される生徒への配慮といった「教育的配慮」や，高等学校卒業程度認定試験の活用について触れられていることです。さらに，学習状況に課題が発生しないような授業方法の工夫，たとえば生徒の理解度を把握しながら，学習についていけない生徒への個別指導や児童生徒の協働的な学びを促すことについて述べられています。

　一方で，相違点として，生徒指導提要（2022）のどのような状況において課題が発生するのかに関する記述が挙げられます。具体的には，特に「高校1年生の1学期」に「学習意欲の低下や無気力」，「学習状況」，「欠課時数」により進級や卒業に支障が生じた場合について記述されています。中途退学を未然に防ぐために教員が捉えるべきポイントが具体的に示されているといえます。こ

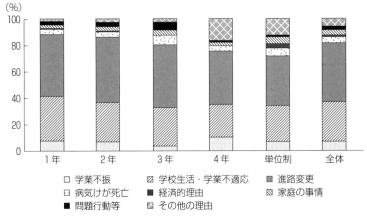

図9-3　学年別にみた中途退学事由の比率（2021年度）

出所：文部科学省，2022を基に筆者作成

れらの記述の根拠を示す調査分析を3つ紹介します。1つは，国立教育政策研究所（2019）による質問紙調査の分析です。これによると，高1段階で「授業がよくわかる」と回答した生徒は，高校2年生，高校3年生の段階で中退しない可能性が高いことがわかっています。また1つは，同調査によると，高校1年生段階で中退した生徒は，「まじめに授業を受けている」，「授業がよくわかる」，「学校行事に熱心に参加している」，「部活動に熱心に参加している」，「高校に行くのが楽しい」，「高校生活に大きな期待がある」，「今の高校に入学してよかった」，「充実した高校生活が送れそうだ」という8項目の回答の平均値が，入学後，4月から7月にかけて早々に下降することがわかっています。最後に，図9-3は2021年度の学年別にみた中途退学の事由の割合を示しています（文部科学省，2022）。図の「学業不振」および「学校生活・学業不適応」の割合を比較したときに，1年生の割合が他の学年と比較して高いということがわかります。また，生徒指導提要（2022）では学級担任・ホームルーム担任と教科担任との教員間の連携の重要性について指摘されていることもポイントといえるでしょう。

キャリア教育（進路教育）における未然防止機能・進路の問題

　生徒指導提要（2010）においても進路指導は重要な課題として取り上げられていました。それは，第9章の5節のうちの1節が割かれていたことからもわかります。しかし，その内容は中途退学者に対する進路指導，すなわちリアクティブな内容に限定されており，生徒指導提要（2022）における中途退学を未然に防ぐための進路指導（キャリア教育），すなわちプロアクティブな内容とはなっていません。確かに，「キャリア教育を含めた社会性をはぐくむ指導」についての指摘が一部にみられますが，限定的です。このリアクティブな進路指導の内容は，生徒指導提要（2022）では，「9.5　中途退学者の指導と関係機関との連携体制」においてより詳しく示されています。これらのことからわかることは，進路指導に関しても，生徒指導提要（2022）はプロアクティブな生徒指導に重点を置いているということです。

　ここでは生徒指導提要（2022）に示されているプロアクティブな生徒指導としてのキャリア教育（進路指導）について考えていきましょう。まず，キャリア教育について，高等学校学習指導要領第1章総則第5款の1の（3）では，以下のように書かれています（太字は筆者）。

> 　生徒が，学ぶことと自己の将来とのつながりを見通しながら，**社会的・職業的自立に向けて必要な基盤となる資質・能力を身に付けていくことができるよう**，**特別活動を要**としつつ各教科・科目等の特質に応じて，キャリア教育の充実を図ること。

　生徒指導提要（2022）には，安易に中途退学して働くことを選択することを防ぐために，「働くことと学ぶことが密接に結びついていることについての理解を，教科指導や就業体験活動（インターンシップ）などの機会を通じて，適切に促すことが必要」（p.215）とあります。教科等で学ぶことが社会に出て活用可能であるということを，一体どこで生徒たちは理解するのでしょうか。もちろん，その教科の授業中に学ぶことはあるでしょう。しかし，上に引用した

学習指導要領に「特別活動を要としつつ」と記述されていることからもわかるように，特別活動の中で，学校での学びの経験や学校で獲得した学びに向かう姿勢が社会でいかに役に立つかということを考えていくことが期待されているといえるでしょう。

　また，生徒指導提要（2022）では特別活動での取組みを通して，生徒の役割取得が行われる点に着目しています。学級での話し合いの議長や体育大会の係など，特別活動の中で様々な役割を経験することで，生徒は自分の強みや苦手なところを知ることができます。一方で，生徒に役割を依頼する場合には，生徒の特性と役割との間にミスマッチが起きないように配慮することについても記述されています。確かに，そのような配慮は必要ですが，役割分担に当たっては，教員が生徒に依頼するよりも，生徒間で話し合いを行い，役割を割り当てるようにしたいものです。そこでの教員の役割は，その話し合いが民主的に進行しているか，役割の押し付けがないかなどを見守ることが考えられます。

　さらに，「キャリア・パスポート」についても言及されています。キャリア・パスポートは，小学校から高校までのキャリア形成をポートフォリオのように蓄積していったものです。これを活用し，生徒自身がそれまでの経験を振り返りながら，自分の将来について展望し，また教員は学年や学校種の違いを超えて，一人の人間としての生徒を長期的視野に立って支援することが，中途退学の未然防止のために期待されます。

［3］　中途退学者の指導と関係機関との連携体制：即応的・継続的（リアクティブ）生徒指導

　ここでは，中途退学に対する即応的・継続的（リアクティブ）生徒指導として，就学の継続や就職について説明します。生徒指導提要（2022）では「9.5.1　中途退学者の進学や就職における関係機関」と「9.5.2　その他利用可能な関係機関」に分けられていますが，ここでは，「就学の継続支援」と「就職の支援」に分けて説明します。

就学の継続支援

　懲戒としての中途退学処分が下された場合や明確な就職の意思があるなどの場合ではなく，生徒から中途退学の希望が出された場合，まず学校が考えるべきことは，本人の就学をいかに継続させるかということでしょう。何が問題であるかを明確にしたときに，その問題を解決することができる可能性もあります。たとえば，経済的な理由による中途退学の希望であれば，国や自治体が実施する奨学金制度の紹介をすることが考えられます。国が実施する制度として主に2つの制度，すなわち「高等学校等就学支援金制度」と「高校生等奨学給付金制度」が挙げられます。多くの高校で「高等学校等就学支援金制度」については生徒に周知していることと思います。この制度は世帯収入等に応じて支援金を受給できるもので，2020年より私立高校の生徒への支援金が引き上げられるなど，内容の充実が図られています。

　一方，「高校生等奨学給付金制度」については，より経済状況が厳しい場合，具体的には，生活保護世帯や住民税所得割が非課税の世帯が対象となります。その他にも，自治体が独自に実施する奨学金事業などもあります。図9-3において，「経済的理由」により中途退学するものが比較的少ないのは，子どもの貧困が社会問題化する現在であっても，これらの制度が適切に利用されているからであると考えられます。

　しかし，比率が少ないとはいえ，人数にすると532名の生徒が経済的理由により中途退学せざるを得なかったという厳しい現実があります。なお，そのうち通信制の生徒は390人です。特に通信制に在籍する生徒への就学の継続のための経済支援については今後検討されるべき課題といえます（文部科学省，2022）。

　在籍する高校での就学の継続が困難な場合，次に検討するのは他の高校への転学です。全日制高校への転学を希望する場合，各高校の学力試験に合格しなければなりません。但し，一般的に受け入れ人数も少なく，希望通りに転学できない可能性があることを十分に認識する必要があります。

　一方，定時制・通信制課程を選択する場合，それらには多様な特色があることから，生徒の希望と一致する転学先を探すための教員の援助が必要です。定

時制課程を置く学校数は年々減少傾向にありますが，通信制は増加傾向にあります。またかつては定時制・通信制には就業者が数多く在籍していましたが，年々生徒の若年化が進むとともに，無職の生徒が増加しています（文部科学省，2020）。勤労青年が教育を受ける機会を確保するという目的で発足した定時制・通信制課程も，現在では，中途退学者を含めた生徒の多様なニーズに応え，教育の機会を提供するという目的が大きくなっていると考えられます。

就職支援と関係機関

　図 9 - 3 で示した，2021年度の事由別中途退学者数のうち，就職希望者は「進路変更」に含まれており，全体の8.2％（3,183人）を占めます（文部科学省，2022）。「学業不振」など，その他の事由による中途退学であっても，退学後に就職するという選択肢を選ぶ生徒もいると考えられます。しかし，よく知られているように，新規中卒者の 3 年以内の離職率はここ数年で70％台から50％台へと年々低下傾向にあるものの，半数以上が 3 年以内に離職しており，中途退学者も同様に厳しい状況にあることが予想されます（厚生労働省，2021）。

　より適切で専門的な就職指導が必要なため，中途退学者が就職を希望する場合，まずハローワーク職員の支援を受けることが考えられるでしょう。さらに，若者の就職支援に特化した（対象は15〜49歳）支援を実施している「地域若者サポートステーション」の活用が考えられます。各都道府県に 1 カ所以上あり，キャリアコンサルタント等，専門的な知識をもったスタッフからの支援を受けられる，厚生労働省委託の支援機関です。

　学校にはこれらの機関との連携が求められますが，内閣府（2011）の調査によると，「地域若者サポートステーション」を認知している中途退学者はかなり少なく，その値は2010年時点で高校中退後概ね 2 年以内の回答者の 6 ％に過ぎないという課題が見いだされています。さらに同調査によると，必要な支援として最も多くの中途退学者が答えたのが「進路や生活などについてなんでも相談できる人」（66.6％）です。必要な人に必要な支援が届いていないという現実があり，今後の課題といえるでしょう。

引用・参考文献

青砥恭（2009）『ドキュメント高等学校退学――今，貧困が生まれる場所』筑摩書房

門脇厚司（1999）『子どもの社会力』岩波新書

厚生労働省（2021）報道発表資料「新規学卒就職者の離職状況を公表します」
https://www.mhlw.go.jp/stf/houdou/0000177553_00004.html（2022年10月10日アクセス）

国立教育政策研究所（2019）「『高校中退調査』報告書――『中退者』と『登校者』との比較から見えてきたもの」（一部改訂）
https://www.nier.go.jp/shido/centerhp/pdf/h2906_01.pdf（2022年10月10日アクセス）

佐々木正昭（2004）『生徒指導の根本問題――新しい精神主義に基づく学校共同体の構築』日本図書センター

田中佑弥（2020）「学校に行かない子どもに関する認識と対応の変容過程――1960～1980年代を中心に」（博士論文）武庫川女子大学

内閣府（2011）「若者の意識に関する調査（高等学校中途退学者の意識に関する調査）報告書（解説版）」
https://www8.cao.go.jp/youth/kenkyu/school/kaisetsu.html（2022年10月10日アクセス）

Hargreaves, A. (1994) *Changing teachers, changing times: Teachers' work and culture in the postmodern age*, OISE Press

藤江玲子・藤生英行（2021）「日本における高等学校の非卒業者の率の検討」『教育総合研究』第5巻，pp. 83-94

文部省（1992）「学校不適応対策調査研究協力者会議報告（概要）」
https://www.mext.go.jp/a_menu/shotou/seitoshidou/04121502/024.htm（2022年10月9日アクセス）

文部省（1993）「高等学校中途退学問題への対応について」
https://www.mext.go.jp/a_menu/shotou/seitoshidou/04121502/025.htm（2022年10月9日アクセス）

文部科学省（2020）「定時制課程・通信制課程の現状について」
https://www.mext.go.jp/content/20200522-mxt_koukou02-000007159_32.pdf（2022年10月9日アクセス）

文部科学省（2022）「児童生徒の問題行動・不登校等生徒指導上の諸課題に関する調査結果について」
https://www.mext.go.jp/content/20221021-mxt_jidou02-100002753_1.pdf（2023年1月9日アクセス）

第10章

不登校

本章では，増え続ける不登校児童生徒に今後どう対応するか。不登校に関する基本方針や，「義務教育の段階における普通教育に相当する教育の機会の確保等に関する法律」の施行などを踏まえ，生徒指導提要（2022）に示された不登校児童生徒への理解および対応について，筆者が取り組んできた不登校やひきこもり支援に係る臨床経験から説明をします。

また，現在，実際に学校現場で行われている不登校対応について，うまく機能していないと思われる点や，教職員が取り組む不登校の児童生徒への支援・指導・相談と保護者への支援のポイントについても解説を試みます。

1 不登校対応の変遷と不登校児童生徒の理解

生徒指導提要の改訂過程では，調整中の案（2022年8月）が公開されました。案で示された内容と生徒指導提要（2022）を比べて読むと，不登校に関する章においては変更された部分が少なくありません。生徒指導提要（2022）において変更された点は主に2つあります。まず，不登校に関する基本指針の変遷がよく理解できる内容となりました。次に，これまであまり言及されてこなかった学級・ホームルーム担任（以下，担任）の果たすべき役割についての記述が増えました。

この背景には，不登校児童生徒数が24万人を超えた今，教職員一人一人が学校で何をすべきかを考え，行動に移すことが求められているという現状があります。これまでの不登校に関する基本方針の変遷を知った上で，これからの不

登校児童生徒への関わり方を考えることが教職員には求められています。

不登校に関する基本方針の変遷：指導をためらうのはなぜか

　文部科学省は「登校拒否問題への対応について（通知）」（1992年文初中330）において，「やみくもに登校刺激を与えるのではなく，待つことが大切」という視点を示しました。ある中学校の教員は，当時のことを振り返り，「管理職から家庭訪問をやめるよう指導されたときには，今後，不登校の子どもにどう関わっていけばよいのか途方にくれました」と語っています。

　多くの学校において，上述の通知以降に家庭訪問をやめたり，ためらったりする傾向が生じ，この影響は長く続くことになります。それから30年を経てもなお，「不登校児童生徒への家庭訪問はしないほうがよい」という考え方をもつ教職員や教育行政職員は少なくありません。

　不登校の子どもが学校に戻りたい，あるいは戻らなくてはと考えたときに，適切なタイミングで教職員が登校刺激を与えることは，その子どもの気持ちの後押し，つまり支援となります。

　しかしながら，過去において，一律的に家庭訪問をやめてしまった学校が多くみられました。

　不登校の子どもの状態が百人百様であることは，今も昔も変わりません。子ども一人一人にあった対応を考え，支援していくことが不可欠です。また，不登校児童生徒に係る支援の目標（将来，児童生徒が精神的にも経済的にも自立し，豊かな人生を送れるような社会的自立を果たすこと）は，全ての子どもに必要な目標であることを意識することが大切です。

　不登校の子どもにとって，学校が安心して楽しく通える場に変わることは，毎日登校している子どもにとっても，学校が楽校になるということだと考えます。指導観の転換を図ることが重要ではないでしょうか。

　ただし，不登校の原因がいじめにある，あるいはいじめが疑われる場合には，その子どもに登校刺激を与えるといったことは適切ではなく，細心の注意を払いながら対応する必要があります。

教育機会確保法の課題

　「義務教育の段階における普通教育に相当する教育の機会の確保等に関する法律」が成立，施行されて7年目となります。生徒指導提要（2022）にも，その意義が盛り込まれています。しかし，今なお同法の内容や運用等が教育行政および学校現場において十分に理解されているとはいえず，同法に示された支援は進んでいません。この理由として，同法の解釈が難しいという点を挙げることができます。

　たとえば，「不登校児童生徒への支援の在り方について（通知）」（2016年28文科初第770号）では，登校や学級復帰という結果のみを目標とせず，個々の状況に応じた支援をしつつ，社会的自立を目指すというあり方が強調されています。担任から「学校に通わなくてもよいという法律ができたから，無理に登校しなくてよい」と言われたという話を不登校の子どもや保護者から聞くことがあります。本法は，不登校の子どもが教育を受けられず，不利益を被らないようにするために誕生したことを第一に認識する必要があります。

　特に担任は，自分が担当する子どもがどのような環境に置かれているのか，その子どもに義務教育段階においてどのような不利益が生じているのか，状況を正しく把握することが必要です。不登校の子どもの中には，虐待を受けている事例も少なくありません。子どものいのちを救うためにも，不登校という言葉で一括りにせず，丁寧に個別対応をしていくことが求められます。

　また，担任が保護者との信頼関係を築くことなしに不登校の子どもを支援することは困難です。保護者との信頼関係があれば，その子どもに必要な教育支援に関するアセスメントが可能になります。不登校の子どもの中には，学校以外の学びの場を選択する場合もあります。担任は，保護者の理解を得て，その子どもが通う学びの場，たとえば教育支援センター（適応指導教室），フリースクール等に足を運び，子どもがどのように過ごしているかを知り，指導者との情報共有を目指すことが大切です。

　さらに，担任は子どもが学校外で受けている指導や相談の内容を校長に報告し，指導要録上の出席扱いが可能かどうか，また，そこでの学習成果を評価に

反映できるかどうかといったことを検討する場合もあります。校長には教育委員会と連携しながら，適切な判断をすることが求められます。

　義務教育段階における一人一人の子どもの状況に応じた学びを実現するためには，教職員は子どもとの信頼関係はもちろん，保護者からの信頼を得ることも不可欠です。大人同士の信頼関係があってこそ，子どもの教育が実現可能となるのです。

不登校児童生徒への支援の方向性：まずは「知る」ことから

　教職員が，子どもの不登校の背景にある要因を把握し，早期に子どもへの支援を行うためには，適切なアセスメントが必要です。しかし，不登校の背景にある要因を多面的かつ的確に把握するにはどうすればよいのでしょうか。

　第一に，学校生活と家庭生活の両面から考える必要があります。ただ，担任が保護者面談を繰り返しても，不登校の背景にある要因を見つけられない場合が往々にしてあります。不登校になるきっかけ一つにしても，教職員，保護者，子ども，それぞれの考えが異なる場合もあります。それゆえに，まずはその子どものことを知ることが大切です。それが子どもとの人間関係をつくるための第一歩となります。教職員は，子どもがどんなものに興味をもっているか，好きなものは何か，苦手なものは何かなど，その子どもの嗜好や生活を知ることによって，その子どもの気持ちや考えを徐々に理解できるようになっていきます。教職員が，その子どもの善さを具体的に評価できるようになると，子どもの中に自己肯定感が育ってくるのです。

　子どものことを正しく理解することなしに，不登校の背景にある要因ばかりを追究したり，どうしたら学校に来させることができるかという方法ばかりにこだわったりすることは，かえって子どもに自信を失わせ，教職員への信頼をも失うことになりかねません。

　教職員は，家庭訪問等を行いながら，学校に行きたくても行けない，あるいは学校に行きたくない子どもの気持ちを理解する努力を常に心がけ，子どもとの人間関係を信頼関係に育てていくことが重要です。そのためには一人一人の子どものことを知ることが不可欠であると考えます。

支援の目標：「自分はダメだ」をどう変える

　筆者が関わっている不登校の子どもたちは皆，「自分はダメだ」という思いを抱きながら，生活をしています。

　気持ちの面だけではなく，身体の不調，また，昼夜逆転等の生活習慣の問題や学業の遅れといった様々な課題を抱えていることも多いため，不登校期間が長期化するほど，子どもにとって不利益となるケースが目立ちます。

　たとえば，中学校3年生の進路選択の時期になると，子ども自身が望んでいた進路実現がかなわないという現実に直面します。その結果，志望校へ進学することばかりが，子どもにとっても保護者にとっても目標になってしまうケースが少なくありません。志望校に入学できたとしても，朝起きることができないといった問題や，体力不足，集団生活に慣れていないための気疲れ等，様々な要因から，学校生活を続けることができないケースもみられます。また，進学を契機にやり直すチャンスだと強く意識するあまり，無理を重ねてしまう場合もあります。これらのケースから，目の前の進学といった短期目標だけでなく，5年後，10年後を見据えながら，その子どもの善さや強みを子ども自身に気付かせる指導，相談，支援を行うことの重要性が示唆されます。

　進学先を決めるにあたり，不登校の子どもと保護者の希望が一致していれば教職員は安心してしまうかもしれません。しかし，保護者が子どものことを思うように，子どもも保護者の期待に応えようと，進路を選択してしまう傾向があります。教職員は教育の専門家として，子どもにも保護者にも，卒業後の進路に関する目標の設定について，適宜，情報提供を行い，相談を繰り返し，どんな自分になりたいか，どのような大人になりたいのか等について子ども自身が想像を巡らせることができるように関わっていくことが大切です。

　高校は様々な特色をもつ学校が増えており，中学生にとって進路選択の幅が広がっています。しかし，進学先の選択肢が多くなればなるほど，迷うことも多くなり，子どもも保護者も「これでいいのだろうか」と不安を抱えながら学校見学を繰り返している様子がみられることもあります。このような状況に対して，教職員の中には，「進学先を決定するのは当事者である親子であって，教職員という立場からは，深く関与しないほうがよいだろう」と考える傾向が強くなっているように感じます。

　この深い関与を介入と考えるのではなく，教職員が子どもと保護者と一緒に考えていくという姿勢が重要ではないでしょうか。教職員は，保護者とは違った視点で，子どもの善さや強みを発見していることが少なくありません。「先生の一言で理系（文系）を選んだ」ということを多くの子どもが口にします。学校の情報については教職員のほうが入手しやすい内容もあることから，的確な情報の提供を通して，進路決定を応援していくことが求められます。

　ただし，情報提供については留意する点があります。たとえば，まずは保護者のみに先に知らせるという配慮を要する場合があります。担任が家庭訪問をした際に手渡したパンフレットを見た子どもが，進学を強く希望したものの，家庭の経済状況が理由で，その学校の受験をあきらめ，その後，進学への意欲を失ってしまったというようなケースもみられます。

　不登校の子どもの場合，教職員も保護者も，友達との関わりが少ないといったことで，子どものコミュニケーション力の不足を心配しがちです。しかし，教職員との信頼関係をしっかりと結ぶことができた子どもは，その後の進学先や就職先において，まわりに相談したり，助けを求めたりする力を発揮できるようになるケースが多くみられます。様々な進路を検討するために相談を繰り返す，その過程において，自然に子どもの中にコミュニケーション力が育っていく。そのような教職員の関わりが，生徒指導，教育相談の実践そのものだといえるのではないでしょうか。子どもが社会で生きていく力を育むことこそ，支援の目標であると考えます。

2　不登校対応に求められる学校の組織体制と計画

教育相談体制の充実：情報共有と支援シート

　生徒指導提要（2022）では校内で教職員が情報を共有し，共通理解の下，チーム学校として，不登校児童生徒への支援に当たることが示されました。このような組織的対応は理想ですが，多くの学校では教育相談体制の充実までには至らず，目の前の不登校対応に追われている現状があります。

　学校によっては，校務分掌が生徒指導部と教育相談部に分かれていたり，不登校に特化した委員会を設けていたりするところもあります。SC や SSW の出校日がまちまちであることや，教育相談コーディネーター不在の学校もあります。

　以上のような現状を踏まえると，校内体制の構築は，各学校の実情に合わせて行うことになります。多職種とのネットワークを強化し，教育相談体制が組織的に機能するような学校を目指すには，校長がリーダーシップを発揮することも必要になります。しかし，筆者が知る校長の悩みとして，チームをつくる前に不登校状態が深刻化してしまい，対応が追いつかないという実態があります。

　このような状態にさせないためにも，学校内での情報共有が重要です。生徒指導提要（2022）は，児童生徒理解・支援シートの活用を挙げています。支援シートについては，ときとして校内での記録を残したり，教育行政等に報告したりするために，シートの完成自体が目的となってしまい，具体的な支援に役立てられていないという実態もみられました。このような反省を活かし，担任は保護者と可能な限り話し合い，シートを作成していくことが大切です。参考様式が例示されていますが，家庭によっては項目の多さが負担になるケースもあります。個々のケースに応じてシートの内容について工夫を重ね，活用しやすくしていくことが重要です。

　たとえば，子ども自身の困り感として，具体的にどの教科がわからなくて悩

んでいるかを聞き取り，その子どもの学習状態に基づきながら，子どもが必要としている学習支援について相談しながら作成することは好事例です。

　しかしながら，担任が子どもと数回しか面談できていない，あるいは前学年から登校しておらず，会ったことすらないケースも珍しくありません。教職員からは，役に立つ可能性が少ない記録を残すよりも，教職員がその子どもや保護者にどのように対応したのかを手持ちの手帳やカレンダーに簡潔に記載した記録を共有するほうが役に立つという声もあります。

　ある校長から，自校の不登校生徒に係る一年分の記録を振り返ったところ，電話連絡も面談も家庭訪問も行われておらず，忘れさられていたかのような子どもの実態が浮かび，愕然となったという話を聞くことがありました。ケースの中には，新旧担任の引継ぎにおいて何をどうすればよいのかわからない，家庭訪問等を拒否されているといった事例も少なくありません。

　学校によっては，民生委員，子育て支援の訪問相談員など，地域の人々の協力を得て，子どもの安否確認を行っているケースもあります。多職種連携を進めるためには，管理職のリーダーシップの下，児童生徒理解・支援シート等を活用しながら，まずは情報共有をし，学校での教育相談体制の見直しと充実を目指す必要があります。

教育相談を支える教職員の連携・協働

　学校内の教育相談体制を充実させるためには，教職員一人一人の生徒指導力を高める研修が必須です。担任の生徒指導力が向上すれば，チーム学校の機能も自然と高まることになります。

　発達障害的傾向のある子どもに対する具体的な指導方法，ヤングケアラーへの社会的援助の具体化，自殺予防，虐待問題，精神障害等についての知識や対応方法等は，全ての教職員が学ぶべき内容です。生徒指導提要（2022）に示された「個別の課題に対する生徒指導」の力を教職員一人一人が身に付けることで，より多くの不登校の子どもを助けることはもちろん，深刻なひきこもり状態の子どもにも支援を広げられます。

　教員免許状更新講習が廃止された現在，学校や教育行政機関では教員研修の機会を保障することが求められます。教職員一人一人が学校現場で役に立つ生徒指導に関する最新の知見と技術を身に付けられるような研修を行うことが重要です。なかでも，教職員が教育相談の技法を学ぶことにより，不登校の子ども一人一人に柔軟な指導や支援を実行できるようになれば，不登校の子どもが学校に戻りやすくなり，教育の機会が確保されることにつながります。

　学校で日常的に子どもと関わりながら，教育相談の経験を積むことができる教職員の仕事は，学校臨床を重ねることともいえます。この意味において，教職員がSCやSSW等の専門職に不登校の子どもを丸投げするようなことをせず，対等な立場で，互いに連携しながら，多面的な視点をもって不登校の子どもと関わっていくことが求められます。

　不登校状態が改善されない事例の背景に，担任による抱え込みの弊害が指摘されたこともあり，現在，チーム学校を推進していくことが求められています。しかし，子どもにとっても保護者にとっても，何かあったときには，まず担任に相談するという風潮は今も変わっていません。

　担任が子どもの家族や家庭の状況をよく理解した上で，学習指導と生徒指導の両輪を担い，全人的な教育を行ってきた日本の学校文化の善い面を再評価することも必要だと考えます。

　このように考える背景には，担任を支援することで，不登校の子どもによい変化がもたらされていることを多くのSC，SSWが実感しているという現状があります。週に一度，あるいはそれ以下の面談だけでは，日々成長し，問題が刻々と変わる子どもと保護者に深く関わることは，実際には困難だと感じているSC，SSWは少なくありません。自分の出勤日にだけ登校し，担任と信頼関係をうまく結ぶことができないでいる子どもに悩むSC，相談員もいます。

　多職種の専門家からの助言やサポートを受けながら，可能な限り，担任を中心としたチーム学校を設け，あきらめることなく，不登校の子どもと保護者と関わっていくことが重要です。ただし，担任が信頼を得られない場合は，管理職を中心としたチーム学校で当たることを考える必要があります。

校種を越えての情報連携１：小１ギャップ

　新型コロナ禍による影響下での不登校の増加をみると，今まで以上に校種を越えての連携が必要となっています。「中１ギャップ」という用語が定着していますが，「小１ギャップ」についても考える必要があります。

　幼稚園，保育所，子ども園，それぞれ異なる方針の下，過ごしてきた子どもが小学校では同じ教室に入ります。入学以前には，給食とお弁当，文字を習う習わない等，子どもたちが経験してきたこと，できること・できないことは様々です。小学校入学後，担任が画一的な一斉指導を行えば，当然無理が生じることになります。担任が，指導における公平性を大切にし，一人一人の子どもに対し，柔軟に対応することが重要です。楽しく学校で過ごすことができれば，子どもにとって，毎朝起きて登校することが習慣となります。子どもにとって，義務教育の段階で規則正しい生活習慣を身に付けることは重要な不登校未然防止となるのです。

校種を越えての情報連携２：高校中退

　高校では，全日制から通信制に転出する生徒が年々増加しています。高校の中途退学者数が減っている要因には，少子化と通信制高校への編入があると考えられます。これまで，高校教育の多様化や，特色ある高校教育を目指すことが常に言及されてきました。新しい普通科のあり方も提案されていますが，社会の変化に合った高校教育への改革はまだ途上であると思われます。

　世界がインターネットでつながり，今や高校生はもちろん，多くの小・中学生も自ら情報を入手するスキルをもっています。しかし，日本の若者が将来への希望，社会参加意欲，自己肯定感が，いずれも諸外国に比べて際立って低いことが，各種調査で浮き彫りにされています。

　高校の授業は教科の専門性が高くなるため，どうしても教科教育が中心となり，授業についていけない生徒が出てきます。高校は義務教育ではありませんが，高校卒業が各種資格取得の条件となっており，高卒という資格は社会に出るにあたって，今や必須条件です。

　少なくない数の生徒が高校の授業についていけず，進路変更を余儀なくされている実態を重く受け止める必要があります。高校において，入学させた生徒については，責任をもって卒業を目指すことが重要であると考えます。

　高校入学以前の義務教育段階における学力不足という課題も当然存在しますが，高校教育には，義務教育段階の学習内容の着実な定着を図ることも求められています。

　現実的には，全ての子どもにこの目標を当てはめることは困難です。その背景には，文部科学省が「特別な教育的支援を必要とする児童生徒数の割合」[1]は8.8％と推定値を発表しているように，発達障害という課題もあります。

　校種を越えて，全ての教職員が発達障害的傾向をもつ子どものための生徒指導・教育相談の知識と方法を身に付ける必要があります。特に高校生になってから「自分は発達障害ではないか」と悩む子どもが増えている，という教職員の声も多く聞かれます。不安を抱える生徒の相談に応えるためには，発達障害についての知識は必須です。義務教育段階に比べ，高校生を対象とした相談機関はとても少なく，高校生にとって，実は，学校の教職員が最も身近で頼れる相談者となるのです。生徒によっては，社会に出る前の最後の教育の機会になるかもしれない高校において，教職員から積極的に生徒に関わる努力が求められています。

　毎日登校することが苦痛だと感じる子どもが校種に関係なく増えていることも改めて触れておきたいと思います。たとえば，通信制高校においても，通学指導を行う学校は少なくありません。経済的理由も背景にあると思われますが，毎日ではなく，週３日の通学コースを選ぶ子どもが多いという現状を教職員は認識する必要があると思います。

（1）　文部科学省（2022）「通常の学級に在籍する特別な教育的支援を必要とする児童生徒に関する調査結果について」
　　　https://www.mext.go.jp/content/20221208-mext-tokubetu01-000026255_01.pdf（2023年１月22日アクセス）

3　不登校に関する生徒指導の重層的支援構造

　生徒指導提要（2022）では生徒指導の構造を状況に応じて図解し，各ステージに応じた対応について説明しています。不登校対策も４層構造として示されています。教職員が不登校の子ども一人一人の置かれている状況について情報を共有し，教職員と保護者の信頼関係が築かれ，その子どもに合った具体的な支援が実行され，その影響が子どもの変容として現れたとき，学校内外においてこの重層的支援構造が完成し，機能しているチーム学校となっていると考えます。

不登校対策につながる発達支持的生徒指導：「楽しかったか」

　不登校になる要因の一つに学業不振があります。学校は，どのような教育実践を行えば，「指導の個別化」や「学習の個性化」が実現できるのでしょうか。

　たとえば，ある公立中学校で授業中には必ず生徒同士が教え合うというペアワークとグループワークの時間を設定したところ，全ての子どもが対話をし，互いに助け合い，協力し合うという学習活動が日常的に行われています。このような生徒同士が話し合う授業が，各教室に活気をもたらしています。授業後は子どもが教員の授業評価を行います。評価観点は２つ，「楽しかったか」，「理解できたか」です。生徒の２つの観点からの評価を基盤に，教員は次の授業を考え，実践するという流れができています。

　また，ある公立中学校では，校長のリーダーシップの下，教職員が協力し合い，一日の授業を５時限までとする時間割で年間カリキュラムの編成をしています。その結果，教職員に余裕が生じ，生徒から「先生が怒らなくなった」との声があがりました。通学路では小学生の面倒をみる，きちんと挨拶をする様子に近所からの評判も高まりました。そして，いつのまにか，不登校生徒数が減り，学力も向上したのです。魅力ある学校づくりとは，教職員の意識変化に始まり，それが子どもに伝わり，そして地域からも応援される学校に変わるこ

とでもあるのです。

不登校対策としての課題未然防止教育：教職員が想像力を働かせ

　子どもが自ら困っていることを打ち明け，相談する力を身に付ける教育が必要なことはいうまでもありません。ヤングケアラーという用語が浸透するようになり，以前よりは，周囲の大人が気付き，支援につながる機会も増えているのではないかと思います。しかし，支援につなげた子どもが実際に救われているかと問われると，依然として苦労しているという現実があります。

　不登校を未然に防ぐ教育に取り組む前提として，教職員が想像力を働かせた上で生徒指導を行っているか，常に自問自答することが求められます。

　たとえば，学校の遅刻への対応場面では，家族の世話や看病など，叱ってはいけない事情を抱えた子どももいます。本章を執筆している時点において新型コロナ禍4年目となりますが，校種に関係なく，時間を守れないことは許されないことという点のみを指導して，終わりにしてしまっている学校が多いのではないかと危惧しています。どうして遅刻をしてしまうのか，タイミングを逃さず，子どもの話をよく聴いて，家族の様子や家庭状況を把握し，子どもの置かれている状態を正しく理解した上で指導することが必要不可欠です。

　子どもは相手が信頼できる大人だと思えたときに自分の悩みを打ち明けることができます。教職員は自分の表情や声の大きさ，言葉遣いが，子どもに威圧感を与えるものになっていないか常に意識する必要があります。子どもの気持ちを聴く際には，教職員には共感的理解力と想像力が必要であり，そのためには生徒指導分野の研修が重要だと考えます。

不登校対策における課題早期発見対応：管理職の役割も重要

　生徒指導には，子どもの言動や表情の変化に気付くことのできる高いアンテナや，指導力が必要ですが，そのような生徒指導力を全ての教職員がもっているわけではありません。このように考えると，様々な理由から学級をうまく経営できていない教室は，各地に存在しています。

　たとえば，ある公立小学校では管理職が日頃から積極的に各教室の授業を参観し，担任の授業のよい部分について，ことあるごとに触れ，教職員としての自信を高めながら，生徒指導に関する問題点への気付きを促すような実践を行っています。

　また，ある公立小学校では，自分のクラスにいることがつらいと訴える子どもが不登校にならないよう，特別支援学級に受け入れています。その特別支援学級の子どもたちは早くから，パソコン学習に取り組んだ結果，低学年のクラスに出向き，パソコンの使い方を教えるまでになっています。低学年の子どもたちは上級生を慕うようになり，休み時間には特別支援学級の教室を訪ねて，遊んでもらうといった交流も生まれています。

　教職員が積極的に子どもの力を借りて，授業を展開していくという事例には，これからの学校教育を考えていく上で重要な視点が示唆されています。教職員が一方的に教えたいことを教える授業から，子どもが学びたいことを学びたい方法で展開する授業に変えていくことが，魅力ある学校教育の実現につながるのではないかと考えます。

　不登校児童生徒に対して，教育の機会の確保が期待されるICT教育ですが，筆者に寄せられる管理職や教職員からの声は，残念ながら期待とは異なります。

　「担任との信頼関係ができていない子どもは，パソコンを開こうとしない」という声も聞きます。不登校の子どもが自ら授業を受けてみようと思わない限り，どんな便利な道具を使っても教育の機会をつくりだすことはできません。厳しい現実ですが，見方を変えれば，どんな便利な世の中になろうとも，教育の機会を届けるという教職員の仕事は必須であると考えることができます。そして，教職の原動力となるものが，生徒指導ではないかと思います。

不登校児童生徒支援としての困難課題対応的生徒指導：家庭訪問に着目して

　担任による家庭訪問の機会は年々減るばかりですが，新型コロナ禍において一時は，ほとんど行われないものとなりました。しかし，家の外から窓際の子

どもに手を振るといった訪問や，家以外の場所に出向くアウトリーチで子ども
や保護者とのつながりを絶やさない工夫と努力を続けた教職員も少なくありま
せん。不登校やひきこもる青少年へのアウトリーチという用語が普及しました
が，全国一律にアウトリーチを依頼できるかというと，かなり限定されます。
特に不登校は，子どもの気持ちの変化や学校行事に合わせた働きかけなどを考
えると，訪問時のタイミングに加え，子どもや保護者の信頼を得られるか否か
で家庭訪問できるか否か，またその展開の仕方が変わってきます。

　不登校対応では，保護者に家庭訪問を拒否されているといった教職員の悩み
は少なくありません。だからといって，学校外に家庭訪問を委託できるかとい
うと，学校や教育行政のように信頼でき，継続可能な教育機関はほかにはない
のです。もちろん，やみくもに家庭訪問をすればよいというわけではありませ
ん。

　たとえば，教職員の中には，家庭訪問を行う際，たくさんのプリントを一遍
に届けるといった行動をとるケースがあります。保護者が全てのプリントの配
布を希望したとしても，分厚いプリントの束を目にした子どもは，教職員が訪
問してくれたことを喜ぶより，勉強の遅れを感じ，再登校をあきらめてしまう
ケースもあります。落ち込む子どもの様子を目にした保護者は，かえって，教
職員のやり方に不信感を募らせてしまう場合もあります。子どもの気持ちや状
況を考えながら，家庭訪問を行うことが大切です。

4　不登校を視点としてこれからの学校を考えるために

　本章の解説は，学校教職員への期待をこめた内容が中心となっており，働き
方改革に逆行していると捉えられるかもしれません。しかし，不登校という名
の通り，学校があるからこそ悩める子どもと保護者が生まれます。その問題を
解決するためには，学校を魅力ある学びの場に変えていくことが早急に求めら
れています。学校が変わることは，そこで働く教職員の意識が変わることから
全てが始まります。

　不登校の子どもが学校復帰を果たせたことで，仕事のやりがいを感じるという教職員は大勢います。不登校の子どもが，学校の課題について身をもって教えてくれていると語る教職員もいます。教職員は不登校を難しい問題だと捉えず，あきらめずに子どもや保護者に関わり続けてほしいと思います。そして，教職員自らが子どものところに足を運び，子どもが学校に戻りやすくなるような受け入れ体制をつくり，一人一人の子どもに合った柔軟な対応を進めてほしいと思います。

　管理職のリーダーシップの下，学校における子どもに関係のない不要な仕事をどんどん減らす必要があるでしょう。子どもと向き合い，成長させていくことが教職員のやり甲斐であり，喜びとなります。学校以外の魅力ある学びの場が増えることはよいことかもしれませんが，一番多くの子どもが通う学校で不登校が増え続けるとしたら，学ぶ機会を失っている子どもが日本にたくさんいるということです。教職員の働き方改革から働き甲斐改革へと舵を切る必要があります。

　不登校を解決する鍵は，教職員の手の中にあるのです。

第11章

インターネット・携帯電話に関わる問題

文部科学省が2010年3月に生徒指導提要を公表して以降，スマートフォンが普及したことなどもあり，児童生徒におけるインターネット問題は年々増加傾向にあります[1]。そして，インターネット問題は，拡散性が高く，トラブルが発生してしまうと完全に解決することが困難なため，未然防止を含めた組織的な対策が求められます。

本章では，学校が，インターネット問題に対して，校内体制を充実させ組織的に取り組むことの必要性を述べています。一方で，インターネット問題は，学校だけで対応することが困難であることを指摘し，学校と関係機関等が連携を図りながら対策を進めることの重要性を述べています。

1　関連法規・基本方針等

インターネット環境整備法[2]

2008年に「青少年が安全に安心してインターネットを利用できる環境の整備等に関する法律」が制定されました。本法第1条は，この法律の目的を以下のように示しています。

（1）　文部科学省「児童生徒の問題行動等生徒指導上の諸問題に関する調査結果」（2011年度〜2015年度）および「児童生徒の問題行動・不登校等生徒指導上の諸課題に関する調査結果」（2016年度〜2020年度）
　　　https://www.mext.go.jp/a_menu/shotou/seitoshidou/1302902.htm（2022年9月30日アクセス）
（2）　「青少年が安全に安心してインターネットを利用できる環境の整備等に関する法律」（2008年法律第79号）
　　　https://elaws.e-gov.go.jp/document?lawid=420AC1000000079（2022年9月30日アクセス）

　この法律は，インターネットにおいて青少年有害情報が多く流通している状況にかんがみ，青少年のインターネットを適切に活用する能力の習得に必要な措置を講ずるとともに，青少年有害情報フィルタリングソフトウェアの性能の向上及び利用の普及その他の青少年がインターネットを利用して青少年有害情報を閲覧する機会をできるだけ少なくするための措置等を講ずることにより，青少年が安全に安心してインターネットを利用できるようにして，青少年の権利の擁護に資することを目的とする。

　生徒指導提要（2022）は，保護者には子どものインターネット利用の管理が求められていること（本法第6条），18歳未満が携帯電話を利用する場合は，保護者と携帯電話インターネット接続事業者がフィルタリング利用を条件としなければならないこと（本法第14条，第15条）を示しています。また，本法は，保護者の同意があればフィルタリングを設定しなくてよいことを記しています（本法第16条）。他方，スマートフォンが利用されるようになると，Wi-Fiやアプリ経由でのインターネットへのアクセスなどが可能になりました。そのため，保護者は，児童生徒にとって有害な情報の閲覧を制限することが難しくなっていることを述べています。

出会い系サイト規制法[(3)]

　2003年に「インターネット異性紹介事業を利用して児童を誘引する行為の規制等に関する法律」が制定されました。本法第1条は，この法律の目的を以下のように示しています。

　この法律は，インターネット異性紹介事業を利用して児童を性交等の相手方となるように誘引する行為等を禁止するとともに，インターネット異性

（3）「インターネット異性紹介事業を利用して児童を誘引する行為の規制等に関する法律」（2003年法律第83号）
　　https://elaws.e-gov.go.jp/document?lawid=415AC0000000083（2022年9月30日アクセス）

紹介事業について必要な規制を行うこと等により，インターネット異性紹介事業の利用に起因する児童買春その他の犯罪から児童を保護し，もって児童の健全な育成に資することを目的とする。

生徒指導提要（2022）は，警察庁「『インターネット異性紹介事業』の定義に関するガイドライン^{（4）}」を引用し，以下の４つの要件を全て満たす事業が，インターネット異性紹介事業（出会い系サイト）に該当することを示しています（p. 241）。

①面識のない異性との交際を希望する者（異性交際希望者）の求めに応じて，その者の異性交際に関する情報をインターネット上の電子掲示板に掲載するサービスを提供していること。
②異性交際希望者の異性交際に関する情報を公衆が閲覧できるサービスであること。
③インターネット上の電子掲示板に掲載された情報を閲覧した異性交際希望者が，その情報を掲載した異性交際希望者と電子メール等を利用して相互に連絡することができるようにするサービスであること。
④有償，無償を問わず，これらのサービスを反復継続して提供していること。

プロバイダ責任制限法^{（5）}

2001年に「特定電気通信役務提供者の損害賠償責任の制限及び発信者情報の開示に関する法律」が制定されました。本法第１条は，この法律の目的を以下のように示しています。

（4）　警察庁ホームページに公表日が明記されていなかったため，警察庁担当者に問い合わせたところ，公表日不明との回答を得た（2022年９月12日確認）。
　　　https://www.npa.go.jp/policy_area/no_cp/uploads/01.pdf（2022年９月30日アクセス）
（5）　「特定電気通信役務提供者の損害賠償責任の制限及び発信者情報の開示に関する法律」（2001年法律第137号）
　　　https://elaws.e-gov.go.jp/document?lawid=413AC0000000137（2022年９月30日アクセス）

この法律は，特定電気通信による情報の流通によって権利の侵害があった場合について，特定電気通信役務提供者の損害賠償責任の制限及び発信者情報の開示を請求する権利について定める（後略）

　プロバイダ（サーバの管理者・運営者，掲示板管理者などを含む）は，インターネット上で他人の権利を侵害する情報が流通している事実を知らない場合，損害賠償責任を負わないとされています（本法第3条）。

　一方で，プロバイダは，被害者からの依頼があった場合，調査を行った上で，情報の非公開や削除を行います。また，生徒指導提要（2022）は，被害者が開示請求できる発信者の情報を次の通り示しています（p.242）。

・発信者その他侵害情報の送信に係る者の氏名または名称
・発信者その他侵害情報の送信に係る者の住所
・発信者の電子メールアドレス
・侵害情報に係るIPアドレス
・IPアドレスを割り当てられた電気通信設備から開示関係役務提供者の用いる特定電気通信設備に侵害情報が送信された年月日および時刻

その他の法律等

　わが国は，2005年に「子どもの売買，子ども買春及び子どもポルノに関する子どもの権利に関する条約の選択議定書」を批准しています。この議定書の批准に先立ち，1999年に「児童買春，児童ポルノに係る行為等の規制及び処罰並びに児童の保護等に関する法律」（生徒指導提要（2022）では，「児童買春・児童ポルノ禁止法」と表記）が制定されました。児童生徒の裸や性的な描写等を所

持する者は，懲役または罰金刑を科される場合があります。また，18歳未満の者の裸等を携帯電話等で撮影することは，「児童ポルノの製造」に該当します。

　インターネットに関する問題は，子どもが加害者として法的責任を問われる可能性があることに留意する必要があります。インターネット上の書き込みが，名誉棄損罪（公然と事実を指摘し，人の名誉を傷つける）や侮辱罪（具体的な事実を示すことなく，公然と人を侮辱する）となる場合があります。

　生徒指導提要（2010）が公表されて以降，児童生徒の間にスマートフォンが普及しました。生徒指導提要（2022）は，「学校における携帯電話の取扱い等について（通知）[8]」（文部科学省，2020，以下，通知）をもとに，学校への携帯電話等の持ち込みについて示しています。小学校と中学校では，携帯電話等の学校への持ち込みが原則的に禁止されています。高等学校では，校内における使用が原則的に禁止されています。また，特別支援学校では，学校および地域の実態を踏まえて判断することが求められています。さらに，通知では，学校と生徒・保護者との間で以下の4つの事項について合意がなされ，必要な環境の整備や措置が講じられている場合に限って，学校が携帯電話の持ち込みを認めるべきであると記されています。

(1)生徒が自らを律することができるようなルールを，学校のほか，生徒や保護者が主体的に考え，協力してつくる機会を設けること。

(2)学校における管理方法や，紛失等のトラブルが発生した場合の責任の所在が明確にされていること。

(3)フィルタリングが保護者の責任のもとで適切に設定されていること。

(4)携帯電話の危険性や正しい使い方に関する指導が学校および家庭において適切に行われていること。

（8）　文部科学省「学校における携帯電話の取扱い等について（通知）」（2020年2文科初第670号）https://www.mext.go.jp/content/20200803-mxt_jidou02-000007376_2.pdf（2022年9月30日アクセス）

［2］　インターネット問題への組織的取組み

指導・啓発における留意事項

　学校が，インターネット問題に適切に対応するためには，インターネット上の情報の特徴や利用上の危険性に留意しておく必要があります。生徒指導提要（2022）では，指導・啓発における留意事項として，次の4点を挙げています（pp. 243-244）。

　1点目は，ネットの匿名性です。インターネットは，匿名で様々な行為をすることが可能です。児童生徒による行き過ぎたインターネットの利用は，ネットいじめなどの人間関係のトラブルや，ネット上での誹謗中傷，ネット炎上などの犯罪行為に進展する可能性があることを示しています。

　2点目は，ネットの拡散性です。インターネットで発信されたコメントや画像は，瞬時に広がり，完全に削除することが困難であるため「デジタルタトゥー」と表現されています。SNSや動画共有アプリは，匿名で気軽に自分の意見や思いを投稿できる反面，身に覚えのない誹謗中傷を受ける危険性があります。さらには，悪意のある投稿者によって個人が特定される場合もあります。他方，生徒指導提要（2022）は，「リベンジポルノ」[9]を具体例として挙げ，インターネット上のトラブルが，児童生徒の将来に深刻な影響を及ぼす可能性を述べています。

　3点目は，ネットいじめの問題です。文部科学省の調査によると，2011年度[10]から2020年度の10年間において，パソコンや携帯電話等による誹謗中傷に関するいじめ認知件数がいじめ認知件数全体に占める割合は，3％から4％台で推移しています。一見すると少ないようにみえますが，ネットいじめは教員や保護者からみえにくく，学校によるいじめ認知が困難な場合もあります。そのた

（9）　生徒指導提要（2022）では，リベンジポルノを「交際していた相手の恥ずかしい写真を，別れた腹いせにインターネット上で拡散する等のトラブル」（p. 243）と説明している。

（10）　註（1）と同じ

め，調査結果として公表されている数値は，氷山の一角に過ぎないことを理解しておく必要があります。生徒指導提要（2022）では，ガラケー時代の子どもたちが，他人の誹謗中傷をしたり，悪口や噂を流したりする場として，いわゆる「学校裏サイト」を利用したことが示されています。一方で，スマートフォンが主流の今は，無料通話アプリや SNS での交流が中心となり，被害者が「公然と攻撃してよい対象」と認識されている可能性を指摘しています。また，インターネット上の情報は，拡散性が高く，すぐに事態が深刻化する危険性があることにも留意しておく必要があります。

　4点目は，ネットの長時間利用です。SNS の利用や動画視聴等が長時間に及んだ場合，児童生徒の学校生活や日常生活に支障をきたす可能性があります。近年の研究では，インターネットやスマートフォンなどの長時間利用が，脳の発達に悪影響を及ぼす危険性について報告されています[11][12]。

組織的取組み

　インターネットの問題は，完全な解決が難しく，情報の拡散性が高いため，学校の未然防止体制を充実させることが大切です。生徒指導提要（2022）は，学校がインターネット対策を中心とした校内組織を設置し，情報交換と方針策定のために協議することの重要性を述べています。そして，この校内組織は，「情報集約と方針決定」，「アンケートの実施」，「啓発活動の実施」，「児童生徒間の話合い・ルールづくり」といった役割を担います。さらに，学校は，児童生徒が自主的に相談・通報できる窓口を設置することが求められます。教員が児童生徒からインターネット問題について相談を受けた際には，個人の判断で対応するのではなく，組織的に対応することも重要です。

　一方で，学校は，GIGA スクール構想の実現のため児童生徒によるタブレット端末等の活用を推進しています。そのため，インターネット問題は，生徒指

(11)　アンデシュ・ハンセン，久山葉子訳（2020）『スマホ脳』新潮新書
(12)　ヴィクトリア・L・ダンクリー，鹿田昌美訳（2022）『子どものデジタル脳完全回復プログラム』飛鳥新社

導事案への対応にとどまりません。教育委員会や情報教育担当，人権関係担当など，複数の担当者との連携が求められます。そして，学校内だけで対応することが困難な場合は，警察，法律や消費者問題等の専門家等の見解を踏まえて対応するなど，組織的に事案に取り組むことが必要です。

③　インターネットをめぐる課題に対する重層的支援構造

　学校が，インターネットをめぐる課題に対応するためには，児童生徒がインターネットの利用に関する知識を身に付け，インターネットに係るトラブルを生まない環境づくりを目指すことが大切です。加えて，学校は，校内体制の構築はもちろん，保護者および地域等と連携してインターネット問題に対応することが求められます。生徒指導提要（2022）は，これらのことについて，未然防止，早期発見，適切かつ迅速な対処の３つの局面から述べています（p.246）。

前提としての方針確認ならびにインターネット問題の未然防止

　インターネット問題について適切に対応していくためには，教職員が，第1節で示したような関連法規等について共通認識をもち，定期的に指導方針を確認しておくことが大前提となります。また，学校では，GIGAスクール構想により1人1台端末の活用が推進されています。児童生徒によるタブレット端末等の利用について，フィルタリングや機能制限を行う際は，児童生徒の発達段階や情報活用リテラシーの習熟度合を踏まえて検討すること，さらには，保護者の理解と協力を得られるように努めることが大切です。

　そして，学校が，インターネット問題の未然防止のために情報モラル教育などを行う際には，特定の時間だけでの指導ではなく，教育課程全体を通して取り組むことが重要です。生徒指導提要（2022）は，児童生徒が，インターネットが広く社会全体につながり，リアル社会と同じように法律で制御されていることを十分に把握し，かつ，インターネット利用上のマナーについて理解することの必要性を述べています。加えて，児童生徒が，学級活動・ホームルーム

活動や児童会・生徒会活動などの特別活動を通して，インターネットの利便性や影響について議論しながら，主体的にルールを定めることの意義を示しています。

インターネット問題の早期発見

　生徒指導提要（2022）は，インターネット問題の早期発見の基本的な考え方として，教職員が，インターネット問題に関心をもち，児童生徒のインターネット利用実態とその変化を常に把握しておくことの重要性を述べています。そして，教職員は，日常的に児童生徒から些細な困難や悩みについての相談を受けることに努め，信頼関係を築いておくことも重要です。また，学校は，インターネット問題に特化した教育相談窓口を設け，問題の早期発見に備えることが求められます。

　他方，生徒指導提要（2022）は，学校，家庭，地域が連携してインターネット問題に取り組むことの重要性を述べています。たとえば，「保護者がおさえておきたい４つのポイント（生徒編）」(13)（内閣府，2022）では，保護者が，子どもに適切なインターネットを使うスキルを習得させるために留意しておくべきことが示されています。こうしたリーフレットを活用し，学校が保護者や地域への啓発活動を行うことも考えられます。一方で，生徒指導提要（2022）は，学校，家庭，地域に居場所がない児童生徒が，インターネットに依存している実態を指摘し，学校，家庭，地域が連携し児童生徒が安心できる居場所づくりに取り組むことの重要性を示しています。

---

(13)　内閣府ホームページでは，インターネット問題に関する普及啓発リーフレット集が公表されている。

　　　https://www8.cao.go.jp/youth/kankyou/internet_use/leaflet.html（2022年９月30日アクセス）

インターネット問題への適切かつ迅速な対処

　学校は，インターネット問題を把握した場合，インターネットの拡散性の高さに留意し，当該児童生徒の被害拡大を防ぐことを最優先にした迅速な対応が求められます。一方で，問題の解決を急ぐあまり，当該児童生徒や保護者の意向を尊重した対応を怠ることは，学校の信頼を失うことにもなりかねません。学校は，当該児童生徒や保護者と対応方針についての共通理解を図った上で，事案に対応することが求められます。そして，被害・加害者に加え，周囲の児童生徒への丁寧な聴き取りと不断の情報収集に基づいたアセスメントを行い，対応方針を確定させることが必要です。

　生徒指導提要（2022）は，上述したように対応原則の共通理解と対応方針を確定するためのあり方を述べています。次に，インターネット問題において求められる具体的な対応方法を「法的な対応が必要な指導」，「学校における指導等」，「家庭への支援」の３つの視点から説明しています。

　「法的な対応が必要な指導」では，学校が，速やかに関係機関と連絡を取り合って対応することの重要性を示しています。児童生徒が，著作権違反や違法薬物に関する投稿をしていることや，ネット詐欺により金銭が絡む問題に関わっていることを把握した場合，学校は警察や消費生活センターと連携して対応することが求められます。そして，児童生徒が面識のない人とインターネット上でやりとりすることは，誘拐事件や性別や年代を偽った「なりすまし」行為による被害にあう危険性があります。生徒指導提要（2022）は，学校が，これらのことに留意し，教職員間で組織的に情報共有を図るとともに，児童生徒に対してインターネット利用の危険性について理解を促すことの重要性を述べています。

　次に，「学校における指導等」では，児童生徒がインターネット上で誹謗中傷を受けたり，自分の投稿に対して批判や悪口を書き込まれたりした際には，学校が本人または保護者の意向に応じて適切な相談窓口を伝えることの必要性を示しています。他方，学校は，インターネット上のコミュニケーションが児童生徒たちにとってリアルのコミュニケーションと同程度に重要であることに

留意し，児童生徒に対して文字でコミュニケーションを行うことの難しさ等を指導することが重要です。そして，「家庭への支援」では，学校，家庭，地域を挙げてインターネット問題に取り組むことの大切さを指摘しています。さらには，学校や教育委員会が保護者を対象とした集会などを通して，インターネット利用に係るルール設定のモデル提示等の支援を行うことを例示しています。

4　関係機関等との連携体制

　生徒指導提要（2022）では，第11章第4節「関係機関等との連携体制」において，インターネット問題は，影響が多岐にわたるため，教職員と保護者，地域の人々，関係機関が協力し合うことの必要性を述べています。本節では，生徒指導提要（2022）に示された保護者および関係機関との連携について解説するとともに，学校の取組みや関係機関等との連携に関するZ市の実践事例を示します。

保護者・関係機関との連携

　児童生徒をめぐるインターネット問題の特徴は，原因追及の困難さ，個人を特定しにくい現状，情報の拡散性の高さなどにあるとされています。そのため，学校内外への影響が多岐にわたり，問題が発覚したときには，学校だけでは解決が困難になっている事例が見受けられます。

　生徒指導提要（2022）では，学校は，そのような背景を踏まえ，保護者，地域の人々，関係機関と協働で問題にあたることの必要性を述べています。特に，児童生徒をめぐるインターネットの問題解決には，専門的な知識や法的な観点からの対応も求められます。そのため，学校は，各専門職の専門性を理解した上で，保護者や関係機関と連携・協働することの重要性について述べています。

　また，学校は，児童生徒をめぐるインターネットの問題への適正な管理・対応をする際に，保護者との連携が必須であるとしています。内閣府が2021年に行った青少年のインターネット利用環境状況調査では，青少年のネット利用率

は，高校生99.2％，中学生98.2％，小学生96.0％という回答結果が示されています[（14）]。また，同調査では，２歳で62.6％がインターネットを利用しているという調査結果があります。未就学児のインターネットの利用率の高さから推察されることは，保護者が子育てや，コミュニケーションの一環として，わが子とインターネット環境を共有していることが考えられます。生徒指導提要（2022）では，学校は，そういったインターネット普及率の高さや利用状況の高さから，入学式などの早い段階で積極的に保護者とコミュニケーションをとり，普段から密な連携をとることの必要性について述べています。

　GIGA スクール構想により，児童生徒へタブレット機器等の１人１台端末が実現し，学校での学習活動と合わせて，家庭学習のための端末の持ち帰りが必要とされています。学校は，端末を持ち帰った際の家庭での使用方法についても，学校の方針が守られるよう，保護者への丁寧な説明を行うことが重要です。また，学校は，保護者と協働で児童生徒をめぐるインターネット問題への対応に努めるため，インターネット上で生じる様々な課題や有害情報に関する各種相談窓口を提供することの必要性を述べています。学校は，児童生徒の家庭での端末利用の様子について，家庭でどのような使用をしているか児童生徒と直接話をすることや保護者から情報提供を求めることも大切です。

　Z 市では，市の広報誌を通して，就学前の子どもをもつ保護者や就学児がいない家庭にも，GIGA スクール構想について周知をし，児童生徒が，情報モラル，情報リテラシーなどの学習をしていることや ICT を児童生徒の学びに活用していることへの理解を図るようにしています。

ネットいじめを題材とした生徒会サミット

　本項では，学校で起こるインターネット問題に対して，発達指示的生徒指導の観点から，教育委員会や学校が行っている事例について紹介していきます。

（14）　内閣府（2022）「令和３年度青少年のインターネット利用環境実態調査結果（概要）」
　　　https://www8.cao.go.jp/youth/youth-harm/chousa/net-jittai_list.htm（2022 年 8 月 22 日アクセス）

　Ｚ市の公立中学校では，例年，市全体の生徒会の取組みとして，夏休みに各中学校の生徒会執行部役員が集まり，生徒会サミット（以下，サミット）を開催します。サミットでは，各中学校の生徒会執行部が交流を図り，それぞれの中学校での様々な取組みについて発表をします。一例として，Ｚ市ではサミットにおいて，2014年8月にいじめ問題に特化した議論を行い，「いじめ撲滅宣言」を策定しました。さらに，いじめ撲滅宣言の内容について，8つの項目を立て，その内容をパネルとして具現化して，市内全小中学校に配布しました。

　また，「いじめ撲滅宣言」の内容を広く市内に周知するため，各中学校の生徒会執行部が，それぞれ自身の所属する学校の文化発表会等で「いじめ撲滅宣言」について，生徒会発表を行い，生徒が主体的に活動を進めました。

　紹介した事例は，ネットいじめに特化したものではありませんが，生徒が主体的に考え，取り組むといった点で好事例であり，生徒自身がいじめについて主体的に考え，広めた内容だということからも，発達指示的生徒指導の一例といえるでしょう。

中学校における校内委員会の取組み

　本項では，学校で起こるインターネット問題に対して，予防的生徒指導の観点から，教育委員会や学校が行っている事例について紹介していきます。

　中学校における校内委員会では，児童生徒をめぐる課題への対応について，チームで取り組むことができるように，各学年での情報交換や，児童生徒への具体的な支援についての方策を考える会議を行っています。生徒指導提要(2022)では，児童生徒をめぐる課題への対応については，専門職の活用が推進されています。各自治体においては，SC や SSW 等の専門職を活用していますが，Ｚ市では，スクールロイヤー（以下，SL）を積極的に活用しています。Ｚ市では，学校から，インターネット問題を含む児童生徒をめぐる課題に対応する際に，必要に応じて SL に相談を行います。学校は，子どもの最善の利益を中心に置いた法的な観点からの助言をもらい，法的な観点も踏まえた児童生徒への対応ができる体制づくりに努めています。

　また，Z市では，SC，SSW，SL等の専門職が連携を図れるように，教育委員会が窓口となり，児童生徒をめぐる課題への事案を把握し，その調整を行っています。

　他方，Z市では，学校に対して，専門職を活用する際のスムーズな連携と協働ができる校内体制のあり方について，マニュアルを作成し提示しています。教員は，マニュアルを参考に，インターネット問題を含む児童生徒をめぐる課題に対応します。

　専門職を積極的に活用することにより，学校は，専門的な知見を各専門職から学び，事案を通して児童生徒の様々な前兆や変化に気付きやすくなると考えられます。前兆や変化に気付きやすくなれば，平時の際の子どもへの対応力の強化にもつながっていくと考えられます。このことは，問題が発生した際に，早い段階から学校だけではなく，各専門職の見立てを踏まえた会議や支援を行うことの重要性を示している一例といえるでしょう。

　このようにZ市では，校内体制に積極的に専門職が参画し，児童生徒をめぐる課題への対応について協議を行うとともに，校内の体制の見直しも行っています。学校および教育委員会は，児童生徒をめぐる課題への対応について様々な視点からの考察を深め，インターネット問題を含んだ予防的生徒指導につなげる対策を行っていく必要があるといえるでしょう。

　また，予防的生徒指導については，学級での取組みが重要になりますが，片上（2020）は，教員が学級通信の活用により，生徒に対して学校生活における現状や課題を認識させ，学級担任としての思いや願いを理解させる機会を提供することの必要性を述べています。[15]学級担任が学級の子どもの状態について，学級通信などを活用し，児童生徒の課題に対して児童生徒に直接訴えかけることで，児童生徒と協働で学級の課題に取り組む事例も効果的であると考えます。

---

(15)　片上健太郎（2020）「学級活動における生徒指導の実践——生徒の心を育む学級通信の活用」桃山学院大学『教職課程年報』第15号，pp. 63-71

関係諸機関との連携と相談窓口の周知に関わる取組み

　本項では，学校で起こるインターネット問題に対して，困難課題対応的生徒指導の観点から，教育委員会や学校が行っている事例について紹介します。

　生徒指導提要（2022）では，学校は，児童生徒をめぐる問題が実際に発生した際に，校内連携型支援チームと校外の専門家を有する関係機関と連携・協働したネットワーク型のチーム支援での対応の必要性を述べています。このことは，インターネット問題についても同様であり，学校は，ネットワーク型の対応が必要となった際に，関係諸機関とのスムーズな連携が必要になります。そのために学校および教育委員会は，普段から関係諸機関との情報交換を含む連携や関係諸機関が行う講演などを保護者に周知するなどの取組みを行う必要があります。自治体によっては，生徒指導担当者が集まる会議に警察などの関係諸機関に出席を依頼し，情報交換を行っている例もあります。

　他方，GIGA スクール構想によって，1 人 1 台端末となった現在では，多くの自治体は，タブレット端末等の使用に関して，学習以外の目的では使用しないこと，紛失や破損がないように注意すること，著作権に関すること，学校の方針に従うことなどの決まりを定めた同意書を作成しています。そして，学校は，児童生徒がタブレット端末等を利用する際には，事前に学校の方針について保護者に説明を行い，保護者からの同意書の提出を確認しておくことが必要となります。

　生徒指導提要（2022）では，インターネットに関する問題は，全貌がわかりにくいのが特徴だとしています。そのため，困難課題対応的生徒指導を行う際には，児童生徒が問題に対して，どの程度影響を受けているのか，またはどの程度影響を及ぼしているのかについて，不断な情報収集と丁寧な聴き取りが必要になると述べています。この点からも，児童生徒の健全な育成を目的として，保護者との共通理解を図り，連携・協働して取り組んでいく必要があるといえるでしょう。

第12章

性に関する課題

生徒指導提要（2010）「第6章　生徒指導の進め方」「Ⅱ　個別の課題を抱える児童生徒への指導」「第8節　性に関する課題」から，生徒指導提要（2022）では独立した章扱いとなりました。各論の中心は性犯罪・性暴力と性同一性障害です。取り上げられている文脈は，「何らかの特別な事情を抱えている児童生徒への関わりの在り方」の面を踏襲しています。つまり生徒指導提要（2022）の分類に従えば，リアクティブの部分です。術語「トラウマ」が「12.3.2　性的被害者への対応」で初出した点も関連すると考えられます。これが機能するためには，プロアクティブの部分，つまりは「自分は愛されるに値する存在だという自己認識」と「他者は頼れる・頼ってもよい存在という依存」などの基本的な信頼感・基盤の成立が不可欠です。

1　性犯罪・性暴力対策（性に関する課題1）

背　景

2020年6月の「性犯罪・性暴力対策強化のための関係府省会議」において，「性犯罪・性暴力対策の強化の方針」が決定されました。この方針で，2020年度から2022年度までの3年間を，性犯罪・性暴力対策の「集中強化期間」として，刑事法のあり方の検討，被害者支援の充実，加害者対策とともに，教育・

（1）　文部科学省（2010）「子どもの心のケアのために──災害や事件・事故発生時を中心に」，文部科学省（2011）「教職員のための子どもの健康相談及び保健指導の手引」，文部科学省（2014）「学校における子供の心のケア──サインを見逃さないために」において，「健康相談・保健指導」，「心のケア」の文脈で使われてきた術語が，「生徒指導提要」に現れたことは注目に値する。
（2）　野坂祐子（2022）「子どものこころと性の発達」吉川徹編『こころの科学　性をめぐる子どもの臨床（特別企画）』第223号，日本評論社，p.8の表現を参考にした。

啓発の強化に取り組むこととされました。性犯罪・性暴力は，被害者の尊厳を著しく踏みにじる行為であり，その心身に長期にわたり重大な悪影響を及ぼすものです。表に出にくい問題ですので，まずデータを参照しましょう。

　内閣府男女共同参画局による「令和3年度若年層に対する性暴力の予防啓発相談事業」の「若年層の性暴力被害の実態に関するオンラインアンケート及びヒアリング結果⁽³⁾」には，全国16〜24歳のアンケートモニターを対象とするオンラインアンケート，性犯罪・性暴力被害者のためのワンストップ支援センターを対象としたヒアリングおよび若年層の性暴力被害者支援団体の相談員等や学生団体等を対象としたヒアリングの結果と分析が公開されています。

　表12-1はオンラインアンケートの集計結果のごく一部です。問題意識を高めるためにも全体の閲覧を勧めます。様々なケースがあり，年齢の低い段階からの啓発や教育が不可欠と感じられます。しかし，それでいてスクリーニング調査および本調査とも回収率が2％台後半であり，母集団の特性を反映する疫学的なデータとはいえません。つまり，任意の回答者（積極的に回答した人）の回答内容に基づいた結果であり，疫学的遭遇率を示すものではないのです。

　この点に留意してデータを読み，「答えたくない」といった理由から，具体的な問題が表面化しようのない根の深さ⁽⁴⁾を理解していくことがまず必要です。

「生命（いのち）の安全教育」のねらい

　文部科学省はホームページの「性犯罪・性暴力対策の強化について」において，「生命（いのち）の安全教育」の教材と指導の手引きを公開しています⁽⁵⁾。

（3）　内閣府（2022）「若年層の性暴力被害の実態に関するオンラインアンケート及びヒアリング結果報告書」
　　　https://www.gender.go.jp/policy/no_violence/e-vaw/chousa/r04_houkoku.html（2022年9月5日アクセス）
（4）　AV出演被害防止・救済法が2022年6月に施行され，「大学・一般用」に加え「高校生用」の啓発ステッカー等も作成された。以下に法律の説明や被害事例とともに掲載されている。内閣府「『AV出演被害防止・救済法』が施行されました」
　　　https://www.gender.go.jp/policy/no_violence/avjk/index.html#anc03（2022年9月5日アクセス）

表 12-1　被害分類の特徴

	加害者	被害の状況	相談状況	生活の変化
言葉による性暴力	・学校の関係者（教職員，先輩，同級生等）が加害者であることが多い ・異性による被害が多いが，同性による加害も多い	・場所は学校が多い ・1回限りの被害が半数を超える	・どこにも相談しなかったケースは半数超 ・相談した人は家族・親戚，友人・知人の順で多い	・性暴力被害により，自信がなくなったとの回答が多い
視覚による性暴力	・知らない人が加害者であることが多い ・社会的地位が同等または下位の者による加害が多い	・被害場所は路上，公共交通機関，学校等が多い ・1回限りの被害が多い	・どこにも相談しなかったケースは他と比べるとやや少ない ・相談した人は家族・親戚，友人・知人の順で多い ・比較的短期間で相談に至ったケースが多い	・生活の変化は特になしとの回答が多い ・性暴力被害から回復したとの回答が多い
身体接触を伴う性暴力	・知らない人や学校の関係者（教職員，先輩，同級生等）が加害者であることが多い ・異性及び社会的地位が上位の者による加害が多い	・場所は公共交通機関，路上，学校が多い ・突然に襲いかかられた，自分に行われていることがよくわからなかった等の回答が多い	・どこにも相談しなかったケースは他と比べるとやや少ない ・相談した人は友人・知人，家族・親戚の順で多い ・比較的短期間で相談に至ったケースが多い	・生活変化は特になしとの回答も多いが，異性と会うのが怖くなった，外出するのが怖くなった等の回答も多い
性交を伴う性暴力	・学校の関係者（教職員，先輩，同級生等），（元）交際相手，インターネット上で知り合った人，知らない人等が加害者であるケースが多い ・社会的立場が上位の者による加害が多い	・加害者の家，自宅，ホテル等での被害が多い ・被害が継続する率が高い ・突然に襲いかかられた，相手から「何もしない」等とだまされた，驚き・恐怖等で体が動かなかった等，多様な回答がある	・どこにも相談をしなかったケースは半数超 ・相談できたケースでも相談までに時間を要することが多い	・異性と会うのが怖くなった，誰のことも信じられなくなった，眠れなくなった，自信がなくなった，生きているのが嫌になった等を訴える被害者が多く，最も被害からの回復状況が芳しくない
情報ツールを用いた性暴力	・インターネット上で知り合った人や知らない人が加害者との比率が高い	・被害場所はインターネット・SNS上が多いほか，公共交通機関，自宅，学校，加害者の家等もみられる	・どこにも相談をしなかったケースは半数超 ・相談した人は友人・知人，家族・親戚の順で多い	・夜寝れなくなった，メールアドレス・SNSアカウントを削除・変えた等がみられている ・性暴力被害から回復したとの回答は他の性暴力被害分類と比べて多い

出所：内閣府男女共同参画局（2022）「若年層の性暴力被害の実態に関するオンラインアンケート及びヒアリング結果〈概要〉」p.7

「性犯罪・性暴力対策の強化の方針」を踏まえ，子供たちが性暴力の加害者，被害者，傍観者にならないよう，全国の学校において「生命（いのち）の安全教育」を推進することになりました。このたび，文部科学省と内閣府が連携し，有識者の意見も踏まえ，生命（いのち）の安全教育のための教材及び指導の手引きを作成しましたので，積極的な活用をお願いします。

「生命（いのち）の安全教育」の「指導の手引き」には，目標も以下のよう⁽⁶⁾に記されています。さらには，生徒指導提要（2022）「第2章　生徒指導と教

（5）　文部科学省「性犯罪・性暴力対策の強化について」
　　　https://www.mext.go.jp/a_menu/danjo/anzen/index.html（2022年9月5日アクセス）

育課程」を参考にすることで，授業を通じてより効果的な生徒指導が実現できそうです。

　　性暴力の加害者，被害者，傍観者にならないようにするために，生命の尊さを学び，性暴力の根底にある誤った認識や行動，また，性暴力が及ぼす影響などを正しく理解した上で，生命を大切にする考えや，自分や相手，一人一人を尊重する態度等を，発達段階に応じて身に付ける。

「生命（いのち）の安全教育」の教材分析

この教材の特徴として，以下のことが考えられます。

①「性犯罪・性暴力対策の強化の方針」の「教育・啓発活動を通じた社会の意識改革と暴力予防」の一環として，子どもを性暴力の当事者にしないことを目的としていること

②発達段階に応じて「幼児期」から「高校（卒業直前），大学，一般」まで６段階の教材が整えられていること

③保護者向けの「周知資料」と「授業実施案内のひな型（幼児期，小学校，中学校，高校，高校（卒業直前），特別支援学校）」が備えられていること

④スライド教材と音声入りの動画教材があり，動画教材には場面ごとに区切った短いものもつくられていること

⑤各段階の指導事例（学習指導案）と「指導の手引き」が付されていること

①からは，前述の関係府省会議決定に基づく文部科学省の取組みであることがわかります。社会の大きな流れの中で，学校教育が果たすべき役割として，「法律を背景とする教育実践」が求められているのです。またここでの「性暴力の当事者」とは，加害者・被害者・傍観者を指します。

②からは，早期から繰り返し教育をしていく意図が強く伝わります。早期の

（6）　文部科学省（2021）「指導の手引き」p. 1
　　　https://www.mext.go.jp/content/20210416-mxt_kyousei02-000014005_7.pdf（2023年2月8日アクセス）

教材となると，教育を目的とする幼稚園を想起しますが，「幼児期」とあり，保育所や認定こども園などでの実践も期待されているようです。

③からは，「社会に開かれた教育課程の実現」への具体策が示されているように感じられます。一般的な性に関する授業より，さらに踏み込んだ教育内容を含んでいます。きわめてデリケートで多様な意見が存在する内容です。事前に保護者への連絡があると，教育課程への社会全体からの理解が深まります。必要に応じて「ひな型」を利用することで，学級担任の負担を減らすことができます。

④により，授業者が内容のどこに力点を置くか，どのような授業方法を用いた授業展開をするか等に合わせた選択や組合せができます。事前に見比べることが，教材研究なのです。

⑤の指導の手引きはA4判29頁です。校種・発達段階ごとに展開例が示され，各段階におけるねらいの一覧表もあり，連携や継続が図りやすくなっています。また「各学校の判断により，教育課程内外の様々な活動を通じて本教材を活用することが可能」とされ，実践する教科等が示されていません。各園・校が工夫し，実践の枠組みや時期を選べるのです。

これらは全体指導用の教材です。基本的にはプロアクティブの部分，つまりは「発達支持的生徒指導および課題未然防止教育における指導教材」と捉えられます。自他の感じ方の違いに気付いたり，自分の体験を振り返ったりして，「このようなことでも話せる先生や仲間がいる」，「苦しいときは頼ってよいのだ」と児童生徒が考えられると，プロアクティブな生徒指導として価値があるといえます。

また，学級全体での共通理解事項となり，少なくとも学級内での抑止力（「見られているからできない」，「自分を守ってもらえそうだ」，「学級の仲間が被害

（7）　各教育・学習指導要領の前文を参照。幼稚園 p.2，小学校 p.15，中学校・高等学校 p.17，特別支援学校・幼稚部 p.13，小学部・中学部 p.58
（8）　生徒指導提要（2022）の p.260，表3とほぼ同じもの。
（9）　註（5）と同じ

を受けないようにしたい」等）になることも期待されます。授業の枠組みのみな
らず，たとえば校外での活動に児童生徒の期待がふくらむ「集団宿泊的行事の
児童生徒への事前指導」に組み込むのもよいでしょう。

　生命の安全教育の授業で個々の様子をよく観察すると，そわそわとしてじっ
としていられなかったり，ワークシートに心配ごとを書いたりする児童生徒が
いるかもしれません。その際には，養護教諭や同性の教員，部活動などでつな
がりのある教員から声をかけてもらうのも一案です。一人で解決しようとせず，
周囲に相談すると担任にはみえない問題を指摘してもらえたり，本人と深く話
せる他の教員の存在に気付けたりします。課題早期発見対応にスムーズに移行
できるよう，授業中や授業後の丁寧な見取りと働きかけが必要です。

2　「性的マイノリティ」への対応（性に関する課題２）

背　景

　2003年に「性同一性障害者の性別の取扱いの特例に関する法律」が制定され，
治療効果の向上，社会的な不利益の解消が求められました。文部科学省は，
2010年「児童生徒が抱える問題に対しての教育相談の徹底について[10]」を発出し，
年度途中より男子児童を女子として受け入れた事例を念頭に，性同一性障害に
係る児童生徒の心情等に十分配慮した対応を要請しました。2014年には「学校
における性同一性障害に係る対応に関する状況調査について[11]」の結果を公表，
翌年「性同一性障害に係る児童生徒に対するきめ細かな対応の実施等につ
いて[12]」を発出し，2016年４月の「性同一性障害や性的指向・性自認に係る，児

---

(10)　文部科学省（2010）「児童生徒が抱える問題に対しての教育相談の徹底について（通知）」
　　　https://www.mext.go.jp/a_menu/shotou/jinken/sankosiryo/1348938.htm（2022年９月５日ア
　　　クセス）
(11)　文部科学省（2014）「学校における性同一性障害に係る対応に関する状況調査について」
　　　https://www.mext.go.jp/a_menu/shotou/jinken/sankosiryo/1322256.htm（2022年９月５日ア
　　　クセス）
(12)　文部科学省（2015）「性同一性障害に係る児童生徒に対するきめ細かな対応の実施等について」
　　　https://www.mext.go.jp/b_menu/houdou/27/04/1357468.htm（2022年９月５日アクセス）

童生徒に対するきめ細かな対応等の実施について（教職員向け）[13]」に至ります。この教職員向け資料の内容は読みやすいので，理解がさらに深まります。

「性的マイノリティ」という用語について

「性的マイノリティとは何か」という定義は，生徒指導提要（2022）に限らず，たとえば法務省人権擁護局による「性的少数者に関する人権啓発サイト[14]」でも，文字としては見られません。同サイトにリンクされた人権啓発ビデオ[15]の冒頭で，「これ（「性的マイノリティ」を指す）はレズビアンやゲイといった性的少数者を表す言葉です」と述べられ，LGBTQ が解説される程度です。個々人の肉体的や精神的な性のあり方や発達の様相は，一概に定義できないほど多様です。結果として，性の同一性も多様となりますから，定義しきれないことも当然と思えます。

> 性には複数のレベルがある。染色体の性，内性器の性，外性器の性，脳の性のレベルである。性の発達ではそれぞれのレベルにおいて多様性が存在し，全体として人間の性のあり方の多様性を生み出している。とくに脳のレベルの性は人格の性的側面である性同一性に関連しており，社会的存在としての人間のあり方に大きくかかわっている。

松永（2022）はこのように述べ，「性の発達における多様性は個性的な人格を生み出す大きな要因となっており，性の多様性を尊重することは個々の人格をありのままの姿で尊重することにつながる[16]」としています。体内にあり外部

---

[13]　文部科学省（2016）「性同一性障害や性的指向・性自認に係る，児童生徒に対するきめ細かな対応等の実施について（教職員向け）」

[14]　法務省人権擁護局「性的マイノリティに関する偏見や差別をなくしましょう」https://www.moj.go.jp/JINKEN/jinken04_00126.html（2023年1月9日アクセス）

[15]　人権啓発ビデオ「あなたが　あなたらしく生きるために　性的マイノリティと人権」https://www.youtube.com/watch?v=G9DhghaAxlo（2023年1月9日アクセス）

[16]　松永千秋（2022）「医学からみた性の発達と多様性」吉川徹編『こころの科学　性をめぐる子どもの臨床（特別企画）』第223号，日本評論社，pp. 14，21

に露出していない内性器（女性では膣，子宮，卵巣等，男性では精嚢，精管，精巣等）と，体外に表れている外性器（女性では陰唇，陰核等，男性では陰茎，陰嚢等）が，それぞれに形成不十分の人や中間型が存在する上に，内と外で不一致のケースもあります。さらに脳の性分化においては，出生したときの身体的な特徴から割り当てられた性別と体験されたジェンダーの不一致を問題とするにとどまらず，性別違和感や精神的苦痛をもたない場合や，中間，混合状態のケースもあります。つまり人間の性の多様性は，そもそも性別二元論を超えて存在するとも理解できます。何をもって「異常」，「障害」とするかという判断には，教職にある者として児童生徒を前にした発言では，ことさら慎重さが必要なのです。軽い気持ちの冗談に傷ついている子どもがいるのです。

　多様性の受容に関して，「性同一性障害」のみが強調されていると感じられるかもしれません。「性的マイノリティ」への対応について考えるとき，そればかりになると逆にみえなくなってしまう児童生徒も出てくることには留意が必要です。ではなぜ「性同一性障害」が先行して課題化されているのでしょうか。
　学習指導要領第 1 章総則「第 4　児童の発達の支援」[17]「第 4　生徒の発達の支援」[18]「第 5 款　生徒の発達の支援」[19]には共通して「 2　特別な配慮を必要とする児童（生徒）への指導」として，「⑴障害のある児童（生徒）などへの指導」，「⑵海外から帰国した児童（生徒）などの学校生活への適応や，日本語の習得に困難のある児童（生徒）に対する日本語指導」，「⑶不登校児童（生徒）への配慮」が解説されています[20]。

　学校教育では何らかの「障害」を有すると判断された児童生徒は，こうした配慮を受けられます。まずはこの枠組みで確実な配慮や支援を行い，それ以外の状態の児童生徒への拡大の可能性を探ることが意図されている，と理解できそうです。「家庭，地域及び……関係機関との連携」，「長期的な視点で児童

（17）　文部科学省「小学校学習指導要領」（2017年告示）pp. 24-25
（18）　文部科学省「中学校学習指導要領」（2017年告示）pp. 25-26
（19）　文部科学省「高等学校学習指導要領」（2018年告示）pp. 30-31
（20）　中学校の学習指導要領には「⑷　学齢を経過した者への配慮」がある。

（生徒）への教育的支援を行う」，「個々の児童（生徒）の実態を的確に把握し，個別の指導計画を作成し活用することに努める」の部分は，その意を得ていると感じられます。

　性同一性障害という診断を得るには，様々な手間がかかるようですが，マイノリティの中のマイノリティに気付く人権感覚で支援をしながら，公的な支援が拡がった場合に即応できるようにしたいものです。無論，その前提として，診断はつかないが眼前で困っている児童生徒に即応する具体的な配慮やケアが不可欠です。

　難しさが先行すると，一気にアンケートで把握したくなります。しかしその点については，「当該児童生徒は自分の尊厳が侵害されている印象をもつおそれもあります」⁽²¹⁾とされ，慎重な対応を求められています。

記録と守秘義務

　性に関する課題への対応場面では，教員による記録と守秘義務の徹底が不可欠です。それはなぜでしょうか。

　性同一性障害をはじめとする性的マイノリティの人々には，その人の数だけ個性や違いがあります。担任教員による記録は，家族や関係諸機関との連携，校内の共通理解と学校体制での支援のあり方を決めるデータの根幹となります。メモをするか迷ったときこそ専門性を発揮して，そのつど，記録することが大切です。後日，望外の発見に至ることがありますが，無からは何も生まれません。記録が残っていると，他の教員から自分では思いつかない指摘を受けられたり，保護者との協力関係を築くための質疑に応答する材料になったりします。

　このことは生徒指導提要（2022）の中の，保護者が受容していない場合に関する言及への応答ともいえます。そしてこうしたことが的確かつ多面的なアセスメント⁽²²⁾につながります。生徒指導提要（2022）の第12章では，いじめや自殺

---

(21)　註（12）と同じ，p.8
(22)　「アセスメント」の出現は，生徒指導提要（2010）では21回，生徒指導提要（2022）では62回となり，その重要度が増大したと考えられる。

念慮の割合等が高いとされている点[(23)]にも，十分に鑑みる必要があります。

　そして知りえた職務上の情報は，たとえ家族であっても他言無用です。性に関することは，本人のみならず家族も秘匿したい場合が多いですから，細心の注意が必要です。学校内での関連会議の配付資料には，番号を付すなどして終了後には確実に回収します。外部に漏れたときの当事者とその家族の落胆や信用の失墜は，計り知れません。事前と事後の手続きも含めて，生徒指導主事や学年主任，校長などを含めた複数のチェックを欠かさないことです。

［ 3 ］　教科等で機能させるプロアクティブな生徒指導

　性に関する教育内容は，すそ野が広い上にそれぞれが深遠です。さらには死ぬまで向き合うべき場面がある点で，教員も児童生徒とともに学ぶべきものといえます。リアクティブな生徒指導が必要になったときにこそ，該当児童生徒のみならず，全ての児童生徒に対して「問題のないときに，きちんと性の授業をしておいてよかった」と感じるはずです。

　留意すべきなのは，生徒指導が機能概念でもある点です。教育内容が性を扱わなくても，性に関する課題のよりよい解決に向けた授業は可能です。仲間のよさをみつける授業で学ぶのは，誰もが認められるべき存在である点でしょう。音楽科の歌唱のテストでは，人それぞれのかけがえのない個性を，表現を通じて学びます。社会科の歴史分野での身分制度や差別の学習では，差別された人々の気持ちを想像したり，平等とされながらも社会に存在する矛盾に気付けたりします。全授業で生徒指導を機能させよう，と取り組むことが大切です。その前提に立ちつつ，性に関わる内容を扱う授業を考察します。

---

(23)　客観的な資料収集におさまらず，身を守るための記録とも解されうる。法的にも十全な記録を目指すために，以下を参照されたい。文部科学省「事実調査のための面接——司法面接を参考に」https://www.youtube.com/watch?v=TYZ9u05ux2M&t=142s（2022年9月5日アクセス）
　周防美智子・片山紀子（2021）「生徒指導の記録のとり方——個人メモから公的記録まで」『月刊生徒指導』2020年5月増刊号，学事出版

保健体育科

　保健分野は心身の健康に関わるので，単に客観的な知識を学んでいるようで
も，自分や家族を想起し，自身の価値観に作用し，思考力や学びに向かう力を
伸ばします。性に関する課題の学習内容として，以下が考えられます。

　小学校学習指導要領（2017年告示）「第2章　各教科」「第9節　体育」「第
　2　各学年の目標及び内容」
　〔第3学年及び第4学年〕「2　内容」「G　保健」
　(2)体の発育・発達について，課題を見付け，その解決を目指した活動を通
　　　して，次の事項を身に付けることができるよう指導する。
　〔第5学年及び第6学年〕「2　内容」「G　保健」
　(1)心の健康について，課題を見付け，その解決を目指した活動を通して，
　　　次の事項を身に付けることができるよう指導する。
　中学校学習指導要領（2017年告示）「第2章　各教科」「第7節　保健体育」
　「第2　各学年の目標及び内容」〔保健分野〕「2　内容」
　(2)心身の機能の発達と心の健康について，課題を発見し，その解決を目指
　　　した活動を通して，次の事項を身に付けることができるよう指導する。
　高等学校学習指導要領（2018年告示）「第2章　各学科に共通する各教科」
　「第6節　保健体育」「第2款　各科目」「第2　保健」「2　内容」
　(3)生涯を通じる健康について，自他や社会の課題を発見し，その解決を目
　　　指した活動を通して，次の事項を身に付けることができるよう指導する。

　保健体育では，こうした部分で性同一性障害や性的マイノリティに言及した
り，具体的なケースを当てはめたりすることで，学年や校種をまたいで系統的
に性に関する課題に取り組む生徒指導の機能を発揮できる授業ができそうです。
　上記各学習指導要領の引用中の「次の事項」をもう少し確認しましょう。小
学校学習指導要領では「個人差」，「思春期」，「異性への関心」，「課題を見付
け」（小学3，4年），「心の発達及び不安や悩みへの対処」，「心と体には，密接

な関係」（小学５，６年）といった言葉がみられ，性的マイノリティの人々への理解を促進したり，あるべき態度について考えさせたりできそうです。全体で「異性」という言葉が現れるのは２カ所だけです。

　中学校学習指導要領では「心の機能の発達と心の健康」，「発育・発達の時期やその程度」，「個人差」，「内分泌」，「生殖に関わる機能」，「成熟に伴う変化に対応した適切な行動」，「自己の認識が深まり，自己形成がなされる」といった言葉がみられ，自己と他者の理解について深く学ぶといえます。なお「３　内容の取扱い」のこの部分の説明には，「異性」という言葉が出現します。

　高等学校学習指導要領では「生涯の各段階における健康」，「生涯を通じる健康の保持増進」，「各段階の健康課題」，「労働環境の変化」などといった言葉がみられ，生涯を見通したり，就職後の適応などを考えたりします。

　こうしたことが保健体育で扱われていることを理解して，教科等横断的な学習を仕組むこと，保健体育科の教員には性について繰り返して理解を深めるために，校種や学年をまたいで学習内容を関連付けること，が求められます。[(24)]

特別の教科　道徳（道徳科）

　特別の教科　道徳は教科化され，内容項目にも変更がありました。ここで注目したいのは，中学校の内容項目です。旧学習指導要領（2008年告示）における「視点２　主として他の人とのかかわりに関すること」の「異性の理解・尊重」とされてきた内容項目が「友情・信頼」に吸収されました。以下で比較してみましょう。

　中学校学習指導要領（2008年告示）「第３章　道徳」
　２　主として他の人とのかかわりに関すること。
　　(3)友情の尊さを理解して心から信頼できる友達をもち，互いに励まし合い，高め合う。

---

(24)　体育分野と関連付けて，水着の問題を考えるのも一案である。「ユニセックス」と「ジェンダーレス」では商品に込められた意味が異なる。

　⑷男女は，互いに異性についての正しい理解を深め，相手の人格を尊重
　　する。
<u>中学校学習指導要領（2017年告示）「第3章　特別の教科　道徳」</u>
B　主として人との関わりに関すること
［友情，信頼］
　　友情の尊さを理解して心から信頼できる友達をもち，互いに励まし合
　い，高め合うとともに，異性についての理解を深め，悩みや葛藤も経験
　しながら人間関係を深めていくこと。

　これがすぐに，道徳科における異性の理解・尊重に関する学習の退行を意味
しません。中学校用教科書では，思春期に配慮し，友情や信頼とともに異性へ
の理解という両側から教材を収録している教科書が多いようです。2025年版改
訂に向け，各社とも教材づくりに心血を注いでいるようです。

　ここで大切なことは，①「異性についての理解を深め，悩みや葛藤も経験し
ながら人間関係を深めていくこと」を性的マイノリティへと敷衍する授業を模
索すること，②それに見合う教材の開発を行うこと⁽²⁵⁾，でしょう。

　①については「この場面は，登場人物が男女逆でも違和感がないかな。もし
あり得ないと思うならなぜだろう」といった発問の挿入で，既存教材を用いて
児童生徒の生活に根を下ろしているジェンダーに気付かせることができます。

　②については，学校や地域の実情に合わせた積極的な開発が望まれます。そ
の点で以下の中澤（2019）に学びたいと思います。

　　性に対する価値や態度の形成については，性道徳として正しい考え方や価
　値観を教え込むのではなく，青少年自身が多様な意見や議論を批判的に省
　察し自らの態度を選び取っていくこと，そのために考える材料を提供し，多

---

(25)　学習指導要領において「教材開発」は道徳科のみにみられる表現である。西野真由美（2018）
　　「『主体的・対話的で深い学び』を実現する教材の効果的な活用（特集　道徳科における教材の効
　　果的な活用）」日本道徳教育学会事務局『道徳と教育』第62巻第336号，pp. 141-151

様な意見に触れる場,ディスカッションできる機会を設けていく必要がある。⁽²⁶⁾

　この指摘からすると，前述の「生命（いのち）の安全教育」のスライド教材⁽²⁷⁾が合致します。問題場面が文章や絵で提示され，「どこが」，「どのように」問題と考えられるか，児童生徒に考えさせ，伝え合わせることができます。問題場面の問題性について，児童生徒自身に読み解かせることでリテラシーの育成が期待できます。指摘する問題点が同じでも，異なる理由付けに気付くこともできるのです。読み物教材に固執せず，様々なアプローチに期待がもてます。

特別活動

　学級活動（ホームルーム活動）「内容(2)日常の生活や学習への適応と自己の成長及び健康安全」の重要性が増しています。『学習指導要領解説』「特別活動編」（小学校 p. 53，中学校 p. 51，高等学校 p. 47）には，以下の記述があります。

　　……指導に当たっては，日常のあらゆる教育活動を通して進められる生徒指導との関連を図り，学級活動の授業として取り上げる内容を発達の段階に即して重点化することが必要である。（小学校）
　　……指導に当たっては，日常のあらゆる教育活動を通して進められる生徒指導との関連を図り，自己探求や自己の改善・向上の視点から，人間としての（在り方）生き方についての自覚を深め，社会の中で自己を正しく生かす資質・能力を養うことと広く関わらせながら指導することが大切である。（中学校，高等学校）

　性に関する課題で着目すべきは，①「事前の題材提示」と「事前調査」による実態把握，②話合い活動を方法とする点，③教員による適切な指導の下に児

---

(26)　中澤智惠（2019）「知識・態度・行動の観点からみた性教育の現状と今後の課題」日本性教育協会編『「若者の性」白書』小学館，p. 103
(27)　註（5）と同じ

童生徒は意思決定をして実践する点です。

①は，学級の仲間の実態を知り，自らの問題として捉える場です。たとえ簡単なアンケートであっても，集計やまとめを児童生徒にさせて，授業で提示することが問題意識を高めます。一足飛びに多様性の理解に至るのは難しい，といわねばなりません。仲間を知ることは，自分を知ることでもあります。

②ときに恥ずかしかったり，言いづらかったりする題材ですが，少人数での話合いを導入すればより言いやすく，さらに仲間の素朴な考えや体験を知ることにつながります。丁寧に①を経ると相乗効果が期待できます。

③授業で自分の問題を焦点化し，意思決定をします。特別活動では，実践とその振り返りが重視されます。つまり授業後の生活での，自分の行動が問われます。自己評価カードなどを用いて，取組みを定期的に振り返らせ，教員は個々に助言や指導を継続します。こうした教員との個別のやりとりを含む学級活動「内容(2)」は「自分は愛されるに値する存在だという自己認識」，「他者は頼れる・頼ってもよい存在という依存」を実現する可能性を十分に有しています。

また日常の特別活動では，ジェンダーについて教員は自覚的になる必要があります。ある中学生への大規模調査では，係活動，掃除，生徒会活動，学校行事（文化），奉仕活動において，女子のほうが積極的に参加している傾向が確認されました。[28]このデータからはあくまで傾向がみられる程度ですが，毎日の活動の積み重ねの大きさからはジェンダー規範は「隠れたカリキュラム」の代表例ともされます。「女子は○○のような活動に熱心であるべき」といった教員側の意図しない価値観が働いていないか，省みる必要がありそうです。

４　教員研修

様々な世代の教員がいることが，児童生徒の様々な性に関する課題への理解

---

(28)　中村豊（研究代表）（2022）『特別活動と積極的な生徒指導——社会の形成者としての資質を涵養する特別活動』（課題番号：18K025485）平成30～令和３年度科学研究費補助金（基盤研究(C)）報告書，pp. 42-43

や性の多様性の受容につながっているといえるでしょうか。こうした価値観はそもそも変わりづらい上に，性の多様性の顕在化は急速に拡大してきました。つまり教員研修と共通理解なくして，全校体制のプロアクティブな生徒指導を機能させられません。では，どのような研修が提案できるでしょうか。

それはまず共通の題材や事例について自由に語ることで，安全に世代間のギャップを表出させることでしょう。政治家や著名人の性の多様性を解さない失言・暴言を取り上げ，印象やどこがどうまずいと感じるかなどを伝え合うことは気軽にできそうです。このことは「相手の意見を否定することなく聞く」というプロアクティブな生徒指導の基本を体験し，体現する訓練ともなります。

そしてこれまでの法律や通達の内容と意義の確認は，ぜひとも管理職が責任をもって行うべきではないでしょうか。生徒指導提要（2022）は，「生徒指導は背景とする法律の理解を基になされるべき」というメッセージを発しているようです。

最後にこういった研修が，教員自身の性の多様性を保障した雰囲気と発言の下になされるべきであることを付言し，2名の教員の体験[29]を記します。

　　たとえば，すごく大変なクラスの担任になったとき。教師として子どもたちに，誠実であれ，素直であれ，正しく生きよう，みたいな説教をする時間が増えるほど，ゲイであることをひた隠しにして生きている自分が苦しかった。

　　ただ本音を言うなら，子どもたちより，大人である同僚の先生たちに多様性について伝える方が難しい。過去に，教職員を対象に「性の多様性」の校内研修もやったのですが，驚くほど伝わりませんでした。それもあって今の職場では自分のことはカミングアウトはしていません。

---

(29)　渡辺大輔（2018）『中学生の質問箱　性の多様性ってなんだろう？』平凡社，pp. 81-82 および p. 216

第13章

多様な背景を持つ児童生徒への生徒指導

　教職員は，発達障害や精神疾患，健康課題など，多様な背景を持つ児童生徒がいることを前提として，日々の学習指導や生徒指導を進めることが求められています。特に近年では，それぞれの課題とその影響がクローズアップされ，関連する法律や通知なども整備される中で，生徒指導においてもそのことを理解した上で取り組むことが不可欠となっています。

　学校は，これらの多様な背景を持つ児童生徒への指導を，担任教員一人が行うのではなく，チーム学校として対応することが必要です。また，保護者の支えとなり信頼関係の構築を図った上で，児童生徒の適切な相談や支援を行うために関係機関との連携を図ることも視野に入れる必要があります。

1 発達障害に関する理解と対応

　生徒指導提要（2022）では，発達障害についての内容が生徒指導提要（2010）に比べて約2倍の分量に増えています。これは，「**特別支援教育資料（令和2年度）**」[1]のデータによると，通級による指導を利用する発達障害（自閉症，学習障害，注意欠陥多動性障害）のある児童生徒数が年々増加しており，学習指導や生徒指導においても重要な課題となっていることが背景にあると考えることができます。

（1）　文部科学省（2021）「特別支援教育資料（令和2年度）」第一部　データ編
　　　https://www.mext.go.jp/a_menu/shotou/tokubetu/material/1406456_00009.htm（2022年12月24日アクセス）

障害者差別解消法と合理的配慮

「障害を理由とする差別の解消の推進に関する法律」[（2）]（以下，障害者差別解消法）の施行により，障害を理由とする不当に差別的な取り扱いが禁止され，障害者への合理的配慮が求められることになりました。本法律の第１条には「全ての国民が，障害の有無によって分け隔てられることなく，相互に人格と個性を尊重し合いながら共生する社会の実現に資すること」という目的が規定されています。さらに行政機関や事業者に対しては，障害を理由とする差別解消の基本方針として，障害者から社会的障壁の除去を必要としているという意思表明があった場合に，負担が重すぎないときは，合理的な配慮をするように求めています。

そして生徒指導提要（2022）では，発達障害のある児童生徒への合理的配慮について，以下のように説明しています（p. 269）。

・学習上又は生活上の困難を改善・克服するための配慮として，読み書きや計算，記憶などの学習面の特性による困難さ，及び不注意や多動性，衝動性など行動面の特性による困難さ，対人関係やコミュニケーションに関する特性による困難さに対する個別的な配慮が必要になります。
・学習内容についての変更・調整をしたり，ICT 等を活用するなどして情報提供やコミュニケーション，教材等への配慮，体験的な学習の機会を設けたりすることなどが考えられます。
・失敗経験の繰り返しによる意欲の低下や対人関係でのトラブル等による二次的な問題を防ぐためには，心理面，健康面の配慮も大切になります。
・特定の児童生徒に対する合理的配慮を学級集団の中で提供するためには，合理的配慮を特別視せずにお互いを認め合い支え合う学級づくりを行うことが重要な基盤になると考えられます。

（2）「障害を理由とする差別の解消の推進に関する法律」は2016年に施行された，いわゆる「障害者差別解消法」のことである。

　ここでは，二次的な問題（二次障害）について指摘されているほか，**発達支持的生徒指導**の視点による学級づくりのあり方に関しても言及されています。このように，医学的側面，心理的側面，社会（教育）的側面から包括的に合理的配慮を捉えて，提供することの視点が示されています。

発達障害に関する理解

　「発達障害」の定義は，「**発達障害者支援法**[（3）]」を引用して「自閉症，アスペルガー症候群その他の広汎性発達障害，学習障害，注意欠陥多動性障害その他これに類する脳機能の障害であってその症状が通常低年齢において発現するものとして政令で定めるものをいう」としています。

　また，「発達障害者」の定義を「発達障害がある者であって発達障害及び社会的障壁により日常生活又は社会生活に制限を受けるもの」とし，この定義は「医学モデル」と「社会モデル」の２つの考え方が反映されていると述べています。

　さらに，「**障害のある子供の教育支援の手引～子供たち一人一人の教育的ニーズを踏まえた学びの充実に向けて～**[（4）]」（2021年6月30日改訂）の内容を整理した上で，文部科学省における主な発達障害は，自閉症，注意欠陥多動性障害，学習障害であり，知的障害や言語障害と分けていることに触れています。

　医療分野では，**精神疾患の診断・統計マニュアル第5版（DSM-5）**[（5）]へ改訂されたことにより，「発達障害」が「神経発達障害」と名称が変更されている点を踏まえ，他の発達障害と特性が重複しているケースや，発達障害のある児童

（3）　「発達障害者支援法」（2004年法律第167号）
（4）　「障害のある子供の教育支援の手引～子供たち一人一人の教育的ニーズを踏まえた学びの充実に向けて～」（2021年6月30日改訂）
　　　https://www.mext.go.jp/a_menu/shotou/tokubetu/material/1340250_00001.htm（2022年12月24日アクセス）
（5）　American Psychiatric Association（2013）*Diagnostic and Statistical Manual of Mental Disorders, 5th Edition*（高橋三郎・大野裕監訳（2014）『DSM-5 精神疾患の診断・統計マニュアル』医学書院），改訂版では世界保健機関が作成したICD-11（国際疾病分類の第11回改訂版）にも触れられている。

生徒への配慮や支援では，心の問題への対応という視点の重要性を示しています。

発達障害に関する課題

　発達障害に関する課題として「二次的な問題」があります。これは，発達障害による能力的な偏りにより失敗が繰り返され，症状が出てしまうことを指しており，具体的には「暴力行為」，「不登校」，「不安障害」などがあります。学校は，これらの課題の背景には発達障害が関係している可能性があることを踏まえて児童生徒に対応することが必要です。

　自閉症，注意欠陥多動性障害，学習障害についての特性や学校での課題を，以下の通り整理しました。生徒指導提要（2022）の本文に当たる際の参考としてください。

　(1)自閉症の特性により，暗黙の了解やたとえ話，遠回しの表現などの理解に困難さがあります。また，先の見通しをもてない不安が強いため，スケジュール変更が多い学校生活では大きな不安感をもつことがあります。

　(2)注意欠陥多動性障害の特性により，早合点やうっかりミス，不注意な誤りによる失敗を多く経験しています。教員から注意や叱責を受ける機会が多いことで，自己評価や自己肯定感を下げる要因にもなります。

　(3)学習障害の特性により，できることと難しいことの差が著しく大きいことがあります。教員からは，特定の能力だけが低いことがわかりにくく，本人の努力不足等とみられることにより，自信や意欲の低下を招きます。

　さらに詳しく知りたい人は，厚生労働省「知ることからはじめよう　みんなのメンタルヘルス」や，内閣府大臣官房政府広報室「政府広報オンライン[7]」に「発達障害」の情報が掲載されていますので，補足資料として一読ください。

（6）　厚生労働省「知ることからはじめよう　みんなのメンタルヘルス」
　　　https://www.mhlw.go.jp/kokoro/（2022年12月24日アクセス）
（7）　政府広報オンライン（2021）「発達障害って何だろう？」
　　　https://www.gov-online.go.jp/featured/201104/（2022年12月24日アクセス）

学校における組織的な対応

学校教育課題の低年齢化，深刻化，多様化する生徒指導上の諸課題等に対応するため，生徒指導提要（2022）の第1章第3節第4項において3段階のチーム支援について述べています（p. 27）。

- ・第1段階「機動的連携型支援チーム」：学級・ホームルーム担任と生徒指導主事等が連携・協働
- ・第2段階「校内連携型支援チーム」：生徒指導主事や，教育相談コーディネーター，学年主任，養護教諭，SC・SSW等校内の教職員が連携・協働
- ・第3段階「ネットワーク型支援チーム」：校外の関係機関等と連携・協働

発達障害では，上記支援チームの中心となるのが特別支援コーディネーターです。「**発達障害を含む障害のある幼児児童生徒に対する教育支援体制整備ガイドライン～発達障害等の可能性の段階から，教育的ニーズに気付き，支え，つなぐために～**」では，特別支援コーディネーターの役割をまとめています。[8]

また，生徒指導提要（2022）では，特別支援コーディネーターを中心とした校内支援体制をうまく機能させることが大切であると示されています。本人や保護者の意向によっては，通級による指導の活用も視野に入れることが説明されています。

さらに，学習面，行動面，対人関係への指導・支援は，**生徒指導の構造**を意識しながら重層的に展開する支援が重要であり，具体的な方法として次の3点が示されています（p. 273）。

- ・学習面：強みを活かした学習方法に変えたり，合理的配慮を用いたりして，実力を発揮し，伸ばし，評価される支援。
- ・行動面：適切な行動を増やしていく視点をもち，どういう行動をとればよいかを具体的に教え，実行できたら褒めるなどの指導。

（8）　文部科学省（2017）「発達障害を含む障害のある幼児児童生徒に対する教育支援体制整備ガイドライン～発達障害等の可能性の段階から，教育的ニーズに気付き，支え，つなぐために～」https://www.mext.go.jp/component/a_menu/education/micro_detail/__icsFiles/afieldfile/2017/10/13/1383809_1.pdf（2022年12月24日アクセス）

・対人関係：場面や状況を説明しながら，相手の気持ちや感情の読み取り，コミュニケーションの取り方についてイラストやロールプレイを用いるなどの具体的な指導や支援。

関係機関との連携

発達障害のある児童生徒を対象に，関係機関と連携して検査による評価を行う方法について，「教育委員会の巡回相談員や専門家チーム，センター的機能を有する特別支援学校，療育機関や発達障害者支援センター等があり，発達上の課題の分析や検査による評価を基にした指導や助言を行っています」（p. 274）としています。

これらの関係機関と連携を図るために，①「目的と内容の明確化」，②「保護者との信頼関係」，③「個別の教育支援計画の活用」という３つのポイントを挙げています。さらに学校が関係機関から得たいものとしては「生活上，学習上の困難さに関する特性の見方とそれに対する指導，支援の方法」（p. 274）を挙げ，連携のためには，教職員が保護者との信頼関係を構築することが重要になること，そして関係機関との相談から得られた知見を個別の教育支援計画に反映させ，幼稚園等から大学まで引き継いでいくことが大切であるとしています。

［ 2 ］　精神疾患に関する理解と対応

精神疾患に関する課題について，生徒指導提要（2010）は「悩みや病的疾患を抱える生徒」として４行で扱っていた内容を，生徒指導提要（2022）では３頁にわたり１つの項としています。この理由としては生徒指導上の課題の背景に精神疾患が要因となっている場合があることに加えて，多くの精神疾患が思春期から青年期に発症することを挙げることができます。

精神疾患に関する基本的構えと対応

多くの精神疾患の初期症状にみられる不安，抑うつ気分，不眠等を「よくありがちな」症状として見過ごさず，改善に向けて適切に対応することが望まれるとされています。「日頃から，その人の性格や特性といったその人らしさをよく知っておき，その人らしさと違ったことが出てきた場合に注意する」（p.275）ことの重要性も指摘しています。

精神疾患について，全体的な理解として次の3つを挙げています（p.275）。

①精神疾患に罹患することは誰にも起こり得るという認識

②精神疾患の発症には睡眠などの生活習慣が影響すること

③精神疾患や心の不調を疑ったら（その人らしからぬ行動があったり，久々に登校する日に来なかったりというような）早めに誰かに相談すること

学校は，これらのことを理解した上で，児童生徒からの相談を受けやすい環境づくりと，地域の関係機関とのネットワークを築くことが必要です。

主な精神疾患の例

主な精神疾患の例として，(1)うつ病，(2)統合失調症，(3)不安症群，(4)摂食障害について，その症状と治療がまとめられています。

また，前出の「発達障害に関する課題」において紹介した厚生労働省「知ることからはじめよう　みんなのメンタルヘルス」は，上述した(1)〜(4)の病気について，それらの症状および治療法が詳細にまとめられています。さらに，依存症，てんかん，パーソナリティ障害，PTSDなどについての記述もありますので参考にしてください。

他方，生徒指導提要（2022）「3.3.2　教育相談活動の全校的展開　(3)課題予防的教育相談：課題早期発見対応」は，早期対応の主要な方法として，「スクリーニング会議」や「リスト化と定期的な情報更新」，「個別の支援計画」，「グループ面談」，「関係機関を含めた学校内外のネットワークによる支援」を挙げています。

「関係機関を含めた学校内外のネットワークによる支援」では，「各学級に一

定数いるリスクの高い状態にある児童生徒（例えば，医療的ニーズや福祉的ニーズがある，保護者が精神疾患を抱えている，虐待や不適切な養育下にあるなど）に対して，相談できる人的ネットワークや学校以外に安心できる居場所を見つけ，確保すること」（p. 85）と説明されています。本章と関連しますので，あわせて読んでください。

③　健康課題に関する理解と対応

　生徒指導提要（2022）では，健康課題に関する理解と対応については 4 つの項で構成されています。本節の項目が多いため，本章では 2 つに分けて解説します。

　まずは，健康課題に関連した資料等について，生徒指導提要（2022）の内容を確認します。生徒指導提要（2022）では，学校における児童生徒の健康問題に関連した基本法規として「学校保健安全法[9]」を挙げ，児童生徒の心身の健康問題への参考となる資料として，以下の 4 点を挙げています（p. 278）。

(1)学校保健の課題とその対応[10]（日本学校保健会）
(2)教職員のための子供の健康相談及び保健指導の手引[11]（文部科学省）
(3)学校保健の推進[12]（文部科学省ホームページ）
(4)e-ヘルスネット［情報提供］[13]（厚生労働省）

　また，児童生徒の心身の健康課題を把握するためには，健康相談（学校保健安全法第 8 条）と健康観察（同法第 9 条）[14]が重要であると記されています。この

（9）　「学校保健安全法」（1958年法律第56号）
（10）　公益財団法人日本学校保健会（2021）『学校保健の課題とその対応』アイネット
（11）　文部科学省（2021）「教職員のための子供の健康相談及び保健指導の手引」
　　　https://www.mext.go.jp/a_menu/kenko/hoken/__icsFiles/afieldfile/2013/10/02/1309933_01_1.pdf（2023年 3 月 5 日アクセス）
（12）　文部科学省ホームページ「学校保健の推進」
　　　https://www.mext.go.jp/a_menu/kenko/hoken/index.htm（2022年12月24日アクセス）
（13）　厚生労働省ホームページ「e-ヘルスネット［情報提供］」
　　　https://www.e-healthnet.mhlw.go.jp/（2022年12月24日アクセス）

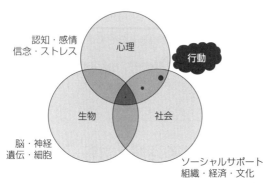

認知・感情
信念・ストレス

心理

行動

生物

社会

脳・神経
遺伝・細胞

ソーシャルサポート
組織・経済・文化

図13-1　連携や協働を意識した生物・心理・社会モデル

出所：一般社団法人日本心理研修センター監修（2018）『公認心理師現任者講習会テキスト』金剛出版，pp. 178-179を基に筆者作成

健康相談と健康観察は，生徒指導提要（2010）にも児童生徒理解や養護教諭が行う教育相談で触れられていましたが，生徒指導提要（2022）では健康課題を把握するという視点でまとめられています。

さらに，学校における健康相談と健康観察は，教職員全員が教育活動全体を通じて行い，児童生徒に関わる学級担任をはじめ養護教諭，学校医等の関係者と連携して行うものとしています。その上で，健康課題の把握については，校内組織の活用により学校内の支援活動で解決できるものなのか，医療機関や関係機関等との連携が必要なのかを見極めるように説明されています。

児童生徒の主な健康課題例は，前述した(2)「教職員のための子供の健康相談及び保健指導の手引」の資料編において，「感染症」をはじめ全20種類が掲載されています。その中には，本章の内容でもある「発達障害」，「精神疾患」も含まれています。

生徒指導上の課題の背景には児童生徒の心身の健康課題が要因となる場合があるため，養護教諭を生徒指導部会のメンバーに位置付けることや，日常的に教職員と連携をすることが求められています。

児童生徒のアセスメントに関して，「BPSモデル」[15]（図13-1）という心理分

---

(14)　健康相談（学校保健安全法第8条）と保健指導（同法第9条）
　　生徒指導提要（2022）においては，脚注にて第8条・第9条を引用している。

(15)　「BPSモデル」は，1977年に精神科医であるジョージ・エンゲルが以下の論文で提唱した考え方。
　　Engel, G. L. (1977) "The need for a new medical model: a challenge for biomedicine." *Science*, 196(4286), pp. 129-136

野・精神医療分野・福祉分野等で活用されている，生物・心理・社会モデルが
あります。

　生徒指導提要（2022）では，「教職員間の情報共有，共通理解に，健康的側
面を積極的に取り入れること」により「BPS モデル」の中の Bio（生物学的）
視点を加えることが可能になるとしています（p.280）。この BPS モデルに関
しては，生徒指導提要（2022）「3.4.2　生徒指導と教育相談が一体となったチー
ム支援の実際」の(1)の「①チーム支援の判断とアセスメントの実施」（pp.
90-91）に説明されています。

健康課題に関する関係機関との連携

　学校保健安全法第30条は，学校と関係機関との連携について次のように規定
しています。

　　学校においては，児童生徒等の安全の確保を図るため，児童生徒等の保護
　　者との連携を図るとともに，当該学校が所在する地域の実情に応じて，当
　　該地域を管轄する警察署その他の関係機関，地域の安全を確保するための
　　活動を行う団体その他の関係団体，当該地域の住民その他の関係者との連
　　携を図るよう努めるものとする。

　学校がこれらの関係機関との連携に当たっては，生徒指導主事が養護教諭等
と連携した上で，各機関の役割や専門性を踏まえて連携体制を図ることが必要
です。

４　支援を要する家庭状況

家庭の養育機能と行政の役割

　家庭は「子供たちの健やかな育ちの基盤であり，家庭教育は全ての教育の出
発点」となります。しかし，「家庭状況の多様化が進み，家庭が子供の成長・

発達に果たす役割も複雑になって」(p. 280) いる現状がみられます。

　生徒指導提要 (2022) では，家庭の定義として「児童の権利に関する条約[16]」前文を紹介し，家庭が社会の基礎的な集団であることや，児童の成長等のために必要な保護・援助を与え，家庭環境の下で幸福，愛情および理解のある雰囲気の中で成長するべきという家庭の条件を挙げる一方で，このような家庭の条件が整わない児童生徒が少なくないと指摘しています。

　また，「児童の権利に関する条約」を踏まえた「児童福祉法[17]」の定めた内容を挙げ，それに対して「家庭での養育に課題がある場合には，行政にも健全育成の責任があることから，児童生徒のことは何でも保護者だけが決めるということではなく，行政が介入する」可能性について言及しています。

　これらを踏まえ，学校は「積極的に困難を抱える児童生徒の発見に努め，適切に支援し，あるいは支援できる機関や仕組みにつなげる」(p. 281) ことが必要です。

学校が行う家庭への支援

　学校が家庭を支援する際，各家庭の多様性を認めた上で家庭と協働して児童生徒の教育に当たる姿勢で臨むこと，そして家庭と連携する視点をもち，学校のなすべき役割を理解した上で，担任教員などが単独で抱え込まない家庭支援が求められます。

　他方，学校には保護者の援助要請を引き出す力も求められています。そして，保護者との連携に有用な家庭訪問をする際の配慮として「不登校児童生徒への支援の在り方について（通知）[18]」を引用しつつ，本通知は「不登校に関するものですが，家庭への働きかけという点では，全ての生徒指導に共通するもの」(p. 282) とし，①プライバシーに配慮すること，②訪問の目的を明確にし，方

---

(16)　「児童の権利に関する条約」は，1989年に国連で採択され，日本での批准・発効は1994年に行われた。
(17)　「児童福祉法」(1947年法律第164号)
(18)　文部科学省 (2019)「不登校児童生徒への支援の在り方について（通知）」
　　　https://www.mext.go.jp/a_menu/shotou/seitoshidou/1422155.htm （2022年12月24日アクセス）

法や成果を検証して適切に実施すること，などの家庭訪問におけるポイントを挙げています。

　また，学校の限界として「安否確認などの家庭の監護に関する最終判断は，福祉や司法が担当すべきもの」（p. 283）とし，学校としての支援の限界がみえた場合は，適切に福祉機関や警察と連携するという対応の基本が述べられています。

　さらに自治体における家庭支援として，教育分野の「**家庭教育支援チーム**[(19)]」，福祉分野の「**子ども家庭総合支援拠点**[(20)]」を挙げ，家庭支援を効果的にするよう促しています。

　次項からは，家庭的背景の課題について5点に分けて解説します。

特に行政が積極的に支援を行うもの

　文部科学省の「**就学援助制度について（就学援助ポータルサイト）**[(21)]」では，要保護者（生活保護法第6条第2項に規定する）・準要保護者（市町村教育委員会が生活保護法第6条第2項に規定する要保護者に準ずる程度に困窮していると認める者）の2020年度における人数が次のように示されています。

【要保護者】約10万人，【準要保護者】約123万人

　生徒指導提要（2022）では，児童福祉法において行政が積極的に支援を行う児童等について次のように定義しています（p. 283）。

・要保護児童：保護者のない児童又は保護者に監護させることが不適当であると認められる児童

・要支援児童：保護者の養育を支援することが特に必要と認められる児童

・特定妊婦：出産後の養育について出産前において支援を行うことが特に必

（19）　文部科学省「地域で活躍する『家庭教育支援チーム』」
　　　https://www.mext.go.jp/a_menu/shougai/katei/1292713.htm （2022年12月24日アクセス）
（20）　子ども家庭総合支援拠点は，生徒指導提要（2022）の脚注において，「児童等を対象として，
　　　地域の実情の把握，相談対応，調査，継続的支援等を行うもの」と説明されている。
（21）　文部科学省「就学援助制度について（就学援助ポータルサイト）」
　　　https://www.mext.go.jp/a_menu/shotou/career/05010502/017.htm （2022年12月24日アクセス）

211

要と認められる妊婦

このうち，特定妊婦に関しては「公立の高等学校における妊娠を理由とした退学等に係る実態把握の結果等を踏まえた妊娠した生徒への対応等について(通知)⁽²²⁾」の内容に留意するように述べられています。

また，通告後の支援は，自治体が設ける「要保護児童対策地域協議会⁽²³⁾」の対象ケースとなることが通例であり，積極的に自治体の児童福祉担当部署との連携を取る必要性も示されています。

経済的困難を抱える場合

子どもの貧困という視点から，2013年に「子どもの貧困対策の推進に関する法律」や，「子供の貧困対策に関する大綱～日本の将来を担う子供たちを誰一人取り残すことがない社会に向けて～」が閣議決定され，支援の方針が提示されています。生徒指導提要（2022）では4つの項で構成されていますが，ここでは以下に項ごとの要点を整理しましたので参考にしてください。

①「見えにくい子供の貧困」の対応は，SSW をはじめとする学校内外の関係者と連携し，状況の把握や必要な支援の提供を行うこと。

②「ひとり親家庭支援」の対応は，「母子及び父子並びに寡婦福祉法」における支援内容を紹介し，必要にあわせて SSW を活用した連携を行うこと。

③「就学援助」は，保護者が活用できるように周知し，SSW と協力するなどして積極的な支援を促すこと。

④「保険料滞納世帯の子供」への対応は，「国民健康保険法」に基づき「短期被保険者証」の活用とともに家庭と学校以外の連携を図ること。

このうち就学援助制度の概要に関しては，先述した「就学援助制度について（就学援助ポータルサイト）」に就学援助の対象者や補助対象品目（学用品や医療

費，オンライン学習通信費など）が詳細に提示されています。

児童生徒の家庭での過重な負担についての支援

　近年，問題となっているヤングケアラーは，厚生労働省「ヤングケアラーについて[(24)]」において「本来大人が担うと想定されている家事や家族の世話などを日常的に行っているこどものこと」と説明されています。同ホームページでは，相談窓口やヤングケアラー当事者・元当事者の会，家族会などの紹介もされています。

　教員は，研修等によりヤングケアラーの特徴や実情を理解し，必要に応じてSSW なども参画したケース会議等を開くことでヤングケアラーの早期発見・把握につながり，必要な支援を行うことが大切です。その際，家族のケアが生きがいになっている場合も想定した上で，ヤングケアラーの気持ちに寄り添う姿勢が求められています。

社会的養護の対象である児童生徒

　社会的養護とは，「保護者のない児童や，保護者に監護させることが適当でない児童，つまり要保護児童等について，公的責任で社会的に養育や保護を行うこと」です。そのための施設名として，児童養護施設や児童心理治療施設，児童自立支援施設，母子生活支援施設，自立援助ホーム等が挙げられています。

　学校は，本人の困難を理解した上で，施設や里親と連携して，支援の方針を一致させることが大切です。

　また，社会的養護を受けている児童生徒が，高校などに進学すると18歳を超えた支援が可能であることや，児童相談所での一時保護中の児童生徒への配慮についても説明されています。さらに，学校は授業や行事において，養子縁組をした児童生徒に対して配慮する必要性があることも述べられています。

---

(24)　厚生労働省ホームページ「ヤングケアラーについて」
　　　https://www.mhlw.go.jp/stf/young-carer.html（2023年 2 月12日アクセス）

外国人児童生徒等

「**日本語指導が必要な児童生徒の受入状況等に関する調査（令和３年度）**」の⁽²⁵⁾
結果（速報）によると，公立学校における日本語指導が必要な児童生徒数は
58,353名，そのうち47,627名は外国籍の児童生徒であり，2008年度の調査開始
以来最多となっています。

こうした外国人児童生徒等が直面する困難により，不登校やいじめ，中途退
学などに発展する可能性があることから，学校は児童生徒とともに，保護者へ
の適切な支援が必要になってきます。

生徒指導提要（2022）では，「教職員が児童生徒や保護者に寄り添ったきめ
細かな支援を行うとともに，多様性を認め，互いを理解し，尊重し合う学校づ
くり」に努める必要性を示し，「**外国人児童生徒受入れの手引き**」や「**外国人
児童生徒等教育に関する動画コンテンツについて**」を参考にした適切な対応を
行うことが求められることを述べています。

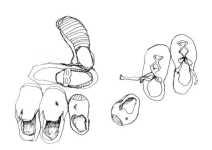

(25)　文部科学省（2022）「日本語指導が必要な児童生徒の受入状況等に関する調査（令和３年度）」
　　　の結果（速報）
　　　https://www.mext.go.jp/content/20220324-mxt_kyokoku-000021406_01.pdf（2022年12月24日
　　　アクセス）
(26)　文部科学省（2019）「外国人児童生徒受入れの手引き」（改訂版）
　　　https://www.mext.go.jp/component/a_menu/education/micro_detail/__icsFiles/afieldfile/201
　　　9/04/22/1304738_001.pdf（2022年12月24日アクセス）
(27)　文部科学省「外国人児童生徒等教育に関する動画コンテンツについて」
　　　https://www.mext.go.jp/a_menu/shotou/clarinet/003_00004.htm（2022年12月24日アクセス）

第1章　総則

（目的）

第1条　この法律は，日本国憲法及び児童の権利に関する条約の精神にのっとり，次代の社会を担う全てのこどもが，生涯にわたる人格形成の基礎を築き，自立した個人としてひとしく健やかに成長することができ，心身の状況，置かれている環境等にかかわらず，その権利の擁護が図られ，将来にわたって幸福な生活を送ることができる社会の実現を目指して，社会全体としてこども施策に取り組むことができるよう，こども施策に関し，基本理念を定め，国の責務等を明らかにし，及びこども施策の基本となる事項を定めるとともに，こども政策推進会議を設置すること等により，こども施策を総合的に推進することを目的とする。

（定義）

第2条　この法律において「こども」とは，心身の発達の過程にある者をいう。

2　この法律において「こども施策」とは，次に掲げる施策その他のこどもに関する施策及びこれと一体的に講ずべき施策をいう。

　　一　新生児期，乳幼児期，学童期及び思春期の各段階を経て，おとなになるまでの心身の発達の過程を通じて切れ目なく行われるこどもの健やかな成長に対する支援

　　二　子育てに伴う喜びを実感できる社会の実現に資するため，就労，結婚，妊娠，出産，育児等の各段階に応じて行われる支援

　　三　家庭における養育環境その他のこどもの養育環境の整備

（基本理念）

第3条　こども施策は，次に掲げる事項を基本理念として行われなければならない。

　　一　全てのこどもについて，個人として尊重され，その基本的人権が保障されるとともに，差別的取扱いを受けることがないようにすること。

　　二　全てのこどもについて，適切に養育され

ること，その生活を保障されること，愛され保護されること，その健やかな成長及び発達並びにその自立が図られることその他の福祉に係る権利が等しく保障されるとともに，教育基本法（平成18年法律第120号）の精神にのっとり教育を受ける機会が等しく与えられること。

　　三　全てのこどもについて，その年齢及び発達の程度に応じて，自己に直接関係する全ての事項に関して意見を表明する機会及び多様な社会的活動に参画する機会が確保されること。

　　四　全てのこどもについて，その年齢及び発達の程度に応じて，その意見が尊重され，その最善の利益が優先して考慮されること。

　　五　こどもの養育については，家庭を基本として行われ，父母その他の保護者が第一義的責任を有するとの認識の下，これらの者に対してこどもの養育に関し十分な支援を行うとともに，家庭での養育が困難なこどもにはできる限り家庭と同様の養育環境を確保することにより，こどもが心身ともに健やかに育成されるようにすること。

　　六　家庭や子育てに夢を持ち，子育てに伴う喜びを実感できる社会環境を整備すること。

（国の責務）

第4条　国は，前条の基本理念（以下単に「基本理念」という。）にのっとり，こども施策を総合的に策定し，及び実施する責務を有する。

（地方公共団体の責務）

第5条　地方公共団体は，基本理念にのっとり，こども施策に関し，国及び他の地方公共団体との連携を図りつつ，その区域内におけるこどもの状況に応じた施策を策定し，及び実施する責務を有する。

（事業主の努力）

第6条　事業主は，基本理念にのっとり，その雇用する労働者の職業生活及び家庭生活の充実が図られるよう，必要な雇用環境の整備に努めるものとする。

（国民の努力）

第7条　国民は，基本理念にのっとり，こども施策について関心と理解を深めるとともに，国又は地方公共団体が実施するこども施策に協力するよう努めるものとする。

（年次報告）

第8条 政府は，毎年，国会に，我が国におけるこどもをめぐる状況及び政府が講じたこども施策の実施の状況に関する報告を提出するとともに，これを公表しなければならない。

2 前項の報告は，次に掲げる事項を含むものでなければならない。

一 少子化社会対策基本法（平成15年法律第133号）第9条第1項に規定する少子化の状況及び少子化に対処するために講じた施策の概況

二 子ども・若者育成支援推進法（平成21年法律第71号）第6条第1項に規定する我が国における子ども・若者の状況及び政府が講じた子ども・若者育成支援施策の実施の状況

三 子どもの貧困対策の推進に関する法律（平成25年法律第64号）第7条第1項に規定する子どもの貧困の状況及び子どもの貧困対策の実施の状況

第2章 基本的施策

（こども施策に関する大綱）

第9条 政府は，こども施策を総合的に推進するため，こども施策に関する大綱（以下「こども大綱」という。）を定めなければならない。

2 こども大綱は，次に掲げる事項について定めるものとする。

一 こども施策に関する基本的な方針

二 こども施策に関する重要事項

三 前二号に掲げるもののほか，こども施策を推進するために必要な事項

3 こども大綱は，次に掲げる事項を含むものでなければならない。

一 少子化社会対策基本法第7条第1項に規定する総合的かつ長期的な少子化に対処するための施策

二 子ども・若者育成支援推進法第8条第2項各号に掲げる事項

三 子どもの貧困対策の推進に関する法律第8条第2項各号に掲げる事項

4 こども大綱に定めるこども施策については，原則として，当該こども施策の具体的な目標及びその達成の期間を定めるものとする。

5 内閣総理大臣は，こども大綱の案につき閣議の決定を求めなければならない。

6 内閣総理大臣は，前項の規定による閣議の決定があったときは，遅滞なく，こども大綱を公表しなければならない。

7 前2項の規定は，こども大綱の変更について準用する。

（都道府県こども計画等）

第10条 都道府県は，こども大綱を勘案して，当該都道府県におけるこども施策についての計画（以下この条において「都道府県こども計画」という。）を定めるよう努めるものとする。

2 市町村は，こども大綱（都道府県こども計画が定められているときは，こども大綱及び都道府県こども計画）を勘案して，当該市町村におけるこども施策についての計画（以下この条において「市町村こども計画」という。）を定めるよう努めるものとする。

3 都道府県又は市町村は，都道府県こども計画又は市町村こども計画を定め，又は変更したときは，遅滞なく，これを公表しなければならない。

4 都道府県こども計画は，子ども・若者育成支援推進法第9条第1項に規定する都道府県子ども・若者計画，子どもの貧困対策の推進に関する法律第9条第1項に規定する都道府県計画その他法令の規定により都道府県が作成する計画であってこども施策に関する事項を定めるものと一体のものとして作成することができる。

5 市町村こども計画は，子ども・若者育成支援推進法第9条第2項に規定する市町村子ども・若者計画，子どもの貧困対策の推進に関する法律第9条第2項に規定する市町村計画その他法令の規定により市町村が作成する計画であってこども施策に関する事項を定めるものと一体のものとして作成することができる。

（こども施策に対するこども等の意見の反映）

第11条 国及び地方公共団体は，こども施策を策定し，実施し，及び評価するに当たっては，当該こども施策の対象となるこども又はこどもを養育する者その他の関係者の意見を反映させるために必要な措置を講ずるものとする。

（こども施策に係る支援の総合的かつ一体的な提供のための体制の整備等）

第12条 国は，こども施策に係る支援が，支援

を必要とする事由，支援を行う関係機関，支援の対象となる者の年齢又は居住する地域等にかかわらず，切れ目なく行われるようにするため，当該支援を総合的かつ一体的に行う体制の整備その他の必要な措置を講ずるものとする。

(関係者相互の有機的な連携の確保等)

第13条　国は，こども施策が適正かつ円滑に行われるよう，医療，保健，福祉，教育，療育等に関する業務を行う関係機関相互の有機的な連携の確保に努めなければならない。

2　都道府県及び市町村は，こども施策が適正かつ円滑に行われるよう，前項に規定する業務を行う関係機関及び地域においてこどもに関する支援を行う民間団体相互の有機的な連携の確保に努めなければならない。

3　都道府県又は市町村は，前項の有機的な連携の確保に資するため，こども施策に係る事務の実施に係る協議及び連絡調整を行うための協議会を組織することができる。

4　前項の協議会は，第2項の関係機関及び民間団体その他の都道府県又は市町村が必要と認める者をもって構成する。

第14条　国は，前条第1項の有機的な連携の確保に資するため，個人情報の適正な取扱いを確保しつつ，同項の関係機関が行うこどもに関する支援に資する情報の共有を促進するための情報通信技術の活用その他の必要な措置を講ずるものとする。

2　都道府県及び市町村は，前条第2項の有機的な連携の確保に資するため，個人情報の適正な取扱いを確保しつつ，同項の関係機関及び民間団体が行うこどもに関する支援に資する情報の共有を促進するための情報通信技術の活用その他の必要な措置を講ずるよう努めるものとする。

(この法律及び児童の権利に関する条約の趣旨及び内容についての周知)

第15条　国は，この法律及び児童の権利に関する条約の趣旨及び内容について，広報活動等を通じて国民に周知を図り，その理解を得るよう努めるものとする。

(こども施策の充実及び財政上の措置等)

第16条　政府は，こども大綱の定めるところにより，こども施策の幅広い展開その他のこども施策の一層の充実を図るとともに，その実施に必要な財政上の措置その他の措置を講ずるよう努めなければならない。

第3章　こども政策推進会議

(設置及び所掌事務等)

第17条　こども家庭庁に，特別の機関として，こども政策推進会議(以下「会議」という。)を置く。

2　会議は，次に掲げる事務をつかさどる。

一　こども大綱の案を作成すること。

二　前号に掲げるもののほか，こども施策に関する重要事項について審議し，及びこども施策の実施を推進すること。

三　こども施策について必要な関係行政機関相互の調整をすること。

四　前三号に掲げるもののほか，他の法令の規定により会議に属させられた事務

3　会議は，前項の規定によりこども大綱の案を作成するに当たり，こども及びこどもを養育する者，学識経験者，地域においてこどもに関する支援を行う民間団体その他の関係者の意見を反映させるために必要な措置を講ずるものとする。

(組織等)

第18条　会議は，会長及び委員をもって組織する。

2　会長は，内閣総理大臣をもって充てる。

3　委員は，次に掲げる者をもって充てる。

一　内閣府設置法(平成11年法律第89号)第9条第1項に規定する特命担当大臣であって，同項の規定により命を受けて同法第11条の3に規定する事務を掌理するもの

二　会長及び前号に掲げる者以外の国務大臣のうちから，内閣総理大臣が指定する者

(資料提出の要求等)

第19条　会議は，その所掌事務を遂行するために必要があると認めるときは，関係行政機関の長に対し，資料の提出，意見の開陳，説明その他必要な協力を求めることができる。

2　会議は，その所掌事務を遂行するために特に必要があると認めるときは，前項に規定する者以外の者に対しても，必要な協力を依頼する

ことができる。

（政令への委任）

第20条　前3条に定めるもののほか，会議の組織及び運営に関し必要な事項は，政令で定める。

附則抄

（施行期日）

第1条　この法律は，令和5年4月1日から施行する。

児童の権利に関する条約

1989年11月20日　第44回国連総会採択

1994年5月22日　日本国について発効

最新改正　平成15年6月12日　条約第3号，

外務省告示第183号

前 文

この条約の締約国は，

国際連合憲章において宣明された原則によれば，人類社会のすべての構成員の固有の尊厳及び平等のかつ奪い得ない権利を認めることが世界における自由，正義及び平和の基礎を成すものであることを考慮し，

国際連合加盟国の国民が，国際連合憲章において，基本的人権並びに人間の尊厳及び価値に関する信念を改めて確認し，かつ，一層大きな自由の中で社会的進歩及び生活水準の向上を促進することを決意したことに留意し，

国際連合が，世界人権宣言及び人権に関する国際規約において，すべての人は人種，皮膚の色，性，言語，宗教，政治的意見その他の意見，国民的若しくは社会的出身，財産，出生又は他の地位等によるいかなる差別もなしに同宣言及び同規約に掲げるすべての権利及び自由を享有することができることを宣明し及び合意したことを認め，

国際連合が，世界人権宣言において，児童は特別な保護及び援助についての権利を享有することができることを宣明したことを想起し，

家族が，社会の基礎的な集団として，並びに家族のすべての構成員，特に，児童の成長及び福祉のための自然な環境として，社会においてその責任を十分に引き受けることができるよう必要な保護及び援助を与えられるべきであること

を確信し，

児童が，その人格の完全なかつ調和のとれた発達のため，家庭環境の下で幸福，愛情及び理解のある雰囲気の中で成長すべきであることを認め，

児童が，社会において個人として生活するため十分な準備が整えられるべきであり，かつ，国際連合憲章において宣明された理想の精神並びに特に平和，尊厳，寛容，自由，平等及び連帯の精神に従って育てられるべきであることを考慮し，

児童に対して特別な保護を与えることの必要性が，1924年の児童の権利に関するジュネーヴ宣言及び1959年11月20日に国際連合総会で採択された児童の権利に関する宣言において述べられており，また，世界人権宣言，市民的及び政治的権利に関する国際規約（特に第23条及び第24条），経済的，社会的及び文化的権利に関する国際規約（特に第10条）並びに児童の福祉に関係する専門機関及び国際機関の規程及び関係文書において認められていることに留意し，

児童の権利に関する宣言において示されているとおり「児童は，身体的及び精神的に未熟であるため，その出生の前後において，適当な法的保護を含む特別な保護及び世話を必要とする。」ことに留意し，

国内の又は国際的な里親委託及び養子縁組を特に考慮した児童の保護及び福祉についての社会的及び法的な原則に関する宣言，少年司法の運用のための国際連合最低基準規則（北京規則）及び緊急事態及び武力紛争における女子及び児童の保護に関する宣言の規定を想起し，

極めて困難な条件の下で生活している児童が世界のすべての国に存在すること，また，このような児童が特別の配慮を必要としていることを認め，

児童の保護及び調和のとれた発達のために各人民の伝統及び文化的価値が有する重要性を十分に考慮し，

あらゆる国特に開発途上国における児童の生活条件を改善するために国際協力が重要であることを認めて，

次のとおり協定した。

第1部
第1条
　この条約の適用上，児童とは，18歳未満のすべての者をいう。ただし，当該児童で，その者に適用される法律によりより早く成年に達したものを除く。
第2条
1　締約国は，その管轄の下にある児童に対し，児童又はその父母若しくは法定保護者の人種，皮膚の色，性，言語，宗教，政治的意見その他の意見，国民的，種族的若しくは社会的出身，財産，心身障害，出生又は他の地位にかかわらず，いかなる差別もなしにこの条約に定める権利を尊重し，及び確保する。
2　締約国は，児童がその父母，法定保護者又は家族の構成員の地位，活動，表明した意見又は信念によるあらゆる形態の差別又は処罰から保護されることを確保するためのすべての適当な措置をとる。　　　　　　　　　　　.
第3条
1　児童に関するすべての措置をとるに当たっては，公的若しくは私的な社会福祉施設，裁判所，行政当局又は立法機関のいずれによって行われるものであっても，児童の最善の利益が主として考慮されるものとする。
2　締約国は，児童の父母，法定保護者又は児童について法的に責任を有する他の者の権利及び義務を考慮に入れて，児童の福祉に必要な保護及び養護を確保することを約束し，このため，すべての適当な立法上及び行政上の措置をとる。
3　締約国は，児童の養護又は保護のための施設，役務の提供及び設備が，特に安全及び健康の分野に関し並びにこれらの職員の数及び適格性並びに適正な監督に関し権限のある当局の設定した基準に適合することを確保する。
第4条
　締約国は，この条約において認められる権利の実現のため，すべての適当な立法措置，行政措置その他の措置を講ずる。締約国は，経済的，社会的及び文化的権利に関しては，自国における利用可能な手段の最大限の範囲内で，また，必要な場合には国際協力の枠内で，これらの措置を講ずる。

第5条
　締約国は，児童がこの条約において認められる権利を行使するに当たり，父母若しくは場合により地方の慣習により定められている大家族若しくは共同体の構成員，法定保護者又は児童について法的に責任を有する他の者がその児童の発達しつつある能力に適合する方法で適当な指示及び指導を与える責任，権利及び義務を尊重する。
第6条
1　締約国は，すべての児童が生命に対する固有の権利を有することを認める。
2　締約国は，児童の生存及び発達を可能な最大限の範囲において確保する。
第7条
1　児童は，出生の後直ちに登録される。児童は，出生の時から氏名を有する権利及び国籍を取得する権利を有するものとし，また，できる限りその父母を知りかつその父母によって養育される権利を有する。
2　締約国は，特に児童が無国籍となる場合を含めて，国内法及びこの分野における関連する国際文書に基づく自国の義務に従い，1の権利の実現を確保する。
第8条
1　締約国は，児童が法律によって認められた国籍，氏名及び家族関係を含むその身元関係事項について不法に干渉されることなく保持する権利を尊重することを約束する。
2　締約国は，児童がその身元関係事項の一部又は全部を不法に奪われた場合には，その身元関係事項を速やかに回復するため，適当な援助及び保護を与える。
第9条
1　締約国は，児童がその父母の意思に反してその父母から分離されないことを確保する。ただし，権限のある当局が司法の審査に従うことを条件として適用のある法律及び手続に従いその分離が児童の最善の利益のために必要であると決定する場合は，この限りでない。このような決定は，父母が児童を虐待し若しくは放置する場合又は父母が別居しており児童の居住地を決定しなければならない場合のような特定の場

合において必要となることがある。

2　すべての関係当事者は，1の規定に基づくいかなる手続においても，その手続に参加しかつ自己の意見を述べる機会を有する。

3　締約国は，児童の最善の利益に反する場合を除くほか，父母の一方又は双方から分離されている児童が定期的に父母のいずれとも人的な関係及び直接の接触を維持する権利を尊重する。

4　3の分離が，締約国がとった父母の一方若しくは双方又は児童の抑留，拘禁，追放，退去強制，死亡（その者が当該締約国により身体を拘束されている間に何らかの理由により生じた死亡を含む。）等のいずれかの措置に基づく場合には，当該締約国は，要請に応じ，父母，児童又は適当な場合には家族の他の構成員に対し，家族のうち不在となっている者の所在に関する重要な情報を提供する。ただし，その情報の提供が児童の福祉を害する場合は，この限りでない。締約国は，更に，その要請の提出自体が関係者に悪影響を及ぼさないことを確保する。

第10条

1　前条1の規定に基づく締約国の義務に従い，家族の再統合を目的とする児童又はその父母による締約国への入国又は締約国からの出国の申請については，締約国が積極的，人道的かつ迅速な方法で取り扱う。締約国は，更に，その申請の提出が申請者及びその家族の構成員に悪影響を及ぼさないことを確保する。

2　父母と異なる国に居住する児童は，例外的な事情がある場合を除くほか定期的に父母との人的な関係及び直接の接触を維持する権利を有する。このため，前条1の規定に基づく締約国の義務に従い，締約国は，児童及びその父母がいずれの国（自国を含む。）からも出国し，かつ，自国に入国する権利を尊重する。出国する権利は，法律で定められ，国の安全，公の秩序，公衆の健康若しくは道徳又は他の者の権利及び自由を保護するために必要であり，かつ，この条約において認められる他の権利と両立する制限にのみ従う。

第11条

1　締約国は，児童が不法に国外へ移送されることを防止し及び国外から帰還することができ

ない事態を除去するための措置を講ずる。

2　このため，締約国は，二国間若しくは多数国間の協定の締結又は現行の協定への加入を促進する。

第12条

1　締約国は，自己の意見を形成する能力のある児童がその児童に影響を及ぼすすべての事項について自由に自己の意見を表明する権利を確保する。この場合において，児童の意見は，その児童の年齢及び成熟度に従って相応に考慮されるものとする。

2　このため，児童は，特に，自己に影響を及ぼすあらゆる司法上及び行政上の手続において，国内法の手続規則に合致する方法により直接に又は代理人若しくは適当な団体を通じて聴取される機会を与えられる。

第13条

1　児童は，表現の自由についての権利を有する。この権利には，口頭，手書き若しくは印刷，芸術の形態又は自ら選択する他の方法により，国境とのかかわりなく，あらゆる種類の情報及び考えを求め，受け及び伝える自由を含む。

2　1の権利の行使については，一定の制限を課することができる。ただし，その制限は，法律によって定められ，かつ，次の目的のために必要とされるものに限る。

　(a)　他の者の権利又は信用の尊重

　(b)　国の安全，公の秩序又は公衆の健康若しくは道徳の保護

第14条

1　締約国は，思想，良心及び宗教の自由についての児童の権利を尊重する。

2　締約国は，児童が1の権利を行使するに当たり，父母及び場合により法定保護者が児童に対しその発達しつつある能力に適合する方法で指示を与える権利及び義務を尊重する。

3　宗教又は信念を表明する自由については，法律で定める制限であって公共の安全，公の秩序，公衆の健康若しくは道徳又は他の者の基本的な権利及び自由を保護するために必要なもののみを課することができる。

第15条

1　締約国は，結社の自由及び平和的な集会の

自由についての児童の権利を認める。

2　1の権利の行使については，法律で定める制限であって国の安全若しくは公共の安全，公の秩序，公衆の健康若しくは道徳の保護又は他の者の権利及び自由の保護のため民主的社会において必要なもの以外のいかなる制限も課することができない。

第16条

1　いかなる児童も，その私生活，家族，住居若しくは通信に対して恣意的に若しくは不法に干渉され又は名誉及び信用を不法に攻撃されない。

2　児童は，1の干渉又は攻撃に対する法律の保護を受ける権利を有する。

第17条

締約国は，大衆媒体（マス・メディア）の果たす重要な機能を認め，児童が国の内外の多様な情報源からの情報及び資料，特に児童の社会面，精神面及び道徳面の福祉並びに心身の健康の促進を目的とした情報及び資料を利用することができることを確保する。このため，締約国は，

(a)　児童にとって社会面及び文化面において有益であり，かつ，第29条の精神に沿う情報及び資料を大衆媒体（マス・メディア）が普及させるよう奨励する。

(b)　国の内外の多様な情報源（文化的にも多様な情報源を含む。）からの情報及び資料の作成，交換及び普及における国際協力を奨励する。

(c)　児童用書籍の作成及び普及を奨励する。

(d)　少数集団に属し又は原住民である児童の言語上の必要性について大衆媒体（マス・メディア）が特に考慮するよう奨励する。

(e)　第13条及び次条の規定に留意して，児童の福祉に有害な情報及び資料から児童を保護するための適当な指針を発展させることを奨励する。

第18条

1　締約国は，児童の養育及び発達について父母が共同の責任を有するという原則についての認識を確保するために最善の努力を払う。父母又は場合により法定保護者は，児童の養育及び発達についての第一義的な責任を有する。児童

の最善の利益は，これらの者の基本的な関心事項となるものとする。

2　締約国は，この条約に定める権利を保障し及び促進するため，父母及び法定保護者が児童の養育についての責任を遂行するに当たりこれらの者に対して適当な援助を与えるものとし，また，児童の養護のための施設，設備及び役務の提供の発展を確保する。

3　締約国は，父母が働いている児童が利用する資格を有する児童の養護のための役務の提供及び設備からその児童が便益を受ける権利を有することを確保するためのすべての適当な措置をとる。

第19条

1　締約国は，児童が父母，法定保護者又は児童を監護する他の者による監護を受けている間において，あらゆる形態の身体的若しくは精神的な暴力，傷害若しくは虐待，放置若しくは怠慢な取扱い，不当な取扱い又は搾取（性的虐待を含む。）からその児童を保護するためすべての適当な立法上，行政上，社会上及び教育上の措置をとる。

2　1の保護措置には，適当な場合には，児童及び児童を監護する者のために必要な援助を与える社会的計画の作成その他の形態による防止のための効果的な手続並びに1に定める児童の不当な取扱いの事件の発見，報告，付託，調査，処置及び事後措置並びに適当な場合には司法の関与に関する効果的な手続を含むものとする。

第20条

1　一時的若しくは恒久的にその家庭環境を奪われた児童又は児童自身の最善の利益にかんがみその家庭環境にとどまることが認められない児童は，国が与える特別の保護及び援助を受ける権利を有する。

2　締約国は，自国の国内法に従い，1の児童のための代替的な監護を確保する。

3　2の監護には，特に，里親委託，イスラム法のカファーラ，養子縁組又は必要な場合には児童の監護のための適当な施設への収容を含むことができる。解決策の検討に当たっては，児童の養育において継続性が望ましいこと並びに児童の種族的，宗教的，文化的及び言語的な背

景について，十分な考慮を払うものとする。

第21条

養子縁組の制度を認め又は許容している締約国は，児童の最善の利益について最大の考慮が払われることを確保するものとし，また，

(a) 児童の養子縁組が権限のある当局によってのみ認められることを確保する。この場合において，当該権限のある当局は，適用のある法律及び手続に従い，かつ，信頼し得るすべての関連情報に基づき，養子縁組が父母，親族及び法定保護者に関する児童の状況にかんがみ許容されること並びに必要な場合には，関係者が所要のカウンセリングに基づき養子縁組について事情を知らされた上での同意を与えていることを認定する。

(b) 児童がその出身国内において里親若しくは養家に託され又は適切な方法で監護を受けることができない場合には，これに代わる児童の監護の手段として国際的な養子縁組を考慮することができることを認める。

(c) 国際的な養子縁組が行われる児童が国内における養子縁組の場合における保護及び基準と同等のものを享受することを確保する。

(d) 国際的な養子縁組において当該養子縁組が関係者に不当な金銭上の利得をもたらすことがないことを確保するためのすべての適当な措置をとる。

(e) 適当な場合には，二国間又は多数国間の取極又は協定を締結することによりこの条の目的を促進し，及びこの枠組みの範囲内で他国における児童の養子縁組が権限のある当局又は機関によって行われることを確保するよう努める。

第22条

1 締約国は，難民の地位を求めている児童又は適用のある国際法及び国際的な手続若しくは国内法及び国内的な手続に基づき難民と認められている児童が，父母又は他の者に付き添われているかいないかを問わず，この条約及び自国が締約国となっている人権又は人道に関する他の国際文書に定める権利であって適用のあるものの享受に当たり，適当な保護及び人道的な援助を受けることを確保するための適当な措置をとる。

2 このため，締約国は，適当と認める場合には，1の児童を保護し及び援助するため，並びに難民の児童の家族との再統合に必要な情報を得ることを目的としてその難民の児童の父母又は家族の他の構成員を捜すため，国際連合及びこれと協力する他の権限のある政府間機関又は関係非政府機関による努力に協力する。その難民の児童は，父母又は家族の他の構成員が発見されない場合には，何らかの理由により恒久的又は一時的にその家庭環境を奪われた他の児童と同様にこの条約に定める保護が与えられる。

第23条

1 締約国は，精神的又は身体的な障害を有する児童が，その尊厳を確保し，自立を促進し及び社会への積極的な参加を容易にする条件の下で十分かつ相応な生活を享受すべきであることを認める。

2 締約国は，障害を有する児童が特別の養護についての権利を有することを認めるものとし，利用可能な手段の下で，申込みに応じた，かつ，当該児童の状況及び父母又は当該児童を養護している他の者の事情に適した援助を，これを受ける資格を有する児童及びこのような児童の養護について責任を有する者に与えることを奨励し，かつ，確保する。

3 障害を有する児童の特別な必要を認めて，2の規定に従って与えられる援助は，父母又は当該児童を養護している他の者の資力を考慮して可能な限り無償で与えられるものとし，かつ，障害を有する児童が可能な限り社会への統合及び個人の発達（文化的及び精神的な発達を含む。）を達成することに資する方法で当該児童が教育，訓練，保健サービス，リハビリテーション・サービス，雇用のための準備及びレクリエーションの機会を実質的に利用し及び享受することができるように行われるものとする。

4 締約国は，国際協力の精神により，予防的な保健並びに障害を有する児童の医学的，心理学的及び機能的治療の分野における適当な情報の交換（リハビリテーション，教育及び職業サービスの方法に関する情報の普及及び利用を含む。）であってこれらの分野における自国の能力及び技術を向上させ並びに自国の経験を広げ

ることができるようにすることを目的とするものを促進する。これに関しては，特に，開発途上国の必要を考慮する。

第24条

1　締約国は，到達可能な最高水準の健康を享受すること並びに病気の治療及び健康の回復のための便宜を与えられることについての児童の権利を認める。締約国は，いかなる児童もこのような保健サービスを利用する権利が奪われないことを確保するために努力する。

2　締約国は，1の権利の完全な実現を追求するものとし，特に，次のことのための適当な措置をとる。

　(a)　幼児及び児童の死亡率を低下させること。

　(b)　基礎的な保健の発展に重点を置いて必要な医療及び保健をすべての児童に提供することを確保すること。

　(c)　環境汚染の危険を考慮に入れて，基礎的な保健の枠組みの範囲内で行われることを含めて，特に容易に利用可能な技術の適用により並びに十分に栄養のある食物及び清潔な飲料水の供給を通じて，疾病及び栄養不良と闘うこと。

　(d)　母親のための産前産後の適当な保健を確保すること。

　(e)　社会のすべての構成員特に父母及び児童が，児童の健康及び栄養，母乳による育児の利点，衛生（環境衛生を含む。）並びに事故の防止についての基礎的な知識に関して，情報を提供され，教育を受ける機会を有し及びその知識の使用について支援されることを確保すること。

　(f)　予防的な保健，父母のための指導並びに家族計画に関する教育及びサービスを発展させること。

3　締約国は，児童の健康を害するような伝統的な慣行を廃止するため，効果的かつ適当なすべての措置をとる。

4　締約国は，この条において認められる権利の完全な実現を漸進的に達成するため，国際協力を促進し及び奨励することを約束する。これに関しては，特に，開発途上国の必要を考慮する。

第25条

　締約国は，児童の身体又は精神の養護，保護

又は治療を目的として権限のある当局によって収容された児童に対する処遇及びその収容に関連する他のすべての状況に関する定期的な審査が行われることについての児童の権利を認める。

第26条

1　締約国は，すべての児童が社会保険その他の社会保障からの給付を受ける権利を認めるものとし，自国の国内法に従い，この権利の完全な実現を達成するための必要な措置をとる。

2　1の給付は，適当な場合には，児童及びその扶養について責任を有する者の資力及び事情並びに児童によって又は児童に代わって行われる給付の申請に関する他のすべての事項を考慮して，与えられるものとする。

第27条

1　締約国は，児童の身体的，精神的，道徳的及び社会的な発達のための相当な生活水準についてのすべての児童の権利を認める。

2　父母又は児童について責任を有する他の者は，自己の能力及び資力の範囲内で，児童の発達に必要な生活条件を確保することについての第一義的な責任を有する。

3　締約国は，国内事情に従い，かつ，その能力の範囲内で，1の権利の実現のため，父母及び児童について責任を有する他の者を援助するための適当な措置をとるものとし，また，必要な場合には，特に栄養，衣類及び住居に関して，物的援助及び支援計画を提供する。

4　締約国は，父母又は児童について金銭上の責任を有する他の者から，児童の扶養料を自国内で及び外国から，回収することを確保するためのすべての適当な措置をとる。特に，児童について金銭上の責任を有する者が児童と異なる国に居住している場合には，締約国は，国際協定への加入又は国際協定の締結及び他の適当な取決めの作成を促進する。

第28条

1　締約国は，教育についての児童の権利を認めるものとし，この権利を漸進的にかつ機会の平等を基礎として達成するため，特に，

　(a)　初等教育を義務的なものとし，すべての者に対して無償のものとする。

　(b)　種々の形態の中等教育（一般教育及び職

業教育を含む。）の発展を奨励し，すべての児童に対し，これらの中等教育が利用可能であり，かつ，これらを利用する機会が与えられるものとし，例えば，無償教育の導入，必要な場合における財政的援助の提供のような適当な措置をとる。

(c) すべての適当な方法により，能力に応じ，すべての者に対して高等教育を利用する機会が与えられるものとする。

(d) すべての児童に対し，教育及び職業に関する情報及び指導が利用可能であり，かつ，これらを利用する機会が与えられるものとする。

(e) 定期的な登校及び中途退学率の減少を奨励するための措置をとる。

2 締約国は，学校の規律が児童の人間の尊厳に適合する方法で及びこの条約に従って運用されることを確保するためのすべての適当な措置をとる。

3 締約国は，特に全世界における無知及び非識字の廃絶に寄与し並びに科学上及び技術上の知識並びに最新の教育方法の利用を容易にするため，教育に関する事項についての国際協力を促進し，及び奨励する。これに関しては，特に，開発途上国の必要を考慮する。

第29条

1 締約国は，児童の教育が次のことを指向すべきことに同意する。

(a) 児童の人格，才能並びに精神的及び身体的な能力をその可能な最大限度まで発達させること。

(b) 人権及び基本的自由並びに国際連合憲章にうたう原則の尊重を育成すること。

(c) 児童の父母，児童の文化的同一性，言語及び価値観，児童の居住国及び出身国の国民的価値観並びに自己の文明と異なる文明に対する尊重を育成すること。

(d) すべての人民の間の，種族的，国民的及び宗教的集団の間の並びに原住民である者の理解，平和，寛容，両性の平等及び友好の精神に従い，自由な社会における責任ある生活のために児童に準備させること。

(e) 自然環境の尊重を育成すること。

2 この条又は前条のいかなる規定も，個人及

び団体が教育機関を設置し及び管理する自由を妨げるものと解してはならない。ただし，常に，1に定める原則が遵守されること及び当該教育機関において行われる教育が国によって定められる最低限度の基準に適合することを条件とする。

第30条

種族的，宗教的若しくは言語的少数民族又は原住民である者が存在する国において，当該少数民族に属し又は原住民である児童は，その集団の他の構成員とともに自己の文化を享有し，自己の宗教を信仰しかつ実践し又は自己の言語を使用する権利を否定されない。

第31条

1 締約国は，休息及び余暇についての児童の権利並びに児童がその年齢に適した遊び及びレクリエーションの活動を行い並びに文化的な生活及び芸術に自由に参加する権利を認める。

2 締約国は，児童が文化的及び芸術的な生活に十分に参加する権利を尊重しかつ促進するものとし，文化的及び芸術的な活動並びにレクリエーション及び余暇の活動のための適当かつ平等な機会の提供を奨励する。

第32条

1 締約国は，児童が経済的な搾取から保護され及び危険となり若しくは児童の教育の妨げとなり又は児童の健康若しくは身体的，精神的，道徳的若しくは社会的な発達に有害となるおそれのある労働への従事から保護される権利を認める。

2 締約国は，この条の規定の実施を確保するための立法上，行政上，社会上及び教育上の措置をとる。このため，締約国は，他の国際文書の関連規定を考慮して，特に，

(a) 雇用が認められるための1又は2以上の最低年齢を定める。

(b) 労働時間及び労働条件についての適当な規則を定める。

(c) この条の規定の効果的な実施を確保するための適当な罰則その他の制裁を定める。

第33条

締約国は，関連する国際条約に定義された麻薬及び向精神薬の不正な使用から児童を保護し

並びにこれらの物質の不正な生産及び取引にお
ける児童の使用を防止するための立法上，行政
上，社会上及び教育上の措置を含むすべての適
当な措置をとる。

第34条

　締約国は，あらゆる形態の性的搾取及び性的
虐待から児童を保護することを約束する。この
ため，締約国は，特に，次のことを防止するた
めのすべての適当な国内，二国間及び多数国間
の措置をとる。

　(a)　不法な性的な行為を行うことを児童に対
して勧誘し又は強制すること。

　(b)　売春又は他の不法な性的な業務において
児童を搾取的に使用すること。

　(c)　わいせつな演技及び物において児童を搾
取的に使用すること。

第35条

　締約国は，あらゆる目的のための又はあらゆ
る形態の児童の誘拐，売買又は取引を防止する
ためのすべての適当な国内，二国間及び多数国
間の措置をとる。

第36条

　締約国は，いずれかの面において児童の福祉
を害する他のすべての形態の搾取から児童を保
護する。

第37条

　締約国は，次のことを確保する。

　(a)　いかなる児童も，拷問又は他の残虐な，
非人道的な若しくは品位を傷つける取扱い若し
くは刑罰を受けないこと。死刑又は釈放の可能
性がない終身刑は，十八歳未満の者が行った犯
罪について科さないこと。

　(b)　いかなる児童も，不法に又は恣意的にそ
の自由を奪われないこと。児童の逮捕，抑留又
は拘禁は，法律に従って行うものとし，最後の
解決手段として最も短い適当な期間のみ用いる
こと。

　(c)　自由を奪われたすべての児童は，人道的
に，人間の固有の尊厳を尊重して，かつ，その
年齢の者の必要を考慮した方法で取り扱われる
こと。特に，自由を奪われたすべての児童は，
成人とは分離されないことがその最善の利益で
あると認められない限り成人とは分離されるも

のとし，例外的な事情がある場合を除くほか，
通信及び訪問を通じてその家族との接触を維持
する権利を有すること。

　(d)　自由を奪われたすべての児童は，弁護人
その他適当な援助を行う者と速やかに接触する
権利を有し，裁判所その他の権限のある，独立
の，かつ，公平な当局においてその自由の剥奪
の合法性を争い並びにこれについての決定を速
やかに受ける権利を有すること。

第38条

　1　締約国は，武力紛争において自国に適用さ
れる国際人道法の規定で児童に関係を有するも
のを尊重し及びこれらの規定の尊重を確保する
ことを約束する。

　2　締約国は，15歳未満の者が敵対行為に直接
参加しないことを確保するためのすべての実行
可能な措置をとる。

　3　締約国は，15歳未満の者を自国の軍隊に採
用することを差し控えるものとし，また，15歳
以上18歳未満の者の中から採用するに当たって
は，最年長者を優先させるよう努める。

　4　締約国は，武力紛争において文民を保護す
るための国際人道法に基づく自国の義務に従い，
武力紛争の影響を受ける児童の保護及び養護を
確保するためのすべての実行可能な措置をとる。

第39条

　締約国は，あらゆる形態の放置，搾取若しく
は虐待，拷問若しくは他のあらゆる形態の残虐
な，非人道的な若しくは品位を傷つける取扱い
若しくは刑罰又は武力紛争による被害者である
児童の身体的及び心理的な回復及び社会復帰を
促進するためのすべての適当な措置をとる。こ
のような回復及び復帰は，児童の健康，自尊心
及び尊厳を育成する環境において行われる。

第40条

　1　締約国は，刑法を犯したと申し立てられ，
訴追され又は認定されたすべての児童が尊厳及
び価値についての当該児童の意識を促進させる
ような方法であって，当該児童が他の者の人権
及び基本的自由を尊重することを強化し，かつ，
当該児童の年齢を考慮し，更に，当該児童が社
会に復帰し及び社会において建設的な役割を担
うことがなるべく促進されることを配慮した方

法により取り扱われる権利を認める。

2 このため、締約国は、国際文書の関連する規定を考慮して、特に次のことを確保する。

(a) いかなる児童も、実行の時に国内法又は国際法により禁じられていなかった作為又は不作為を理由として刑法を犯したと申し立てられ、訴追され又は認定されないこと。

(b) 刑法を犯したと申し立てられ又は訴追されたすべての児童は、少なくとも次の保障を受けること。

(i) 法律に基づいて有罪とされるまでは無罪と推定されること。

(ii) 速やかにかつ直接に、また、適当な場合には当該児童の父母又は法定保護者を通じてその罪を告げられること並びに防御の準備及び申立てにおいて弁護人その他適当な援助を行う者を持つこと。

(iii) 事案が権限のある、独立の、かつ、公平な当局又は司法機関により法律に基づく公正な審理において、弁護人その他適当な援助を行う者の立会い及び、特に当該児童の年齢又は境遇を考慮して児童の最善の利益にならないと認められる場合を除くほか、当該児童の父母又は法定保護者の立会いの下に遅滞なく決定されること。

(iv) 供述又は有罪の自白を強要されないこと。不利な証人を尋問し又はこれに対し尋問させること並びに対等の条件で自己のための証人の出席及びこれに対する尋問を求めること。

(v) 刑法を犯したと認められた場合には、その認定及びその結果科せられた措置について、法律に基づき、上級の、権限のある、独立の、かつ、公平な当局又は司法機関によって再審理されること。

(vi) 使用される言語を理解すること又は話すことができない場合には、無料で通訳の援助を受けること。

(vii) 手続のすべての段階において当該児童の私生活が十分に尊重されること。

3 締約国は、刑法を犯したと申し立てられ、訴追され又は認定された児童に特別に適用される法律及び手続の制定並びに当局及び施設の設置を促進するよう努めるものとし、特に、次のことを行う。

(a) その年齢未満の児童は刑法を犯す能力を有しないと推定される最低年齢を設定すること。

(b) 適当なかつ望ましい場合には、人権及び法的保護が十分に尊重されていることを条件として、司法上の手続に訴えることなく当該児童を取り扱う措置をとること。

4 児童がその福祉に適合し、かつ、その事情及び犯罪の双方に応じた方法で取り扱われることを確保するため、保護、指導及び監督命令、カウンセリング、保護観察、里親委託、教育及び職業訓練計画、施設における養護に代わる他の措置等の種々の処置が利用し得るものとする。

第41条

この条約のいかなる規定も、次のものに含まれる規定であって児童の権利の実現に一層貢献するものに影響を及ぼすものではない。

(a) 締約国の法律

(b) 締約国について効力を有する国際法

第2部

第42条

締約国は、適当かつ積極的な方法でこの条約の原則及び規定を成人及び児童のいずれにも広く知らせることを約束する。

第43条

1 この条約において負う義務の履行の達成に関する締約国による進捗の状況を審査するため、児童の権利に関する委員会(以下「委員会」という。)を設置する。委員会は、この部に定める任務を行う。

2 委員会は、徳望が高く、かつ、この条約が対象とする分野において能力を認められた18人の専門家で構成する。委員会の委員は、締約国の国民の中から締約国により選出されるものとし、個人の資格で職務を遂行する。その選出に当たっては、衡平な地理的配分及び主要な法体系を考慮に入れる。

3 委員会の委員は、締約国により指名された者の名簿の中から秘密投票により選出される。各締約国は、自国民の中から一人を指名することができる。

4 委員会の委員の最初の選挙は、この条約の効力発生の日の後6箇月以内に行うものとし、

その後の選挙は，2年ごとに行う。国際連合事務総長は，委員会の委員の選挙の日の遅くとも4箇月前までに，締約国に対し，自国が指名する者の氏名を2箇月以内に提出するよう書簡で要請する。その後，同事務総長は，指名された者のアルファベット順による名簿（これらの者を指名した締約国名を表示した名簿とする。）を作成し，この条約の締約国に送付する。

5　委員会の委員の選挙は，国際連合事務総長により国際連合本部に招集される締約国の会合において行う。これらの会合は，締約国の3分の2をもって定足数とする。これらの会合においては，出席しかつ投票する締約国の代表によって投じられた票の最多数で，かつ，過半数の票を得た者をもって委員会に選出された委員とする。

6　委員会の委員は，4年の任期で選出される。委員は，再指名された場合には，再選される資格を有する。最初の選挙において選出された委員のうち5人の委員の任期は，2年で終了するものとし，これらの5人の委員は，最初の選挙の後直ちに，最初の選挙が行われた締約国の会合の議長によりくじ引で選ばれる。

7　委員会の委員が死亡し，辞任し又は他の理由のため委員会の職務を遂行することができなくなったことを宣言した場合には，当該委員を指名した締約国は，委員会の承認を条件として自国民の中から残余の期間職務を遂行する他の専門家を任命する。

8　委員会は，手続規則を定める。

9　委員会は，役員を2年の任期で選出する。

10　委員会の会合は，原則として，国際連合本部又は委員会が決定する他の適当な場所において開催する。委員会は，原則として毎年1回会合する。委員会の会合の期間は，国際連合総会の承認を条件としてこの条約の締約国の会合において決定し，必要な場合には，再検討する。

11　国際連合事務総長は，委員会がこの条約に定める任務を効果的に遂行するために必要な職員及び便益を提供する。

12　この条約に基づいて設置する委員会の委員は，国際連合総会が決定する条件に従い，同総会の承認を得て，国際連合の財源から報酬を受

ける。

第44条

1　締約国は，(a)当該締約国についてこの条約が効力を生ずる時から2年以内に，(b)その後は5年ごとに，この条約において認められる権利の実現のためにとった措置及びこれらの権利の享受についてもたらされた進歩に関する報告を国際連合事務総長を通じて委員会に提出することを約束する。

2　この条の規定により行われる報告には，この条約に基づく義務の履行の程度に影響を及ぼす要因及び障害が存在する場合には，これらの要因及び障害を記載する。当該報告には，また，委員会が当該国における条約の実施について包括的に理解するために十分な情報を含める。

3　委員会に対して包括的な最初の報告を提出した締約国は，1(b)の規定に従って提出するその後の報告においては，既に提供した基本的な情報を繰り返す必要はない。

4　委員会は，この条約の実施に関連する追加の情報を締約国に要請することができる。

5　委員会は，その活動に関する報告を経済社会理事会を通じて2年ごとに国際連合総会に提出する。

6　締約国は，1の報告を自国において公衆が広く利用できるようにする。

第45条

この条約の効果的な実施を促進し及びこの条約が対象とする分野における国際協力を奨励するため，

(a)　専門機関及び国際連合児童基金その他の国際連合の機関は，その任務の範囲内にある事項に関するこの条約の規定の実施についての検討に際し，代表を出す権利を有する。委員会は，適当と認める場合には，専門機関及び国際連合児童基金その他の権限のある機関に対し，これらの機関の任務の範囲内にある事項に関するこの条約の実施について専門家の助言を提供するよう要請することができる。委員会は，専門機関及び国際連合児童基金その他の国際連合の機関に対し，これらの機関の任務の範囲内にある事項に関するこの条約の実施について報告を提出するよう要請することができる。

(b)　委員会は，適当と認める場合には，技術的な助言若しくは援助の要請を含んでおり又はこれらの必要性を記載している締約国からのすべての報告を，これらの要請又は必要性の記載に関する委員会の見解及び提案がある場合は当該見解及び提案とともに，専門機関及び国際連合児童基金その他の権限のある機関に送付する。

(c)　委員会は，国際連合総会に対し，国際連合事務総長が委員会のために児童の権利に関連する特定の事項に関する研究を行うよう同事務総長に要請することを勧告することができる。

(d)　委員会は，前条及びこの条の規定により得た情報に基づく提案及び一般的な性格を有する勧告を行うことができる。これらの提案及び一般的な性格を有する勧告は，関係締約国に送付し，締約国から意見がある場合にはその意見とともに国際連合総会に報告する。

第3部

第46条

この条約は，すべての国による署名のために開放しておく。

第47条

この条約は，批准されなければならない。批准書は，国際連合事務総長に寄託する。

第48条

この条約は，すべての国による加入のために開放しておく。加入書は，国際連合事務総長に寄託する。

第49条

1　この条約は，20番目の批准書又は加入書が国際連合事務総長に寄託された日の後30日目の日に効力を生ずる。

2　この条約は，20番目の批准書又は加入書が寄託された後に批准し又は加入する国については，その批准書又は加入書が寄託された日の後30日目に効力を生ずる。

第50条

1　いずれの締約国も，改正を提案し及び改正案を国際連合事務総長に提出することができる。同事務総長は，直ちに，締約国に対し，その改正案を送付するものとし，締約国による改正案の審議及び投票のための締約国の会議の開催についての賛否を示すよう要請する。その送付の日から4箇月以内に締約国の3分の1以上が会議の開催に賛成する場合には，同事務総長は，国際連合の主催の下に会議を招集する。会議において出席しかつ投票する締約国の過半数によって採択された改正案は，承認のため，国際連合総会に提出する。

2　1の規定により採択された改正は，国際連合総会が承認し，かつ，締約国の3分の2以上の多数が受諾した時に，効力を生ずる。

3　改正は，効力を生じたときは，改正を受諾した締約国を拘束するものとし，他の締約国は，改正前のこの条約の規定（受諾した従前の改正を含む。）により引き続き拘束される。

第51条

1　国際連合事務総長は，批准又は加入の際に行われた留保の書面を受領し，かつ，すべての国に送付する。

2　この条約の趣旨及び目的と両立しない留保は，認められない。

3　留保は，国際連合事務総長にあてた通告によりいつでも撤回することができるものとし，同事務総長は，その撤回をすべての国に通報する。このようにして通報された通告は，同事務総長により受領された日に効力を生ずる。

第52条

締約国は，国際連合事務総長に対して書面による通告を行うことにより，この条約を廃棄することができる。廃棄は，同事務総長がその通告を受領した日の後1年で効力を生ずる。

第53条

国際連合事務総長は，この条約の寄託者として指名される。

第54条

アラビア語，中国語，英語，フランス語，ロシア語及びスペイン語をひとしく正文とするこの条約の原本は，国際連合事務総長に寄託する。

以上の証拠として，下名の全権委員は，各自の政府から正当に委任を受けてこの条約に署名した。

索　引

執筆者紹介 <small>（所属，執筆分担，執筆順，＊は編者）</small>

＊<ruby>中<rt>なか</rt></ruby><ruby>村<rt>むら</rt></ruby>　<ruby>豊<rt>ゆたか</rt></ruby>　（編著者紹介参照：はじめに，序章，第2章，第3章）

<ruby>八<rt>やつ</rt></ruby><ruby>並<rt>なみ</rt></ruby><ruby>光<rt>みつ</rt></ruby><ruby>俊<rt>とし</rt></ruby>　（東京理科大学教育支援機構教職教育センター教授：第1章）

<ruby>新<rt>あら</rt></ruby><ruby>井<rt>い</rt></ruby>　<ruby>肇<rt>はじめ</rt></ruby>　（関西外国語大学外国語学部教授：第4章）

<ruby>藤<rt>ふじ</rt></ruby><ruby>平<rt>ひら</rt></ruby>　<ruby>敦<rt>あつし</rt></ruby>　（日本大学文理学部教授：第5章）

<ruby>池<rt>いけ</rt></ruby><ruby>原<rt>はら</rt></ruby><ruby>征<rt>まさ</rt></ruby><ruby>紀<rt>のり</rt></ruby>　（芦屋市立精道中学校教諭：第6章）

<ruby>金<rt>かな</rt></ruby><ruby>澤<rt>ざわ</rt></ruby>ますみ　（桃山学院大学社会学部准教授：第7章）

<ruby>阪<rt>さか</rt></ruby><ruby>中<rt>なか</rt></ruby><ruby>順<rt>じゅん</rt></ruby><ruby>子<rt>こ</rt></ruby>　（奈良女子大学大学院非常勤講師：第8章）

<ruby>岡<rt>おか</rt></ruby><ruby>邑<rt>むら</rt></ruby>　<ruby>衛<rt>えい</rt></ruby>　（千里金蘭大学栄養学部准教授：第9章）

<ruby>藤<rt>ふじ</rt></ruby><ruby>崎<rt>さき</rt></ruby><ruby>育<rt>いく</rt></ruby><ruby>子<rt>こ</rt></ruby>　（開善塾教育相談研究所所長：第10章）

<ruby>川<rt>かわ</rt></ruby><ruby>口<rt>ぐち</rt></ruby>　<ruby>厚<rt>あつし</rt></ruby>　（桃山学院大学経済学部准教授：第11章第1～3節）

<ruby>片<rt>かた</rt></ruby><ruby>上<rt>がみ</rt></ruby><ruby>健<rt>けん</rt></ruby><ruby>太<rt>た</rt></ruby><ruby>郎<rt>ろう</rt></ruby>　（宝塚市立宝梅中学校教頭：第11章第4節）

<ruby>天<rt>あま</rt></ruby><ruby>野<rt>の</rt></ruby><ruby>幸<rt>こう</rt></ruby><ruby>輔<rt>すけ</rt></ruby>　（名古屋学院大学外国語学部准教授：第12章）

<ruby>廣<rt>ひろ</rt></ruby><ruby>岡<rt>おか</rt></ruby><ruby>千<rt>ち</rt></ruby><ruby>絵<rt>え</rt></ruby>　（神戸市教育委員会指導主事：第13章）

《編著者紹介》

中村　豊（なかむら・ゆたか）

　　1961年　生まれ。
　　現　在　東京理科大学教育支援機構教職教育センター教授。
　　主　著　『子どもの基礎的人間力養成のための積極的生徒指導——児童生徒における「社会性の育
　　　　　　ちそびれ」の考察』（単著）学事出版, 2013年。
　　　　　　『子どもの社会性を育む積極的生徒指導』（単著）学事出版, 2015年。
　　　　　　『新しい教職教育講座　教職教育編⑨　特別活動』（編著）ミネルヴァ書房, 2018年。
　　　　　　『『生徒指導提要』の現在（いま）を確認する理解する』（編著）学事出版, 2019年。

　　　　　　　　　　　生徒指導提要　改訂の解説とポイント
　　　　　　　　　　　　　——積極的な生徒指導を目指して——

　　　　2023年5月10日　初版第1刷発行　　　　　　　　〈検印省略〉

　　　　　　　　　　　　　　　　　　　　　　　　定価はカバーに
　　　　　　　　　　　　　　　　　　　　　　　　表示しています

　　　　　　　　　　　　　編　著　者　　中　村　　　豊
　　　　　　　　　　　　　発　行　者　　杉　田　啓　三
　　　　　　　　　　　　　印　刷　者　　田　中　雅　博

　　　　　　　　　発行所　株式会社　ミネルヴァ書房
　　　　　　　　　　　　607-8494　京都市山科区日ノ岡堤谷町1
　　　　　　　　　　　　　　　電話代表　(075) 581 - 5191
　　　　　　　　　　　　　　　振替口座　01020 - 0 - 8076

　　　　　　　ⓒ中村豊ほか, 2023　　　　　創栄図書印刷・坂井製本

　　　　　　　　　ISBN978-4-623-09474-5
　　　　　　　　　　　Printed in Japan

小学校教育用語辞典

細尾萌子・柏木智子 編集代表
四六判　408頁　本体2400円

教職をめざす人のための教育用語・法規 ［改訂新版］

広岡義之 編
四六判　384頁　本体2200円

よくわかる！ 教職エクササイズ 7
法規で学ぶ教育制度

森田健宏・田爪宏二 監修
古田　薫・山下晃一 編著
Ｂ5判　242頁　本体2500円

はじめて学ぶ教育法規

井上伸良 著
Ａ5判　228頁　本体2400円

教師のための教育法規・教育行政入門

古川　治・今西幸蔵・五百住満 編著
Ａ5判　264頁　本体2400円

──────── ミネルヴァ書房 ────────
https://www.minervashobo.co.jp/